比 较 译 丛 36

比 较 出 思 想

比较
Comparative Studies

人类之旅

财富与不平等的起源

[以] 奥戴德·盖勒（Oded Galor）著

余江 译

THE
JOURNEY
OF
HUMANITY

THE ORIGINS OF
WEALTH AND INEQUALITY

中信出版集团 | 北京

图书在版编目（CIP）数据

人类之旅：财富与不平等的起源 /（以）奥戴德·
盖勒著；余江译 . -- 北京：中信出版社，2022.8（2022.11 重印）
书名原文：The Journey of Humanity：The Origins of Wealth and Inequality
ISBN 978-7-5217-4353-1

Ⅰ.①人⋯ Ⅱ.①奥⋯ ②余⋯ Ⅲ.①经济增长理论
Ⅳ.① F061.2

中国版本图书馆 CIP 数据核字（2022）第 072256 号

Copyright © Oded Galor 2022
An earlier version of this book was written jointly in Hebrew, with Dr. Ori Katz, and was translated to English by Eylon Levi, before being modified
Figures designed by Darren Bennett
Illustrations on pages 86, 92, 162, 211 © Ally Zhu 2022
Simplified Chinese translation copyright © 2022 by CITIC Press Corporation
ALL RIGHTS RESERVED
本书仅限中国大陆地区发行销售

人类之旅：财富与不平等的起源
著者：　　[以] 奥戴德·盖勒
译者：　　余江
出版发行：中信出版集团股份有限公司
（北京市朝阳区惠新东街甲 4 号富盛大厦 2 座　邮编　100029）
承印者：　宝蕾元仁浩（天津）印刷有限公司

开本：787mm×1092mm　1/16　　印张：18　　　字数：240 千字
版次：2022 年 8 月第 1 版　　　　印次：2022 年 11 月第 2 次印刷
京权图字：01-2022-2526　　　　　书号：ISBN 978-7-5217-4353-1
定价：72.00 元

版权所有·侵权必究
如有印刷、装订问题，本公司负责调换。
服务热线：400-600-8099
投稿邮箱：author@citicpub.com

献给艾莉卡

目 录

"比较译丛"序 ··· III
推荐序　探寻迷人海面之下的历史发展洪流 ············ VII
引言　人类之旅的奥秘 ······································· 1

第一篇
人类的奥德赛之旅

第1章　最初的脚步 ·· 13
第2章　迷失于停滞 ·· 26
第3章　暗流涌动 ·· 41
第4章　开足马力 ·· 53
第5章　蜕变 ··· 78
第6章　应许之地 ·· 93
小结　破解增长谜题 ·· 110

第二篇
财富与不平等的起源

第 7 章　荣耀与苦难 ········· 119

第 8 章　制度的指纹 ········· 131

第 9 章　文化因素 ·········· 148

第 10 章　地理的阴影 ········· 163

第 11 章　农业革命的遗产 ······· 182

第 12 章　走出非洲 ·········· 195

小结　破解不平等谜题 ········· 212

后　记 ················ 217

致　谢 ················ 221

注　释 ················ 225

参考文献 ··············· 239

"比较译丛"序

2002年，我为中信出版社刚刚成立的《比较》编辑室推荐了当时在国际经济学界产生了广泛影响的几本著作，其中包括《枪炮、病菌与钢铁》、《从资本家手中拯救资本主义》、《再造市场》（中译本后来的书名为《市场演进的故事》）。其时，通过20世纪90年代的改革，中国经济的改革开放取得阶段性成果，突出标志是初步建立了市场经济体制的基本框架和加入世贸组织。当时我推荐这些著作的一个目的是，通过比较分析世界上不同国家的经济体制转型和经济发展经验，启发我们在新的阶段，多角度、更全面地思考中国的体制转型和经济发展的机制。由此便开启了"比较译丛"的翻译和出版。从那时起至今的十多年间，"比较译丛"引介了数十种译著，内容涵盖经济学前沿理论、转轨经济、比较制度分析、经济史、经济增长和发展等诸多方面。

时至2015年，中国已经成为全球第二大经济体，跻身中等收入国家的行列，并开始向高收入国家转型。中国经济的增速虽有所放缓，但依然保持在中高速的水平上。与此同时，曾经引领世界经济发展的欧美等发达经济体，却陷入了由次贷危机引爆的全球金融危机，至今仍未走出衰退的阴影。这种对比自然地引发出有关制度比较和发展模式比较的讨论。在这种形势下，我认为更有必要以开放的心态，更多、更深入地学习各国的发展经验和教训，从中汲取智慧，这对思考中国的深层次问题极具价值。正如美国著名政治学家和社会学家李普塞特（Seymour Martin Lipset）说过的一句名言："只懂得一个国家的人，他实际上什么国家都不懂。"（Those who only know one country know no country.）这是因为只有越过自己的国家，才能知道什么是真正的共同规律，什么是真正的特殊情况。如果没有比较分析的视野，既不利于深刻地认识中国，也不利于明智地认识世界。

相比于人们眼中的既得利益，人的思想观念更应受到重视。就像技术创新可以放宽资源约束一样，思想观念的创新可以放宽政策选择面临的政治约束。无论是我们国家在20世纪八九十年代的改革，还是过去和当下世界其他国家的一些重大变革，都表明"重要的改变并不是权力和利益结构的变化，而是当权者将新的思想观念付诸实施。改革不是发生在既得利益者受挫的时候，而是发生在他们运用不同策略追求利益的时候，或者他们的利益被重新界定的时候"。* 可以说，利益和思想观念是

---

* Dani Rodrik, "When Ideas Trump Interests: Preferences, Worldviews, and Policy Innovations," NBER Working Paper 19631, 2003.

改革的一体两面。囿于利益而不敢在思想观念上有所突破，改革就不可能破冰前行。正是在这个意义上，当今中国仍然处于一个需要思想创新、观念突破的时代。而比较分析可以激发好奇心、开拓新视野、启发独立思考、加深对世界的理解，因此是催生思想观念创新的重要机制。衷心希望"比较译丛"能够成为这个过程中的一部分。

钱颖一

2015 年 7 月 5 日

推荐序

探寻迷人海面之下的历史发展洪流

巴曙松

北京大学汇丰金融研究院执行院长

中国宏观经济学会副会长

当前,全球经济社会发展似乎处于巨大的动荡之中,持续的疫情,局部的战争,贸易摩擦与全球供应链的重构,不断老龄化的人口,徘徊不前的技术,叠加上经济滞胀的悲观预期,使得全球市场弥漫着悲观气息。进一步探究这种动荡背后的导火索,可以说,财富与收入不平等在其中影响深远。欧美等发达经济体处于历史高位的收入不平等水平,直接导致了其社会撕裂;新兴经济体同样面临着收入差距扩大的社会压力;就全球范围看,不同经济体从全球化中获得的利益存在明显的差距,是导致不同经济体对全球化抱持显著分化态度的重要原因,也是形成当前贸易摩擦与冲突的直接原因。

在人类社会发展的过程中，这种财富与收入不平等的挑战并不是第一次出现。因此，要想更好地理解当前面临的这种挑战，从人类发展的历史中寻求启发，应当是一条有效率的途径。

奥戴德·盖勒的《人类之旅：财富与不平等的起源》，就是这样一本从人类发展的历史中寻求应对财富与不平等挑战的智慧之作。在当前动荡的环境下，读来不仅饶有趣味，而且引发我们穿透当前的迷雾，探索历史发展洪流的趋势。

作者在书中的一段话可以简练地总结这本书的着力点：

> 人类的发展旅程充满了令人着迷的故事。我们很容易淹没在细节的海洋中，随波逐流，忘记表面之下的洪流。

在这本书中，我们可以看到许多人类历史发展中的有趣故事，作者以这些故事为切入点，与我们一道探寻这些表面故事之下的历史洪流的趋势。

作者在分析人类文明虽面临种种挑战但依然不断前行的趋势时，也点出："着眼未来、立足长远的心态是实现经济繁荣最重要的文化特征之一，影响着我们对储蓄、教育、开发和采纳新技术的态度。"

其实，不仅对人类社会发展是这样，对一本值得一读的书也是这样，着眼未来、立足长远的基调，让一本书读来更富有历史的洞察力。

本书可以说是由历史故事和事实串联起来的故事版经济发展史和人类应对收入不平等的经验史。在经济史和经济学教科书中，讨论经济发展与经济增长，连篇累牍的内容往往是哈罗德-多马模型、索洛增长模型、IS-LM 和 AD-AS 模型、内生增长理论中的拉姆齐模型和世代交叠模型，又或者是时兴的动态随机一般均衡模型，包含"合意储蓄率""马尔萨斯极限"以及大量的数学公式和推导。不同于充斥着数学公式的经济发展与经济增长理论书籍，《人类之旅》充满趣味地介绍了经济增长的驱动因素，涵盖了从"智人"到"人工智能"的历史长河，蕴含了从"技术创新"到"可持续发展"的广袤领域，可以说是一部经济增长与发展领域的"人类简史"。

《人类之旅》从数百万年前的人类始祖写起，探寻了人类独有成就的生物学起源——强势的大脑。无论是生态假说、社会假说或是文化假说，不可否认的是，强势的大脑是人类开发工具和实现技术进步的根本原因。技术进步带来了物种竞争优势和人口增长，而竞争优势和人口规模扩张又对技术进步产生了正反馈。由此，人类发展旅程进入了良性循环，经济发展的宏伟画卷徐徐铺开。

在描绘人类经济发展史的宏伟画卷时，本书深入浅出地将经济发展与经济增长理论落脚到一个个生动的故事中。例如，解释和理解"地理决定论"往往需要涉及较多的背景知识，正如《枪炮、病菌与钢铁》一般，可能涉及山脉、河流、海洋暖流甚至是太阳黑子的活跃期，而本书则另辟蹊径，从非洲中部的苍蝇这一有趣的故事破题，解释了采采蝇如何影响牲畜，进而影响耕种并最终塑造当地经济发展现实。

不同于伊斯特利在《经济增长的迷雾》（也是"比较译丛"系列之一）中强调的"人们会对激励做出反应"，《人类之旅》侧重于阐述引起人们反应的激励因素是如何产生和演变的。本书尝试提出"变革之轮"等统一理论来解释经济增长的驱动力，论述了技术进步与人口规模及人口结构之间的相互作用：人口规模及其结构与技术变革相互促进，直至推动创新率达到临界点并最终产生爆发式突破。同时，本书还提出了若干助推当下经济发展的政策切入点，如教育、合作与信任、性别平等。总之，在梳理了历史发展的脉络之后，本书为我们提供了一个美好而乐观的未来："利用技术进步从事创造、促进机会平等、减少人间疾苦和建设更美好世界的因素占据了主流"。

当然，不容忽视的是，《人类之旅》一书希望努力探讨的主题依然需要面对十分沉重的现实：一方面，在国际社会持续的巨额援助之下，大部分发展中国家与发达国家的经济发展差距却越来越大；另一方面，即使在发达国家内部，以美国为代表，不同收入阶层的收入差距也处于历史高位，进而分化出不同的群体，社会撕裂导致的冲突日益加剧。在此背景之下，本书自然而然地关注到"人类被困在贫困陷阱之中"，提醒我们"技术进步的惊人成就与生活水平的大幅提升并未在全球得到平等分享"。为此，本书还尝试讨论了导致不平等的潜在原因，列举了贸易剪刀差、经济和金融制度以及导致这些制度的更深层原因（如文化、地理和社会因素），并讨论了西方国家给贫困国家提供的发展建议为何与"重生祈祷仪式"一般。例如，"华盛顿共识"建议发展中国家模仿发达国家的制度,包括贸易自由化、国企私有化、产权保护、市场化、降税等,却往往因"治标不治本"而收效甚微。究其原因,正是在于发达经济体开出的"灵丹妙药"看到的是"不平等根源的外层",即"全球化与殖民化的不对称效应",而往往忽略了"不平等根源的内层",即"根植于地理……的文化特征和政治制度",以及社会多样性和凝聚力等深层次的影响因素。

《人类之旅》中的许多分析,即使单独阅读,也同样不乏理论和现实的洞察力。例如,本书提及资本的深化与广化,并由此探讨了其背后的生育选择问题,即"子女质与量的平衡点"。影响这一决策的因素之一在于收入与生育之间的收入效应和替代效应:一方面,工业革命"增加了父母的收入",使得夫妻在子女数量问题上有了更多的选择空间;另一方面,也正是收入增加"放大了养育子女的机会成本",不仅使得夫妻在是否生育的问题上犹豫不决,也使得夫妻在子女数量和质量的选择上倾向于质量。此外,影响生育率的因素还包括预期寿命、儿童存活率、实际生育成本等。经济政策如何更好地把握这些影响因素,从生育率源头上缓解"人口老龄化"问题,正是当下亟待思考的重要问题之一。

再如,在产业结构方面,本书也同样指出"低技能产业……走向衰落……对发展中国家而言,把资源用于人力资本培育和技能密集型产业……或许更为有利"。同时,本书进一步指出"国际贸易在工业化早期阶段的扩张对工业经济体与非工业经济体产生了重要的不对称影响",并指出国际贸易使得工业经济体和非工业经济体在人力资本积累上产生差异、最终导致并强化收入差距。在当下的国际环境中,也能引发读者重新思考亚当·斯密的贸易自由主义和李斯特的贸易保护主义。

又如,本书提出"如果没有再次发生重大技术模式跃迁,依靠庞大的经济规模、地理上的连通便利、政治统一以及社会凝聚力,它(中国)很可能重新回到世界经济的繁荣前沿",这从一个特定角度揭示了中国作为一个巨大经济体在庞大内需市场上的巨大潜力,如果中国在此基础上还能继续推动技术进步,那么,这种前景应当更加令人振奋。

另外,本书强调了"社会多样性"和"社会凝聚力"在当今全球社会的重要性。类似于生物多样性对生态系统和生物进化的重要作用,社会多样性则使人类社会充满了文化和思想的碰撞,由此带来创意和技术的突破。然而,"多样性也会成为众多争端的起源,甚至带来暴力冲突""民族和种族冲突……一再上演",无论是自诩繁荣发达的美国抑或是以冲突频发闻名于世的"巴尔干火药桶"和中东各国。因此,如何权衡社会多样性和凝聚力的优劣得失,都将直接影响一个经济体的经济发展和包容性发展。

通读全书,作者从历史回顾中总结出相对乐观的前景:"对不平等根源的了解将带给我们减少贫困、促进全人类共同繁荣的更好办法。找到过去的根,是为了我们更好地设计未来。"这不仅可以视为对这本书的小结,也可以说是对人类应对财富与不平等问题的小结。

引言　人类之旅的奥秘

在美国布朗大学一座威尼斯哥特式风格的建筑里，一只松鼠正沿着窗台奔跑。它稍作停留，好奇地瞥到房间里有人正在撰写书稿，而不是把精力用来搜寻食物。这只松鼠的祖先曾在几千年前遍布北美洲各处的原始森林。与远祖和全球各地的当代同类一样，它生命中的大部分时光都用于采集食物、躲避天敌、寻找配偶，以及在糟糕的天气中找寻庇身之所。

事实上，从大约 30 万年前出现了智人（Homo Sapiens）这个独特物种以来，对绝大部分人类而言，生活的基本动机其实与那只松鼠颇为相像，都在追求生存和繁殖。在数千年中，在全球各地，人类皆处于维持基本生存的水平，并极少发生改变。然而令人不解的是，在过去短短几个世纪里，我们的生活方式发生了天翻地覆的变化。从漫长历史的尺度看，人类的生活品质完全可以说是在一夜之间得到了前所未有的巨大提升。

假如有若干生活在两千年前的耶稣时代的耶路撒冷居民，踏入时光穿梭机，穿越到公元 1800 年由奥斯曼帝国统治的耶路撒冷。他们无疑会叹服于壮观的新筑城墙、巨大的人口增长和新出现的发明创造。不过，尽管这个时期的耶路撒冷与罗马时代已大不相同，这些时光旅行者仍能较为轻松地适应新的环境。他们当然必须让自己的行为符合新的文化习俗，却基本可以保留在公元 1 世纪之初所操持的职业，并足以维持生计，因为在当时获得的知识和技能到 19 世纪初依然有用。他们还会发现，自己面临与罗马时代类似的某些危险、疾病或自然灾害，预期寿命也不会有多大改变。

假如这批时光旅行者再度走入穿梭机，快进 200 年，来到 21 世纪初的耶路撒冷，情形又会怎样？他们将被彻底震撼。此时，他们的技能将完全过时，因为大多数职业都以接受过正规教育作为前提条件，许多看似巫术的技术变成日常生活的必需。还有，随着过去的若干致命疾病被根除，他们的预期寿命几乎可以瞬间延长一倍，这要求对人生有截然不同的心态和更加长远的打算。

时代的壕沟让我们甚至难以想象不久之前的世界。17 世纪的英国哲学家托马斯·霍布斯（Thomas Hobbes）坦言，人生是丑陋、粗野和短促的。[1]当时约四分之一的新生儿会在满周岁前死于寒冷、饥饿及各种疾病，女性常常在分娩时遭遇不幸，人们的预期寿命很少超过 40 岁。太阳落山后，整个世界便陷入黑暗。男女老幼要花很长时间给家里挑水，极少洗澡，冬季数月困在烟尘弥漫的屋子里。这个时期的大多数人居住在广袤的农村，很少离开自己的出生地，依靠劣质而单调的饮食为生，不会读书写字。那时的经济危机的影响远不只勒紧腰带，而是会造成大规模饥荒和死亡。让今天的人们心烦的许多日常琐事，与并不算遥远的先祖们面临的艰辛与悲惨相比完全不值一提。

长期以来，人们普遍认为生活水准在整个人类历史上是持续提高的，但这是个错觉。尽管技术进步大体上的确是一个渐进过程，并且在逐渐加速，却没有带来相应的生活条件的改善。过去几个世纪中生活质量的惊人提升，其实是突发转型导致的结果。

几个世纪前的大多数人的生活状况更接近于他们在数千年前的远古祖先，以及世界各地的大多数其他同类，而与如今的我们相去甚远。16世纪初英国农民的生活水准，同11世纪的中国农奴、1 500多年前的玛雅农夫、公元前4世纪的希腊放牧者、5 000年前的埃及农民乃至11 000年前的耶利哥（Jericho）牧羊人，其实并无多大差别。然而自19世纪初以来，从整个人类历史看不过一刹那光景，人们的预期寿命已翻了一番多，最发达地区的人均收入提高到过去的20倍，全球平均也提升了14倍（图0.1）。[2]

这一持续改进可谓翻天覆地，以至于经常让我们忘记，与之前的历史相比，这段时期是何等不同寻常。我们该如何解释这一"增长谜题"：健康、财富、教育等反映的生活质量在过去几个世纪以来不可思议的改善，让智人物种自出现以来取得的所有其他进步都相形见绌？

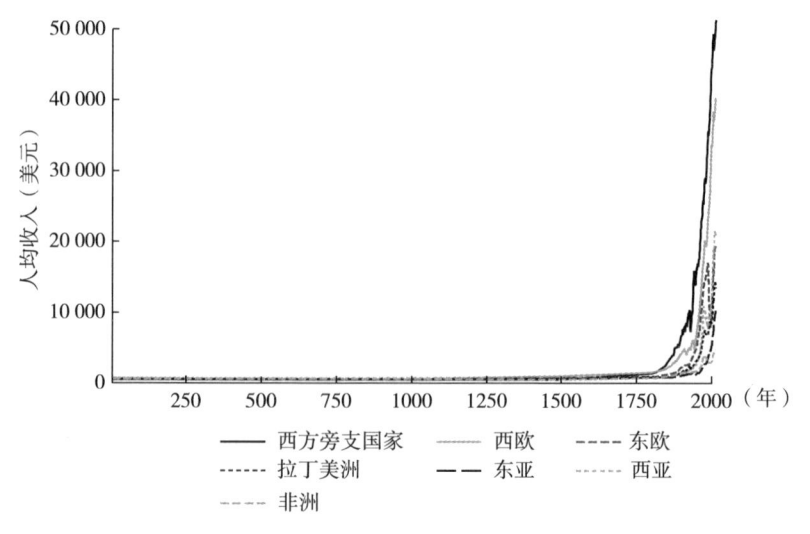

```
                    50 000
                    40 000
            人
            均
            收   30 000
            入
            （
            美
            元   20 000
            ）
                    10 000
                         0
                            250   500   750  1000  1250  1500  1750  2000（年）
                            ──── 西方旁支国家      ──── 西欧       ---- 东欧
                            ----- 拉丁美洲         ──── 东亚       ····· 西亚
                            ---- 非洲
```

图0.1 增长谜题

注：西方旁支国家包括澳大利亚、加拿大、新西兰和美国。在数千年的停滞之后，全球各地区的人均收入在过去两个世纪迅猛提升。[3]

1798 年，英国学者托马斯·马尔萨斯（Thomas Malthus）提出了一种理论，以解释自远古以来，导致生活水准相对停滞、让社会落入陷阱的机制。马尔萨斯认为每当社会通过技术创新获得食物剩余的时候，生活水准提升都只是暂时现象，因为这将不可避免地造成出生率提高和死亡率下降。因此或迟或早，人口的增长将消耗掉富余的食物，使生活状况返回到基本生存水平，社会将变得与开发技术创新之前同样贫穷。

的确，在所谓的"马尔萨斯时代"，也就是近期的巨大飞跃发生前的整个人类历史中，技术进步的成果主要转化为更多和更稠密的人口，对长期的繁荣富裕则无甚影响。人口在增长，生活状况却陷于停滞，挣扎在基本生存水平。不同地区之间的技术成就与土地生产率的差异主要体现在人口密度上，对生活水准却只有短时期的作用。可是讽刺之处在于，正当马尔萨斯完成他的著述、宣布这一"贫困陷阱"将永远维持的时刻，他发现的机制却突然消退了，从停滞到增长的蜕变过程业已发生。

人类是如何摆脱这一贫困陷阱的？停滞时代延续的基本原因是什么？弄清楚哪些因素造成了漫长的经济冰期，哪些因素帮助人类逃离出来，可否有助于我们解答：全球目前的生活水准差异为何如此之大？

理念与证据都表明，要解释世界各国富裕程度的巨大差异，必须弄清楚整体发展进程背后的基本驱动力。因此，我提出了一套试图涵盖整个人类发展历程的统一理论[4]，以此来分析从停滞时代向生活水准持续提升时代的转型动力，让我们看到遥远的过去给各个国家的命运留下的印记。

在这场探索旅程的第一部分，我们将考察增长谜题，特别是聚焦于导致人类在历史上大多数时期限于维持基本生存状态的机制，以及最终让某些社群突破这一陷阱并让今天的许多居民享受前所未有的繁荣富足的变革力量。旅程将从人类自身的出发点开启，即大约30万年前智人在东非出现。接下来将经过人类发展旅程的几个关键里程碑：智人在数万年前走出非洲，散居到世界各个大洲，社会从狩猎采集部落逐步过渡到定居农业群落，以及更近期爆发的工业革命和人口大转型。[5]

人类历史有着极为丰富的充满趣味的细节：伟大的文明此起彼落，传奇的君王率军征伐又遭遇挫败，艺术家留下不朽的文化瑰宝，哲学家和科学家拓展我们对宇宙的认知，还有不为常人熟悉的众多社群及亿万民众。在如此浩瀚的海洋中很容易迷失，随波漂浮，觉察不到下方的洪流。

反之，本书要探讨和分辨的正是这些历史洪流：支配发展进程的力量。本书将展示，这些力量如何在整个人类历史上及漫长的经济冰期中永无停歇地默默发挥作用，加快频率，直至技术进步速度在工业革命中突破一个临界点，使人们必须通过接受基本教育来掌握适应变化的技术环境所需的能力。此时，生育率开始下滑，生活水准的提升得以摆脱人口增长的反向影响，由此带来直至今日仍在持续拓展的长期繁荣富足。

这一探讨的核心涉及人类物种在地球上的长期可持续性问题。马尔萨斯时代，不利的气候和瘟疫导致了人口的灾难性灭失。如今，增长进程引发的环境退化和气候变化提出了严峻的挑战：我们的物种如何能够持续生存下去，避免过去那种可怕的人口损失。我将给出一个令人宽心的前景展望：世界在不久之前翻越的临界点造成了生育率的永久性下降，以及人力资本形成和技术创新的加速，这让人类可以缓解发展的有害影响，也是实现人类物种长期可持续生存的核心理由。

令人关注的是，最近几个世纪中的繁荣程度提升只发生在世界部分区域，由此给人类带来了第二个重大变化：不同社会之间出现了巨大的不平等。许多人或许认为，该现象之所以出现，主要是因为世界各地逃离停滞时代发生的时间不同。西欧国家及其在北美洲和大洋洲的某些旁支国家早在 19 世纪就出现了生活水准的显著提高，而亚洲、非洲和拉丁美洲的大多数地区则是到20世纪下半叶才进入这一过程（图0.2）。那么，为什么世界上某些地区能够比其他地区领先一步启动这个转型呢？

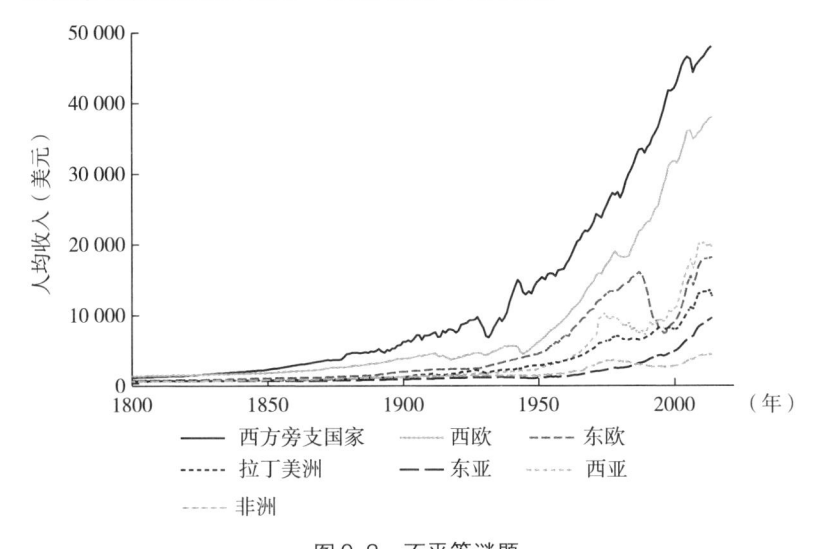

图0.2　不平等谜题

注：全球各地区在过去两个世纪的人均收入水平分化。[6]

增长谜题的破解，将帮助我们在探索旅程的第二部分分析不平等谜题：不同社会选择不同发展道路，以及生活水准差异在过去200年里急剧扩大的根源。挖掘这一全球分化的深层原因，需要我们在历史长河中逆流而上，通过若干关键顺序回到遥远的过去，直至一切开始的地方，即智人在数万年前走出非洲的时刻。

我们需要考虑制度、文化、地理及社会的诸多因素，它们发端于遥远的过去，推动各个社群走上独特的历史轨道，影响着脱离停滞时代的时机，并导致各国财富水平的差距。历史进程中随机的关键节点上发生的制度改革，会偶然地把各国置于不同路径，继而造成彼此之间的日渐分化。与之类似，不同文化规范的涌现同样扩大了全球不同地区在历史巨轮滚滚向前中出现的差异。[7]

然而，植根于遥远过去的深层次因素往往还支撑着文化习俗、政治制度和技术变革的兴起，从而决定了各个社群实现繁荣兴旺的能力。例如，有利的土壤和气候特征等地理因素培育出支持增长的文化传统，如合作、信任、性别平等，以及着眼于未来的心理状态。适合大型种植园经营的土地条件则鼓励剥削和奴役，并导致攫取性政治制度的兴起与延续。还有，不利的疾病环境会给农业生产率、劳动生产率、教育投资和长期繁荣等造成消极影响。生物多样性推动人类进入定居型的农业社会，对前工业化时代的发展进程发挥了积极效应。但令人惊讶的是，随着社会发展进入现代时期，这些有利作用不复存在。

不过，在当今的制度和文化特征之后还潜伏着另一个因素，与地理因素一起构成了经济发展的基本驱动力，那就是各个社群内部的多样性程度。它对创新具有积极效应，却会给社会凝聚力造成消极影响。考察地理特征的作用，将把我们带到1.2万年之前的农业革命的黎明期。而对多样性的起因及后果的考察，则需要回溯至数万年前首批智人走出非洲的时刻。

本书绝非首次尝试探索人类历史发展的核心驱动力。柏拉图、黑格尔与马克思等伟大思想家曾指出，历史演进遵循着不可抗拒的普遍规律，各个社会对自身命运的塑造往往无能为力。[8]与之相比，本书既不认为人类的发展旅程将无可避免地走向乌托邦或反乌托邦，也不打算对这一旅程的方向及后果的合理性做道德评判。

我只能说，生活水准虽然在现代时期得到持续改善，但距离完全不存在社会和政治纷争的伊甸园仍相去甚远，巨大的不平等和不公正还在延续。

于是，为理解各国之间财富差异悬殊的根本原因并缓解这种差异，本书希望针对智人出现之后的社会演进过程，忠实地讲述一个基于跨学科研究的故事。根据把技术发展视为进步的文化传统[9]，就全球各个社会的总体发展轨迹而言，我们将从本书的探讨中得出基本乐观的前景判断。

在聚焦人类旅程的总体路径的同时，我并不打算忽略各个社群内部及其间的巨大不平等的重要性，而是希望弄清楚哪些行动能够缓解贫困和不公，促进整个人类的繁荣富足。我将指出，虽然支持人类发展旅程的宏大力量仍在永不停歇地发挥作用，但促进教育、包容与性别平等，对人类物种在今后数十年乃至数百年的繁荣昌盛至关重要。

第一篇
人类的奥德赛之旅

●

第 1 章 最初的脚步

沿着崎岖小路向当今以色列境内的迦密山洞穴攀登时，我们可以想象史前时期这附近的壮观景象。那时的地中海周边气候可能四季如春，温度起伏不大。小溪在群山之间流淌，形成青翠的河谷，提供了饮用水源。山岭旁边的森林适宜猎杀鹿类、瞪羚、犀牛和野猪，而在狭窄沿海平原到撒玛利亚山脉之间的开阔野地，生长着史前的谷物与果树品种。数千年以来，迦密山洞穴周围的温暖气候、繁盛生态和原生材料使这里成为多支狩猎采集部落的理想居所。事实上，从这些已成为联合国人类进化世界遗产的古老洞穴中发掘出的遗存物品，可以证明史前人类在几十万年中占据此地的先后顺序，以及智人同尼安德特人奇妙相遇的可能性。[1]

全球各地的古人类学发现显示，古人和早期现代人都在缓慢而持续地获取新的技能：熟练掌握火的利用，开发出越来越先进的刀刃、手斧、燧石与灰岩工具，并创造出艺术作品。[2]把人类与其他物种区分开的这些文化和技术进步的一个主要驱动因素，则是人类大脑的演化。

创世记

人类的大脑极为特殊：容量大、结构紧密，并且比其他任何物种的大脑都更为复杂。在过去600万年中，人类的大脑体积提升了3倍，这主要发生在距今20万~80万年前，远远早于智人的出现。

为什么人类的大脑功能在人类物种的历史上扩张了这么多？乍一看，答案似乎不言而喻：更为发达的大脑显然能让我们获得地球上其他物种无法企及的安全与繁荣水平。然而事实要复杂得多。如果像人类这样发达的大脑对生存确实有无可争议的好处，为什么其他物种在数十亿年的演化中没有发展出类似的结构？

我们需要仔细甄别其中的奥妙。例如，眼睛是沿着几条不同的演化路径独立发展的。脊椎动物（两栖类、鸟类、鱼类、哺乳类和爬行类）、头足动物（乌贼、章鱼和鱿鱼等）的眼睛在演化，某些无脊椎动物则发展出了更简单的单眼，包括蜜蜂、蜘蛛、水母和海星等。生活在5亿多年以前的所有这些物种的远古祖先似乎只有最基本的感光器官，仅能区分明暗而已。[3]但由于准确的视觉能够在不同环境下提供独特的生存优势，复杂的眼睛便在各个不同物种中独立演化，为适应每个物种的特定栖息地而发展。

相似特性在不同物种之中独立演化出来，而非来自共同祖先的已有特性，这一现象被称为趋同演化。这方面的案例很多，如昆虫、鸟类和蝙蝠的翅膀的发展，鱼类（如鲨鱼）和海洋哺乳动物（如海豚）有着适应水下生活的类似体形等。显然，不同物种通过不同方式获得了类似的有益特征，但大脑这个足以创造文学、哲学和艺术杰作，发明犁、轮子、罗盘、印刷机、蒸汽机、电报、飞机和互联网的器官，不属于此列。这样的大脑只演化出了一次，即在人类身上。强势的大脑有那么显著的优势，但为什么在自然界如此稀有？

对于这一谜题，部分原因在于大脑有两个主要弱点。第一，我们的大脑消耗的能量太多，它只占人体重量的2%，耗能却高达20%。第二，大脑增大使婴儿的头部难以顺利通过母亲的产道。于是，人类的大脑比其他物种的更为紧密或者"折叠"，婴儿的大脑在出生时属于"半成品"，需要经过多年的调适才能成熟。因此人类的婴儿显得颇为弱小。其他许多物种的幼崽在出生后不久即能独立行走，并能很快自己获取食物，而人类出生后要两年左右才能稳定地行走，达到物质上的自立则还需要许多年。

既然有这些缺陷，人类的大脑最初是如何发展起来的？研究者们认为，或许有若干因素共同推动了这一进程。生态假说认为，人类大脑的演化源于人类物种遭遇的环境挑战。随着气候波动以及周围动物种群的相应变化，有更发达大脑的史前人类更擅长找到新的食物来源，设计新的采集狩猎策略，并发展出烹饪和储存技术，让自己能在栖息地变动的生态环境中生存和兴旺。[4]

相比之下，社会假说认为在复杂的社会结构内部，人们越来越需要开展合作、竞争和贸易，从而给更发达的大脑提供了进化优势，以便于更好地理解其他人的动机并预测行动。[5]与之类似，劝说、操纵、奉承、叙述和取悦的能力都能带来好处，并有利于确立一个人的社会地位，也激发了大脑的发展，提升了演讲和交谈的能力。

文化假说强调人类大脑吸收和储存信息的能力，由此可以把知识代代相传。根据这种观点，人类大脑的一个独特优势是能够高效地学习其他人的经验，从而加速养成在不同环境下生存所需的习惯和偏好，而无须经历漫长得多的生物适应过程。[6]或者说，人类的婴儿在身体上可能很弱小，但大脑装备了独一无二的学习能力，包括领会与保持让祖先生存下来并世代繁衍的行为习惯，也就是文化。

还有一种推动大脑深入演化的机制是性选择。人类可能发展出了对大脑更发达的配偶的偏好，即使大脑本身的进化优势并不明显时也是如此。[7]这些精巧的大脑或许反映着对保护和养育幼童很重要的无形品质，潜在的配偶可以通过其他可感知的特征，例如聪明、语言伶俐、反应敏捷、具有幽默感等，来推断此类品质的存在。

人类大脑的演化是人类独有成就的主要驱动力，这至少是因为它有助于实现技术进步，即采用越来越先进的方法利用周围的自然材料和资源。技术进步反过来影响未来的演化过程，让人类可以更成功地适应变化的环境，继续开发和利用新的技术。这是迭代与强化机制，带来不断高涨的技术浪潮。

特别是，有人认为对火的掌握让早期人类开始烹饪食物，从而减少了咀嚼和消化所需的能量，不仅让热量更容易获取，还释放出之前被颌骨和肌肉占据的颅内空间，由此推动了大脑的发展。[8]这个反馈循环可能进一步促进了烹饪技术的创新，带来大脑的继续成长。

当然，大脑并非让我们区别于其他哺乳动物的唯一器官，人类的手也是。与大脑相结合，手的演化也部分源于适应技术的需要，特别是创造和使用狩猎工具、针具和烹饪器皿带来的好处。[9]具体来说，当人类掌握磨制石器和制作长矛的技术之后，能够有力与准确地使用这些工具的个体便有了更好的生存前景。更出色的猎手可以更有把握供养家人，把更多子女培育到成年。这些技术的代际传递使得熟练猎手在人群中的比例增加。后续的更多创新，如更为结实的长矛，以及后来更具杀伤力的弓箭，同样强化了狩猎技能的进化优势。

在整个历史中，类似性质的良性循环一再发生：环境变化和技术创新带来了人口增长，推动人们适应变动的栖息地与新型工具；反过来，此类适应过程又增进了人们改造环境、创造新技术的能力。后续我们将看到，这种良性循环是理解人类发展旅程和破解增长谜题的关键所在。

走出人类的摇篮

在几十万年里,人类一直作为小规模的狩猎采集群体在非洲游荡,并发展出了复杂的技术、社交和认知能力。[10]随着这批史前人类变成越来越优秀的猎手和采集者,他们的种群数量在非洲的肥沃地区显著增加,最终压缩了每个人能获得的生存空间与自然资源水平。于是一旦遇到适宜的气候条件,人类便开始向其他大陆分散,以寻求更多的肥沃土地。

直立人(Homoerectus)或许是最早的狩猎采集人类物种,大约200万年之前已出现在欧亚大陆。目前已知的在非洲之外发现的最古老的智人化石,则大约来自21万年之前(在希腊出土),或者17.7万~19.4万年之前(在以色列北部的迦密山出土)。[11]不过,这些最早离开非洲的现代人后裔可能走向了灭绝,或者因为冰期的不利气候条件又退回了非洲。[12]

因此大约在15万年之前的非洲,出现了与所有现存人类最近的母系先祖——线粒体夏娃(Mitochondrial Eve)。虽然当时的非洲肯定有很多女性,但她们的遗传谱系最终都灭失了。如今地球上的所有人类都是那位非洲母亲的后裔。[13]

广为接受的这个"走出非洲"的假说认为,全球各地解剖学意义上的现存全体现代人主要来自大约6万~9万年前智人走出非洲的伟大迁徙过程。[14]人类大体上沿着两条路径涌入亚洲:北线是从尼罗河三角洲和西奈半岛,通往被称作黎凡特(Levant)的东地中海区域;南线是通过红海入口处的曼德海峡,进入阿拉伯半岛

（图1.1）。[15]首批现代人于7万年前抵达东亚[16]，于4.7万~6.5万年前抵达澳大利亚[17]，于大约4.5万年前进入欧洲。[18]他们在大约2.5万年前来到白令海地区，在更新世冰期的几个时期中跨越了白令陆桥，并在1.4万~2.3万年前深入美洲大陆。[19]

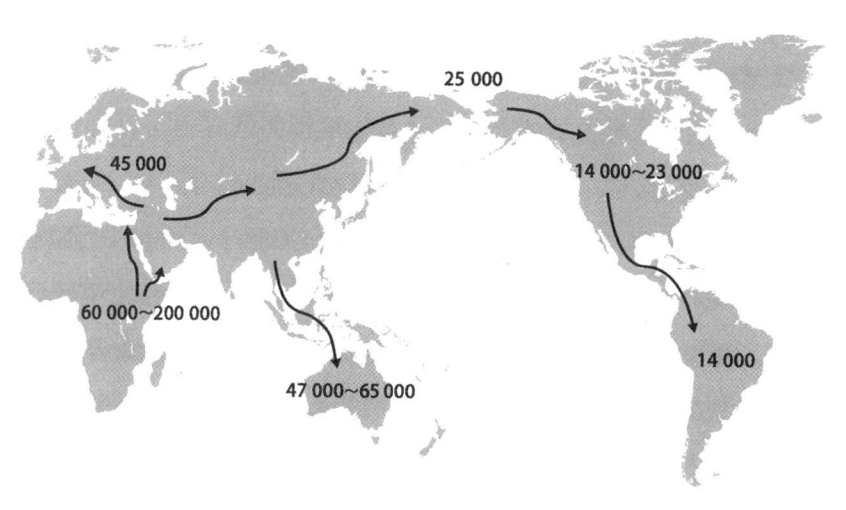

图1.1 智人走出非洲的迁徙路线

注：对智人的迁徙路线及距今大致年份的估计（根据新的发现随时更新）。

走出非洲的这些移民浪潮影响了地球各地人类种群的规模与多样性。随着史前人类在新的生态环境中定居，他们获得了新的狩猎采集领地，开始更快地繁衍壮大。与此同时，他们对各种新环境的适应促进了种群和技术的多样性，推动了创新的传播与相互借鉴，然后带来更多的人口增长。

然而，与当初促使智人走出非洲的情形一样，人口增长最终还是会导致土地和资源变得稀缺。尽管有了新的技术和工具，人类的生活水准仍逐渐回落到基本生存线上。由于无力支持人口增长，加之气候变化，人类终于开始尝试另外一种生存模式，即农业。

早期定居生活

大约 1.2 万年前，随着最近一次冰期之后的气候逐渐变暖，智人经历了一次剧烈转型。在世界各地，人们逐渐从游移状态转向定居生活方式，并开始在艺术、科学、写作和技术方面取得伟大成就。

黎凡特地区兴盛起来的纳图夫文化（Natufian culture，公元前 13000～前 9500 年）的证据表明，某些地区向永久性定居的转变应早于农业的出现。纳图夫人虽然主要从事狩猎采集，却居住在固定的房屋里，通常是在干石地基上用灌木搭建而成。每个定居点有数百人，他们外出狩猎，采集本地的野生作物。[20] 但对当时世界上的大多数人类而言，向农业生产转型才是促使他们走向定居的主要因素。

农业文明又被称为新石器革命，最早出现在肥沃新月地带，即从底格里斯河与幼发拉底河沿岸的富饶谷地，到东地中海之滨，直至埃及的尼罗河三角洲附近，那里有着丰富多样的可驯化的动植物品种。亚洲东部和南部也在大约 1 万年前独立发展出了农业，并从这些不同地点迅速扩展到整个欧亚大陆。农业生产在这一广大区域的快速扩张得益于大陆的东西走向，使得植物、动物和技术能够在类似的纬度上传播，而不至于遭遇艰难的自然障碍。

与之相反，正如美国地理学家和历史学家贾雷德·戴蒙德

（Jared Diamond）在其普利策奖获奖著作《枪炮、病菌与钢铁》中所述，撒哈拉以南非洲以及南北美洲的可驯化动植物品种就少得多，向农业生产转型也明显更晚。[21]虽然中美洲和非洲某些地区较早发展出了农业，但其扩张速度更为缓慢，因为这些大陆的南北走向造成了不同区域在气候与土壤方面的重大差异。此外，撒哈拉沙漠与中美洲难以穿越的热带雨林也成为农业传播进程的天然屏障。

不管怎样，在数十万年极为缓慢的技术与社会变革之后，从狩猎采集部落向农业社会转型、从游移生活方式向定居生活方式转型的这一过程在几千年里就扩展至大部分人类群体。在新石器革命中，人类在全球驯化了品种多样的野生动植物。肥沃新月地带最早驯化了小麦、大麦、豌豆、鹰嘴豆、橄榄、无花果、枣椰树，以及绵羊、山羊、猪和鸽子；外高加索地区驯化了葡萄和石榴；中国培育出了稻米、水牛和吐丝蚕；东南亚驯化了鸭子；芝麻、茄子和瘤牛出自印度次大陆；高粱、咖啡和驴来自非洲；甘蔗和香蕉出于新几内亚；南北美洲大陆则是玉米、豆角、南瓜、番茄、火鸡、羊驼与美洲驼的故乡。[22]

对我们的故事而言，核心在于农业社会因为显著的技术进步而受益，这种情况延续了数千年。与狩猎采集部落相比，农业社群的产出要高得多，支持了人口的迅速增长。农业社群相比狩猎采集部落规模更大，装备更先进，在各个大陆兴盛起来，最终取代和融合了非农业人类群体。

与此同时，各个农业社群内部的贸易往来密度增加有利于解放个人，使之可以专门从事特定行业，如农民、陶艺师、织布工、工具制作人、商人或技工。日积月累之下，这带来了不同社会阶层的兴起，包括尤其重要的不从事食物生产而致力于知识创造的阶层。艺术、科学、写作与技术等领域的这些后续进步融汇在一起，预兆了文明的来临。

文明的曙光

大多数农业社群在初期保持着新石器革命之前常见的社会结构。这些小规模部落的凝聚力加上密切相连的血缘关系，有利于开展合作、调解纠纷。部落领导负责强制执行社群的规则、促进合作，很少出现明显的社会阶层，几乎所有人都参与农业或畜牧劳动。

可是当定居规模扩大，人口变得更加密集，人们的职业变得多样化以后，随即出现了开展更广泛合作的需要，这超出了血缘关系组织的能力。为此目的出现了较为复杂的政治与宗教制度，让我们的先祖们能够在大得多的规模上开展合作，兴建庞大的灌溉系统、宏伟的庙宇、令人生畏的城堡，组建令人恐惧的军队。[23] 由此也出现了全新的社会阶层，包括统治者、贵族、艺术家、商人与士兵等。

耶利哥是全球最早的持续定居点之一，从公元前9000年左右开始扩张，持续到《圣经》成书很久以后。那里有密集的大片房屋、各种工具和祭祀用品，居住着1 000～2 000人，由高达3.6

米的石筑围墙保卫，还修建了一座8.5米的高塔。[24]加泰土丘（Çatalhöyük，公元前7100~5700年）是肥沃新月地带的第二处重要定居点，那里是陶器、燧石和灰岩工具以及奢侈品的地区贸易中心。这个地方位于今天土耳其的安纳托利亚，包含成排的有装饰的泥砖垒砌房屋，彼此相接，在鼎盛时期容纳了3 000~10 000居民，他们种植小麦、大麦、豆荚、芝麻、杏树和开心果树，饲养绵羊、山羊和牛等牲畜。

古代世界的大多数伟大城市最初是在距今4 000~6 000年之前兴起于幼发拉底河、底格里斯河与尼罗河的沿岸。其中包括苏美尔文明与阿卡德文明的古代中心乌鲁克城（Uruk）和乌尔城（Ur），当时分别拥有近10万名居民，还有古埃及的孟斐斯（Memphis）。[25]中国以及后来的印度和希腊的城市在距今约3 300年之前接近了肥沃新月地带的主要定居点的规模。北非的迦太基则在约1 000年后达到这个水平。有意思的是，直至距今约2 000年前，才有第一座欧洲城市罗马登上世界最大城市的宝座。而直至20世纪，才有第一座美洲城市纽约成为全球人口最多的城市。

同样，人类旅程的这一转型时刻既来自技术进步，也激发了技术进步。创新在这个时期的突然加速推动了动植物的进一步驯化，以及耕种、储存、交流与运输的改善。许多耕种方法得以逐渐引进，包括锄头的使用、人力和畜力牵引的犁、灌溉系统以及更晚出现的梯田等。各个社会掌握了利用火来加工陶土和金属，并采用这些材料和水泥来建造住房、库房和谷仓。人们学会利用水力来研磨谷物，给驯化的马、驴和骆驼配上鞍，在陆地上骑行，以及使用风力来跨越海洋。在耶利哥的人们修造出 8.5 米高的瞭望塔之后又过了约 5 500 年，埃及人建起了吉萨金字塔，建筑高度攀升到 146.5 米。

此外，书写技术于距今约 5 500 年前首次出现在美索不达米亚南方的苏美尔，又大致独立地在 5 200 年前的埃及、3 300 年前的中国以及 2 500 年前的中美洲发展出来。文字书写最初是用于账簿和记录的目的，随后作为墓志铭文。重要的意义在于，书写让人类社会可以储存有用知识并将其传递给后人，然后帮助确立共同的观念。

与更早时期的技术变革类似，新石器革命不仅改变了人类的生活方式和工具，还在此过程中促进了他们对新环境的生物学适应。基因与文化共同演化的最好案例或许是动物驯化带来的一种适应现象：乳糖耐受性。乳糖酶是对乳糖（奶制品中存在的一种糖分）消化非常重要的一种酶。与其他哺乳动物一样，史前人类只在婴儿期才会产生这种物质。但在大约 6 000~10 000 年前，西亚、欧洲和东非都出现了变异，让人们成年后持续产生乳糖酶，从而可以消化奶制品。[26]尤其是在这些区域中驯养牛羊的社群，能够产生乳糖酶的成年人可以把牲畜作为便于携带与可再生的食物来源。这一演化优势导致该生理特征逐渐在人群中普及。因此在如今的不列颠群岛和斯堪的纳维亚地区，超过 90% 的成年人属于乳糖耐受者，而在传统上不依赖饲养牛羊的某些东亚社群中，该比例不足 10%。[27]

动物奶不是我们在演化中学会消化的唯一天然产品，人们能够消化淀粉也是得益于类似的变异,让我们把面包纳入日常食谱。而且人类的适应性并不限于食谱的扩大,例如,人口密度增加与动物驯化进步导致了传染病的更大流行以及随之得到强化的抵抗力,让某些社会形成了对疟疾的天然免疫力。[28]

就这样,农业革命为技术进步与人类适应性的相互促进循环搭好了舞台。在人口增长和气候变化的激发下,加上地理因素的影响,一场技术变革出现了:它改变了我们同环境的物质关系,包括更广泛地利用驯化的动物和植物。由此引发了社会与生物方面的适应性变化,两者都接纳了技术变革,并加强了我们对变革的依赖程度。最终正是这种循环作用(持续至今的基本力量)促进了人口的显著增长以及对生存环境的掌控,把智人改造为地球上的支配性物种。

然而正如本书开篇所述,尽管有知识和技术的这些重大进步,但人类的总体生活水准(以寿命长度、生活质量、物质上的舒适和丰裕程度来代表)仍基本停滞不前,这相当令人费解。为解答这一谜题,我们必须深入考察停滞的原因,即贫困陷阱。

第 2 章　迷失于停滞

18 世纪有一位名为托马斯·马尔萨斯的牧师,出身于英格兰精英阶层的一个富裕家庭。马尔萨斯之后成为颇有影响力的学者,强烈反对当时思想家的乌托邦主义。例如,启蒙时代的知名人物戈德温(William Godwin)与孔多塞(Nicolas de Condorcet)就认为,人类的发展道路将无可争议地通向理想社会。但在 1798 年,马尔萨斯发表了《人口论》,对他心目中过分天真的上述主流观点提出深刻的怀疑。他主张的忧郁观点是,从长期来看人类或许永远无法实现物质繁荣,因为任何收获最终都将被人口的增长抵消。

马尔萨斯对同时代人产生了巨大影响。当时某些杰出的政治经济学家,包括大卫·李嘉图(David Ricardo)和约翰·穆勒

（John Stuart Mill）等，都被他的观点深深触动。马克思和恩格斯批评他忽略了受阶级支配的制度对普遍存在的苦难的影响，而进化论之父达尔文和华莱士则肯定其进化论观点的发展深受马尔萨斯思想的决定性影响。

如今回头来看，马尔萨斯非常准确地描述了他之前的世界，但他对人类未来的悲观预测却又完全错误。

马尔萨斯的观点

设想有一个前工业化时代的村庄，那里的居民发明了更高效地利用铁犁来种植小麦的方法，大幅提高了生产面包的能力。一开始，村民的食谱得到改善，并利用某些剩余产品开展交易，提高了其他方面的生活状况。食物的丰饶甚至可能诱使他们减少劳作，享受某些闲暇。但马尔萨斯指出，关键在于这些富余产品让他们能够养活更多孩子，使村庄的人口逐渐增加。由于村里用于小麦种植的土地必然是有限的，人口增长将逐渐导致每个村民的面包份额减少。于是生活水准将在最初的提升后开始下降，直至每个村民的粮食份额下降到原先的水平为止。令人痛苦的是，技术进步从长期来看只能使人口变得更多，而不是更富有。

这个陷阱把所有生物都困在其中。例如某个岛上有一群狼，全球气候变冷导致海平面下降，开辟出通向另一座岛的陆桥，而那座岛上本来生活着许多无忧无虑的兔子。狼群获得了新的狩猎场，更多猎物的出现使其生活水平提高，让更多幼崽能够活到成年，导致狼的数量呈爆炸性增长。但由于有更多的狼分享数量有限的兔子，狼的生活水准将逐渐回归到气候变冷之前的水平，种群数量则稳定在比之前更大的水平上。因此，能够获取更多资源从长期来看并未使狼的个体生存状况得到改善。

马尔萨斯的假说基于两块基石。其一是资源（农业产出、捕鱼收获、狩猎和采集成果等）的增加导致人们有更多后代存活下来，这是源于生物、文化和宗教方面的繁殖倾向，以及营养改善带来的儿童死亡率下降。其二是每当生存空间有限时，人口增长就会导致生活水准下降。马尔萨斯认为，人口规模会通过两个机制对资源存量做出适应：正面抑制机制，当社会的人口增长超出食物生产时，饥荒、疾病和战争的频率将增加，导致死亡率上升；预防抑制机制，生育率在匮乏时期会下降，例如通过延迟结婚和采取避孕措施等。

是否如马尔萨斯理论所言，前工业化时代的技术进步导致了规模更大却并不更加富裕的人口呢？实际证据很清楚，这一时期的技术发达程度与人口规模确实存在正向关联，当然关联本身并不表明是技术作用于人口。事实上，这个时期的技术进步部分是源于人口扩张，因为规模更大的人类社群能产生数量更多的潜在发明家，以及对发明的更大需求。此外，还可能有其他独立因素，如文化、制度或环境因素，对技术进步和人口增长都产生了作用，导致后两者之间表现出正向关联。换句话说，仅凭相关关系还不能作为马尔萨斯理论发挥作用的确证。

幸运的是，新石器革命给我们提供了一个神奇的办法，以检验马尔萨斯理论的有效性。贾雷德·戴蒙德令人信服地指出，有关证据强烈显示，较早发生新石器革命的地区比其他地区在技术上领先一步，并持续了数千年之久。[1] 因此我们能够根据一个地区何时发生新石器革命（或者当地被驯化的动植物品种数量），来推断那里的技术发展水平。这意味着，在任何时点上，较早经历新石器革命的地区都应该对应着较高的技术发展水平。因此在其他条件相同时，如果某个更早经历新石器革命的地区同时也规模更大或更加富裕，那么我们可以肯定地说这是因为技术进步所致。

利用上述方法，我们确实能观察到马尔萨斯机制在工业化时代之前发挥作用。例如，较早开始新石器革命的地区在公元1500年时确实有着更高的技术水平，也对应着更高的人口密度，可是对人均收入的影响则可以忽略不计（图2.1）。[2]

其他独立证据也表明，肥沃的土壤也利于提高人口密度，但不会导致更高的生活水准。采用同样的方法审视更早的时代，会得出惊人的一致发现：技术进步与土地生产率提高会导致人口增加，但并没有变得更加富裕。这表明在工业革命之前，世界各地的人们有着基本相当的生活水准。

走向农业的必然性

马尔萨斯机制揭示了历史进程中许多看似复杂的重大事件的根源。其中一个显而易见的难题是，来自早期农业社会的人类遗存物显示，与数千年之前的狩猎采集时代相比，人们的健康和财

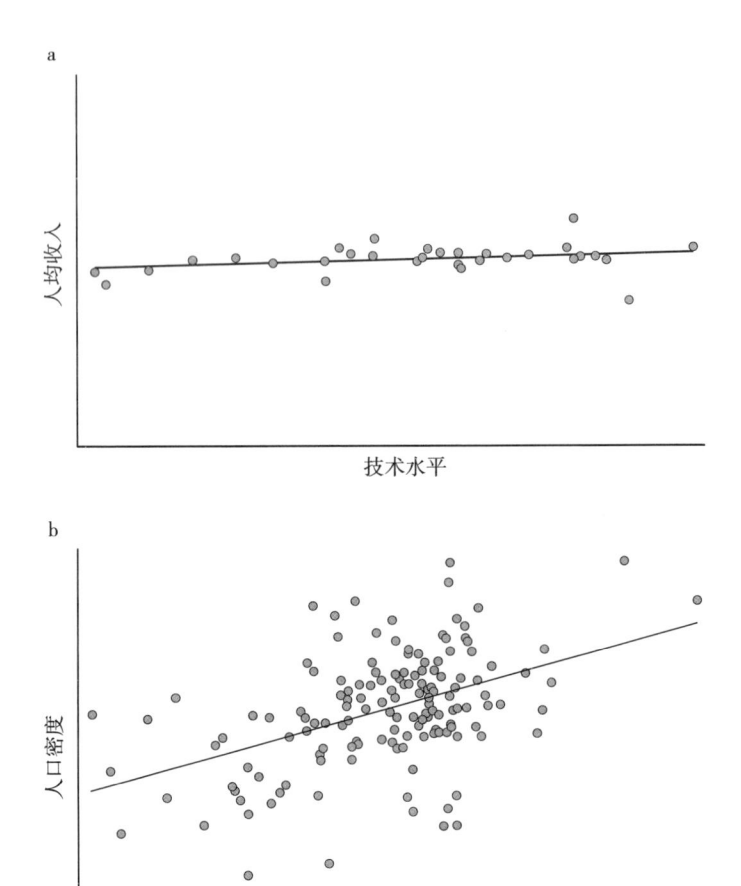

图 2.1　技术水平对各国在公元 1500 年的人均收入和人口密度的影响

注：该图表明，基于各国在公元 1500 年的情况，技术水平（从发生新石器革命距今的时间推测得出）对人均收入水平无显著影响（图 2.1a），对人口密度有显著正面影响（图 2.1b）。每个圆圈代表由现代国家边界划定的一个区域。[3]

富没有得到改善，生活水准反而走向恶化。狩猎采集部落的成员明显寿命更长，饮食更为丰富，劳作强度更低，也更少受到传染病的困扰。[4]那么，为什么早期的农民和牧民会放弃相对丰饶和优越的狩猎采集生活方式呢？

如上所述，走出非洲、来到新生态环境的史前人类会获得大量新资源，能够快速增殖繁衍，而不致降低其生活水准。但最终，根据马尔萨斯机制，由于有更多的人争夺同样数量的野生动植物，人口增长将使这一收益被耗尽。虽然工具和技术有所进步，生活水准仍将逐渐下滑到最初的基本生存线。实际上在某些社会，由于人口的过度增长，生活水准将恶化到最初的水平之下，并可能导致社会崩溃。

这种情形在某些地区尤其严重，例如在智人之前从未有过古人类定居、当地动物尚不适应人类威胁的地方。在大洋洲和美洲，智人带着先进武器登陆，导致了狩猎活动的空前繁荣，很快使多数大型哺乳动物走向灭绝，并迫使日渐增加的人类部落为快速消减的资源而相互竞争。

快速人口增长和过度掠夺最终导致崩溃，这方面极端而凄惨的案例见于偏僻的诸多波利尼西亚部落，例如在13世纪初来到太平洋复活节岛的群体。[5]在大约400年里，复活节岛的人口数量因为有丰富的植被和广阔的捕鱼水域而迅速增长。这些波利尼西亚人在岛上建立起繁盛的文明，雕凿出著名的令人惊叹的摩艾石像，其中最大的高至10米。然而，人口增长最终给脆弱的当地生态系统造成了越来越大的压力。到18世纪初，复活节岛上的鸟类完全灭绝，森林遭到毁坏，使人们难以修造和维护渔船。由此导致的紧张局势挑起了频繁的内斗，使当地人口被大幅削减了近80%。[6]贾雷德·戴蒙德在《崩溃》一书中描述了其他地方的类似生态灾难,包括南太平洋上的皮特凯恩群岛、如今美国西南部地区的美洲土著人群体、中美洲的玛雅文明,以及在格陵兰岛定居的北欧人部落等。[7]

肥沃新月地带的狩猎采集社群在大约12 000年前经历了类似的压力。食物丰富和技术进步支持的人口增长导致狩猎采集活动得到的人均食物量逐渐减少,直至暂时改善的生活水准回落到基本生存线上。可是,该地区独特的生物多样性加上可驯化动植物品种的丰富性,给那里的社群提供了另外一种生存模式:转向农业生产,这种出路对于复活节岛居民来说则是基本不存在的。气候因素对此也有影响。[8]随着最近一次冰期在大约11 500年之前结束,那里的土地变得更加适宜农业,气候的波动性与季节性亦有所增强。于是,相比成果更加丰富但越来越不可预测、愈发稀缺的狩猎采集,农耕成为一种更安全的食物生产策略,尽管食谱的品质因此变得更差。

肥沃新月地带可以依赖农业为生,借此避免了后来摧毁复活节岛文明的类似生态危机,让该地区能够养活显著增加的人口。根据某些人的测算,一英亩土地所能供养的农民和牧民的数量几乎是狩猎采集者的100倍。[9]虽然农业社会的人口规模最终会在新的更高水平上稳定下来,但人们的生活水准在回落至基本生存水平时会变得显著低于数千年之前的狩猎采集先祖,即生态环境尚未充斥密集人口的时候。可是与更近期的狩猎采集先祖的生活水准相比,向农业转型则是完全理性的,甚至是不可避免的。事实上,这并不代表退化。有意思的是,从更远期的狩猎采集者的富饶生活状况，沦为人口稠密的农民和更贫困的生活水准，或许正是"失落的天堂"这类神话传说的起源，世界各地的若干文化都不约而同地有此类故事。

依靠更多的人口与更发达的技术，农业社会压倒了残存的狩猎采集部落，使农业最终成为全球广大地区的主流生产活动。新的时代已经开启，不再有回头路。

人口波动

在新石器革命以后的时代，我们仍可以从人口波动中感受到马尔萨斯机制的强大作用，往往由剧烈的生态、流行病与制度动荡引发。

人类历史上最具毁坏力的历史事件之一是黑死病。14世纪暴发的腺鼠疫流行病，随着蒙古军队和商人一路向西传播，抵达克里米亚半岛。然后从那里通过商船继续延伸，在1347年抵达西西里岛的墨西拿与法国的马赛，从此像野火一般在欧洲大陆蔓延。[10]在1347—1352年间，黑死病杀死了大约40%的欧洲人，在人口密集的区域尤其致命。短短几年内，包括巴黎、佛罗伦萨、伦敦和汉堡在内的许多城市都损失了一半以上的居民。[11]

我们可以想见黑死病造成的心理创伤，幸存者们无不失去了太多亲朋好友，但这场瘟疫对他们的麦田和磨坊并无毁坏。于是在可怕的浩劫之后，欧洲的农夫们可以重新开始劳作，并发现对劳动力的需求大增。土地迫切需要投入更多人手，普通劳动者很快享受到了比黑死病暴发前更高的工资和更好的生活条件。

图2.2 死神的胜利

注：壁画（1448年），意大利巴勒莫。[12]

在1345—1500年间，随着英格兰的人口从540万剧减至250万，实际工资翻了一番多（图2.3）。工资提高带来生活水准改善，随之生育率上升，死亡率下降，英格兰的人口逐渐开始复苏。但根据马尔萨斯机制，人口增长最终仍会导致平均工资下降，在3个世纪后，人口和工资又回到黑死病暴发之前的水平。

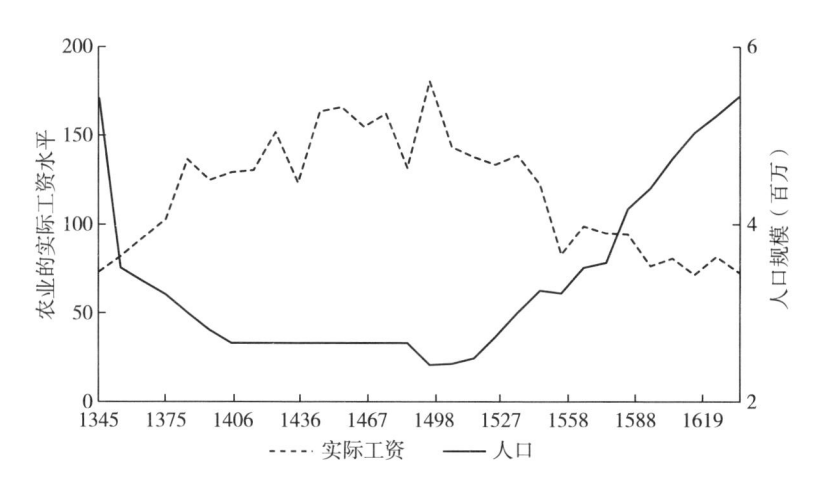

图 2.3 黑死病对英格兰的工资和人口规模的影响

注：在黑死病于 1348 年暴发后，英格兰的人口迅速减少，导致实际工资水平有暂时的提升，但随着人口在 1615 年回到瘟疫暴发前的规模，工资水平也回落到过去的水平。[13]

另一次重大的人口波动发生在哥伦布于 1492—1504 年的美洲之旅以后。美洲出产可可、玉米、番茄、烟草和土豆等欧洲人完全陌生的作物，于是他们把这些发现运回欧洲。反过来，香蕉、咖啡豆、甘蔗、小麦、大麦和稻米等作物则是首次进入美洲大陆。

土豆在 1570 年左右抵达欧洲，很快成为当地人餐饮中的一种主食。土豆对爱尔兰的影响尤其巨大，在贫苦的下层农民中颇受欢迎。这种作物尤其适合爱尔兰的土壤和气候，在短期内促进了农民的收入，有时甚至让他们获得了足够的储蓄去购买新的牲畜。[14] 首批种植土豆的农民的热量消耗水平与生活品质都因此有了显著提升。

可是根据马尔萨斯的理论，这种提升是短暂的。在引进土豆后，爱尔兰的人口从 1600 年的约 140 万剧增至 1841 年的约 820

万,生活水准却回落至基本生存线左右。[15]事实上,情况变得比之前还更糟。在1801—1845年,有多个议会委员会对形势展开讨论,大多数认为爱尔兰之所以濒临灾难,是源于快速人口增长及相应的生活条件恶化,因为当时有太多爱尔兰人完全依赖土豆来维持基本生计。[16]最糟糕的是,还完全依赖其中的一个土豆品种。

1844年,爱尔兰的报纸开始报道,一种名为"晚疫病"的新型霉菌正在大肆破坏美国的土豆作物。这种霉菌很快随着美国的货船来到欧洲各个港口,从那里传播到田野,摧毁了比利时、英格兰南部、法国、爱尔兰与荷兰的作物。有人估计爱尔兰在1845年有近一半的土豆染病,到1846年更是达到四分之三。爱尔兰的土豆作物缺乏多样性,意味着农民没有更多品种选项来替代受损的收成。英国政府最初的政策鼓励了对单一作物的依赖,此时又没有提供有效干预和救援,不可避免地导致大规模饥荒。在1845—1849年的大饥荒时期,约有100万主要来自贫困农村地区的人口死于饥饿、斑疹伤寒以及因营养不良而难以有效抵抗的疾病,另有超过100万爱尔兰人移居大不列颠和北美洲。某些地方损失了超过30%的人口,整个村庄变得空寂。在3个世纪的时间里,一种超级作物的引入和后来的疫病导致了人口激增与随后的灾难式灭失,然而从长期看,整体生活水准仍基本没有变化。

受新世界来的作物影响的不只欧洲人,中国人主要引入了更适合自己土壤的甘薯和玉米。玉米在16世纪中期通过三条路径来到中国:北方的丝绸之路,从中亚地区进入甘肃省;西南方向,通过印度和缅甸进入云南省；东南方向，通过在太平洋沿岸航行的葡萄牙人的商船进入福建省。[17]玉米最初的推广相当缓慢，种植范围限于上述三省。到18世纪中期，玉米变得更受欢迎，至20世纪初成为中国各地的一种主食。玉米的引入对中国的农业产出影响深远，后来的中国学者甚至称之为那里的"第二次农业革命"。[18]

在许多学科领域，学者们能够利用对照实验来判断特定因素的影响，例如新型药物或疫苗对实验组与控制组效应的对比。然而对历史事件，我们无法将时钟逆转，让某些人遭受特定影响，以对照分析其长期效果。所幸我们有时可以利用准自然性质的历史实验，这类特定历史场景创造了类似实验室的条件，让我们可以对比特定因素或事件对受影响人群与同等不受影响人群的作用，从而推断其效应。[19]玉米在不同时间传播到中国的不同省份，就创造了这样一个准自然的历史实验，让我们可以在一个国家内部（而非各国之间）检验马尔萨斯理论。

根据该理论，我们应该发现，从长期看，更早引入玉米的中国省份最终将比更晚引入的省份有更高的人口密度，但人均收入和经济发展水平并不会更高。当然简单比较各地区的人口密度和生活水准可能无效，因为较早与较晚引入玉米的省份之间或许存在其他关键差异，同样在影响着它们的人口密度和生活水准。实际上整个中国在此期间也的确经历了同玉米种植无关的其他重大变革，对各地的人口密度和生活水准可能都留下了影响。

于是，针对最早引入玉米的三个中国省份与晚得多才引入玉米的省份，学者们考察了它们各自的人口密度和经济繁荣程度的长期变化。通过"双重差分"的比较，而非简单的实际水平差异的比较，我们可以排除潜在的混杂因素。[20]结果与马尔萨斯的假说相符，最早引入玉米的三个中国省份在1776—1910年的人口密度增幅比其他省份高出10个百分点，对工资水平则没有显著影响。总体而言，玉米的引入贡献了这个时期的中国人口增长的约五分之一。

那么很明显，在马尔萨斯陷阱的时代，既没有持续的过剩，也无持续的短缺。新作物或新技术的出现会提升人口增长率，减缓其对经济繁荣的促进，而生态灾难带来的长期经济破坏最终则会通过饥荒、疾病和战争等对人口的消减而逆转。由此不可避免地形成经济冰期。

经济冰期

新石器革命乃至一系列重大的文化、制度、科学和技术进步，对生活水准都没有留下可以识别的长期影响，无论采用经济指标（人均收入）或生物指标（预期寿命），结论均是如此。与其他物种一样，人类在大多数生存时期里被困于艰难与贫乏的陷阱之中，接近勉强维持生计的状态。

虽然存在某些地区差异，不同文明的人均收入或非技能劳动力工资水平在数千年里仍只有很小幅的波动。具体来说，有估计表明在3 000多年以前的巴比伦，日均工资相当于7公斤小麦，在亚述帝国约为 5 公斤；而在 2 000 多年前的雅典为 11~15 公斤，在罗马帝国统治下的埃及约为 4 公斤。事实上，即使到工业革命的前夜，西欧诸国的工资水平仍处于这个狭窄区间内：阿姆斯特丹为 10 公斤小麦，巴黎为 5 公斤，马德里、那不勒斯以及意大利和西班牙的类似城市为 3~4 公斤。[21]

另外，过去 2 万年中不同部落和文明的骸骨遗存表明，虽然存在某些地区和时代差异，人们出生时的预期寿命也在极小范围内波动。[22]北非与肥沃新月地带的中石器时代遗址的发现显示，预期寿命接近 30 岁。在后续的农业革命中，这在大多数地区并无变化，少数地区则有所减少。[23]具体来说，距今约 4 000~10 000 年的早期新石器革命墓地出土的骸骨表明，加泰土丘（位于今天的土耳其）与新尼科门迪亚（Nea Nikomedeia，位于希腊）的预期寿命为 30~35 岁，乔伊鲁科蒂亚（Choirokitia，位于塞浦路斯）约为 20 岁，而在卡拉塔什（Karataş，位于土耳其）与勒纳（Lerna，位于希腊）附近约为 30 岁。大约 2 500 年前的雅典和柯林斯的预期寿命接近 40 岁，而罗马帝国时期留下的墓碑再度表明死亡年龄多为 20~30 岁。[24]更近期的资料指出，英格兰在 16 世纪中期到 19 世纪的预期寿命在 30~40 岁之间波动[25]，前工业化时期的法国[26]、瑞典[27]和芬兰[28]留下的记录也大致相当。

在智人出现后大约 30 万年中，人均收入很少超过生存所需的最低水平，瘟疫和饥荒普遍存在，四分之一的婴儿活不到周岁，女性经常在分娩时死亡，平均预期寿命极少超过 40 岁。

接下来如之前所言，西欧和北美突然开始见证各种社会阶层的生活水准普遍快速提升,这一进程在历史上前所未有,世界其他地区亦追随其后。特别是自 19 世纪初以来,与漫长的马尔萨斯时代相比不过瞬间光景,全世界的人均收入已飙升了 14 倍,预期寿命也增长了 1 倍以上。[29]

人类最终是如何摆脱马尔萨斯陷阱机制的约束的?

第 3 章　暗流涌动

炉子上架着一个玻璃壶,很快水开始加热。从表面上很难看出什么变化。壶里的水平静如初,温度的逐渐提升在视觉上没有表现。但这种平静是假象。随着水分子吸收热能,分子之间的吸引力减弱,它们的运行速度越来越快,直至在越过关键临界点后,水的形态开始发生剧烈改变:从液态转化为气态。水经历的是突然的相变。壶里的水分子不是全体一下子进入气态,但这个过程最终会把它们全部蒸发,壶里的所有水分子的性质和面貌很快会被彻底改变。

在过去两个世纪,人类经历了类似的相变过程。与壶里的水从液态转化为气态一样,这是在数十万年的经济停滞中,在表面之下默默加剧的变化过程的最终结果。从停滞状态向增长状态转变,看起来非常剧烈和突然,事实也的确如此,但下文将会阐述,这一变革的基本动因从人类物种出现之初便已在发挥作用,并且在我们的整个历史中积聚能量。此外,正如壶里的某些水分子会先于其他分子成为气态一样,人类的相变也发生在世界各地的不同时间,所以较早经历相变的国家与更长久受困于陷阱的国家之间,出现了过去难以想象的巨大不平等。

这一相变来自哪些因素的作用?

统一增长理论

最近几十年来,物理学家们尝试设计一个"大统一理论",对宇宙中的所有物理现象做出一致的解释,把量子力学同爱因斯坦的广义相对论融通起来,并把四种基本的自然作用力纳入其中,这四种力就是引力、电磁力、弱相互作用力和强相互作用力。学者们的努力源于如下信念:更系统、更准确地理解宇宙中的物理问题,必须植根于足以解释全部已知物理现象的统一理论,只与部分而非全部物理现象相符合的任何理论必然是局部的,因而在本质上不够完善。

文艺复兴时期的天文学家哥白尼坚持主张行星围绕太阳运转,而非当时人们以为的围绕地球运转,他在大约500年前提出过一个类似观点。他认为如果没有一个统一理论来解释宇宙的运行,"就仿佛某位艺术家从不同的模特身上汇集手、脚、头和其他部位的图像,每个部分都画得很精彩,但无法组成一个单独的身体,由于相互间不能匹配,结果将是个怪物而非人类"。[1]

统一增长理论的研究也源于类似的信念:对全球经济发展驱动力的理解必须反映整个发展进程背后的主要动力,而非某些个别时期的情形,否则将是脆弱和不完整的。[2]推进这一理论的研究,还因为我们认识到:过去的分析把现代经济增长时期同马尔萨斯停滞时期分开,当作两个独立、缺乏连接的现象,而非作为统一整体来考虑,这导致对增长过程本身的理解受到局限甚至扭曲,忽略了历史因素对当今各国财富不平等格局的关键作用。

统一增长理论则覆盖整个历史时期的人类发展旅程,上溯至30万年前智人出现在非洲的时刻。该理论将识别和追踪在马尔萨斯时代影响发展进程,以及最终引发人类脱离贫困陷阱、跨入持续增长时期的相变的作用因素。对于理解增长过程的全貌、如今的贫困经济体从停滞跃入增长面临的障碍、过去几个世纪中各国财富水平巨大分化的起源,以及遥远过去给各国命运留下的印记,这样的思考都会大有助益。

如前所述,在马尔萨斯时代,由于创新、冲突、制度和疾病环境变化导致的消费水平同基本生存水平偏离,会引发人口变化的强烈反向作用,从而使人均收入回到长期水平。那么,是哪些因素推动人类脱离了马尔萨斯均衡的引力?世界是如何逃出这个经济黑洞的?

在寻找从停滞到增长的转型催化剂时,有人或许认为,工业革命的力量给世界带来了一个突然的外来冲击,将其猛推入现代增长阶段。可是,工业革命爆发时的18—19世纪的证据表明,这个时期并不存在任何突变时点。与人类历史的时间跨度相比，转型的发生确实极快，但这个时期取得的生产率进步仍是渐进式的。实际上当工业革命最早起步时，由于技术变革是增量式的，所以人口数量出现激增但人均收入的提高很有限，非常符合马尔萨斯理论的预测。直至近一个世纪后的某个关键点上，马尔萨斯均衡才神秘地消失，巨大的增长随之而来。

我在过去几十年里为解决这一难题而设计的理论框架，受到了数学研究中分岔理论（bifurcation theory）的启发。该理论表明，在超过某些临界点后，单个因素的微小变化可能导致复杂动态系统突然而剧烈的变化（正如温度超过阈值后导致水从液态变为气态）。[3] 尤其是，这一研究聚焦于找出在表面之下隐形转动的巨型齿轮，在整个马尔萨斯均衡时代不停运转、最终冲破桎梏、开启现代增长的变革之轮，它们类似于水壶里不断提高的温度。

在马尔萨斯时代不停运转，最终又引发生活水准在过去两个世纪发生剧烈相变的神秘变革之轮，到底是什么？

变革之轮

人口规模

其中一个变革之轮是人口规模。在新石器革命初期，即公元前10000年左右，地球上游荡的人类估计有240万。而到公元元年、罗马帝国与玛雅文明接近巅峰之际，全球总人口增加了78

倍,达到1.88亿。1 000年后,当维京海盗们袭击北欧海岸,中国人首次将火药用于军事的时候,地球人口增至2.95亿。到公元1500年,即哥伦布正忙于美洲探险时,全球人口接近5亿。此后到19世纪初的工业化早期阶段,人口数量已接近10亿(图3.1)。

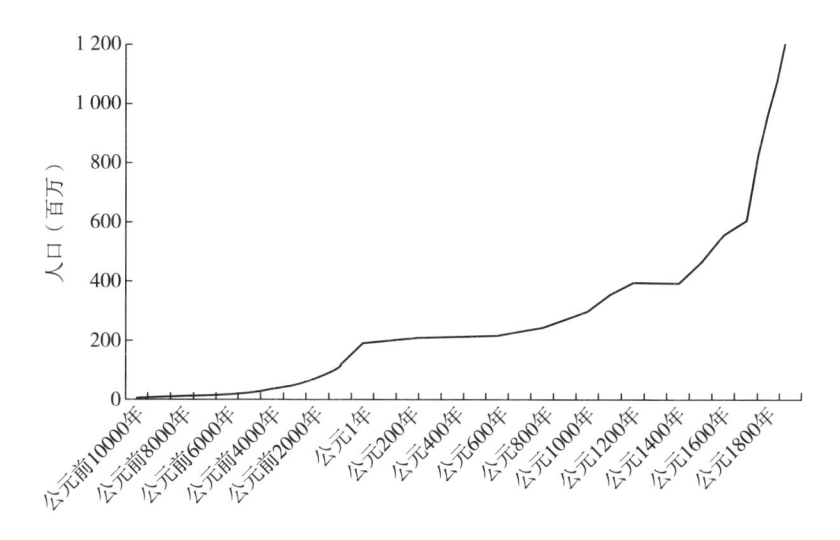

图3.1 马尔萨斯时代的人口增长[4]

人口规模与技术变革之间是相互促进的关系。马尔萨斯时代的技术进步让人口变得更加密集,在12 000年的时间里数量增加了约400倍,人口规模的增长反过来又推动了创新步伐加速。之前提到,更多的人口将带来对新产品、新工具和新业务的更大需求,以及有能力做出这些发明的更多杰出人物。此外,规模更大的社会还受益于更广泛的分工和专业化,以及贸易带来的更多思想交流,从而进一步加速新技术的推广和使用。[5]我们知道,这种自我强化的正反馈过程从人类物种兴起之初就出现了,并持续作用至今。

人口规模对技术水平的影响,在不同文化和地区的历史记录中都能看到。例如肥沃新月地带等较早经历新石器革命的地区出现了规模最大的史前定居地,并长期保持着技术领跑优势。与之相似,因为有更合适的农业用地而人口密度较高的地区,通常掌握着更先进的技术。有趣的是,即使在太平洋上相对小规模的波利尼西亚群岛的各个社群中,在接触欧洲文明时规模较大的社群(例如夏威夷和汤加)相比规模较小的社群(例如瓦努阿图群岛中的马拉库拉岛、提科皮亚岛和圣克鲁斯岛),也使用着类型更多的复杂先进的海洋采集技术。[6]

人口规模对社会技术创新的关键促进力,突出表现在德国发明家约翰内斯·谷登堡(Johannes Gutenberg)发起的印刷术革命上。谷登堡出生于喧嚣的美因茨城,成年后多数时间在斯特拉斯堡度过。他的成果受益于穿越这些城市的贸易网络,能参考历代前人积累的知识,并了解到波斯、希腊、拜占庭、中国和马穆鲁克王朝等诸多遥远地方在印刷领域的各种发明。这些城市的规模与繁荣同样让他从金匠学徒生涯中获益,以及得到开发可移动印刷机器所需的资金。如果谷登堡出生在某个偏僻的村落,他通往印刷机发明的道路将会更密布坎坷。由于缺乏同其他文明的丰富接触,他很可能不知道这个领域已经取得的成就。由于村庄对印刷品的潜在市场太小,发明将难以盈利,他肯定不容易为此争取到投资。他还很可能必须把很大部分时间用于农事活动,因为那时的乡村人口通常需要竭力劳作,才能供养整个艺术家、工匠和发明家阶层。

更多的人口不仅更容易推动技术发展,还能防止小规模社群常见的技术退化现象,例如格陵兰岛西北部的极地因纽特人在19世纪20年代的情况。这个社群遭到一场传染病的冲击,成年人口损失惨重,而这些人存储着对部落来说无价的各种技术知识,如制作皮艇等。疫情过后,许多长者带着技术诀窍离世,年轻的幸存者们无法将其重新发明,于是遭遇了严重技术退化,大大削弱了他们狩猎和捕鱼的能力。这个社群的人口由此开始减少。若不是在几十年后最终遇到另一个因纽特人社群,并重新获得了失传的知识技能,他们肯定还会继续衰落。[7]孤立社群发生严重技术退步的现象在其他小规模社群中也出现过,例如塔斯马尼亚岛的土著部落在失去连接澳大利亚大陆的陆桥之后。相反,人口规模较大的社群往往同其他群体有贸易联系,彼此之间传播知识,并经常分享新的发明成果,发生技术退化的情形要少得多。

后文将指出,这种良性反馈循环,即技术进步支撑更多的人口,更多的人口又加速技术进步,在人类的大部分生存时间里持续发挥作用,逐渐强化,最终来到创新率达到临界点的时刻。这是点燃人类摆脱停滞时代的相变的火花之一。[8]

人口结构

人口规模的作用与另一个变革之轮相辅相成,那就是人口结构。与人口规模类似,人口结构也是马尔萨斯式作用机制的产物。[9]达尔文是最早意识到这个现象的学者之一,他在自传中回忆说:

1838年10月，即我开始系统探索的15个月之后，我碰巧消遣性地阅读了马尔萨斯的著作《人口论》，而且我已经充分接受，从动植物习性的长期持续观察中会发现生存斗争无处不在。于是我马上意识到，在这样的环境下，有利的变化可能会被保留，不利的变化则会被摧毁。[10]

达尔文说的"有利的变化"是指什么？它们在马尔萨斯环境下被保留下来会如何影响人口的结构？

非常简单，代际传递的使生物体更加适应环境的任何性状，如果能给生物体提供更多资源，带来更多和更可靠的营养与保护，使它们有更多后代存活，则都可以被视为"有利"。由于上述生存优势，"有利"特征在任何种群中的普及程度将随时间逐渐扩大。这也正是达尔文的自然选择思想的本质。

有人或许认为，任何真正重大且影响深远的演化变革都需要极其漫长的时间才能出现，因此上述进程尽管有趣，却与理解人类的发展旅程无关。生物体确实花费了数百万年才从早期的"原型眼"进化出有充分构造的眼睛，但特定种群中已有特性的构成变化其实可以相当快。快速适应性的一个著名例子是，普通飞蛾的主流体色在19世纪的英国发生改变，从灰色变成黑色。在当时的英国工业区，树干和墙壁逐渐被煤灰覆盖，从而使原先较为罕见的黑色飞蛾突然拥有了更好的应对捕食者的伪装色，相比体色更浅的同类有了显著的生存优势。于是在较短时期内，整个飞蛾种群的主流体色变成了黑色。[11]

人类的繁殖速度远不及飞蛾，但即便如此，我们也经历了对地球不同环境的快速适应过程。第 2 章讲到，我们正是由此获得了对地方流行病的天然免疫力，提升了对新石器革命后的传染病的抵御水平。我们借此发展出了对各地食物供给的新陈代谢能力，例如在驯养奶牛、山羊和绵羊的地方，人们发展出了乳糖耐受性[12]，我们还发展出了对高海拔地带的长期适应性等。地方适应性还激发了全球各地的不同皮肤色素沉积的演化现象。在紫外线辐射较强的地区，人群演化出防止有害阳光辐射的皮肤色素沉积。相反，在远离赤道、受阳光照射较少的地区，导致皮肤颜色变浅的变异能帮助人体产生维生素 D，带来额外的生存优势，从而变得更为普遍。

相比生物适应性，还有文化适应性，此类变化甚至能够更快地占领一个人群。文化适应性过程不需要把基因变异从一代人传给下一代，但导致其普及扩大的原理是类似的，通过模仿、教育或灌输等机制，能够很快地推动新的文化特征兴起，并对经济和制度变革产生影响。[13]这些或许是与人类发展旅程关系最大的"有利的变化"。

在马尔萨斯时代，我们可以合理推测与技术环境相适应的文化特性能够创造更高的收入，从而养活更多的后代，导致此类特性在群体中逐渐扩大。由于这些特性反过来将加快技术变革步伐，它们或许会推动从停滞走向增长的发展进程。我们将看到，最能够促进增长的文化特性将包括如下一些规范、态度和习惯，如高度重视教育，保持面向未来的心态，赞赏所谓的"企业家精神"等。

这一进程的一个体现是父母对"人力资本"投资的文化倾向的演化,所谓人力资本意指影响劳动者生产率的诸多因素,例如教育、培训、技能、健康和长寿等。假设某个困在马尔萨斯均衡中的人类群体包含两个大家族:量家族与质家族。量家族坚持"要生养众多"(《圣经》创世记9:1)的文化传统,尽可能多地生孩子,把有限的资源用于抚养他们。而质家族采用不同的习俗,生更少的孩子,却把更多的时间与资源投入影响子女生产率和收入能力的因素。那么从长期看,哪个家族会有更多的后裔,在整个群体中占据主流?

假设量家族平均每家生育四个孩子,其中两个会活到成年并找到配偶。与此同时质家族平均每家只生两个孩子,因为他们的预算不允许投资更多孩子的教育和健康,但由于这些投资,他们的两个孩子不但能活到成年并找到配偶,而且能在商业和技术行业找到工作,例如做铁匠、木匠或商贩等。在此阶段,量家族与质家族的人口份额都不会逐渐扩大,人口结构维持稳定。接下来再假设,他们所在的社会中,技术进步提升了对铁匠、木匠和其他能够制造工具与高效机器的行业的需求。这会提升收入能力,让质家族获得显著的演化优势。在一两代人的时间里,该家族的成员可能获得更高的收入,积累更多资源。于是他们的后代可能平均来说能够生育三个孩子,并给予良好教育,直至成年并获得婚配。相比之下,缺乏教育的量家族的后代不会受到技术进步的影响,收入没有变化,平均来说每个家庭养育到成年的子女依然只有两个。

上述机制表明,在技术创新带来经济机遇的社会中,人力资本投资能帮助人们抓住这种机遇,并获得繁殖上的更大成功,这构成了正反馈循环,让质家族在长期中占据种群优势:质家族的成员日渐增多将促进技术进步,技术进步又会增加质家族成员在人群中的占比。

应该指出,生育更多数量的后代与提供更高质量的养育之间的基本取舍关系,在所有生物中都普遍存在[14]:细菌、昆虫和小型哺乳动物(如啮齿类)等进化出以量取胜的繁殖策略,而人类、大象和鲸类等体型更大的哺乳动物,以及鹦鹉和猛禽等鸟类,则进化出了"辛勤哺育式"策略。[15]

16—18世纪在魁北克的近50万欧洲人后裔的广泛族谱记录,给我们提供了检验上述理论的一个难得机遇。通过追踪魁北克第一代定居者超过四代的后裔数量,显然能看到最大的家族来自生育率不高的定居者,他们生育的子女数量不多,给子女的人力资本投资则相应更多。生育率更高的定居者有着规模更大的家庭,对每个子女的投资更少,但从长期看留下的后代更少。或者说,这些证据表明,有些奇怪的是,子女数量适当(而非很多)的家庭在数代之后反而会留下更多的后代。它表明,子女数量较少对每个孩子存活、结婚、受教育和生育后代的概率有积极影响。[16]来自英格兰1541—1851年的证据也揭示了类似现象:积极给子女做人力资本投资的家庭,活到成年的子女数量最多。[17]

魁北克的第一代定居者在这段高生育率时期面临的环境,至少在一个方面类似于人类最初在地球上散居的时候：到新的领地定居，发现自己拥有的能力远远超出当时的人口规模。从这些证据可推断，在马尔萨斯时代的高生育期（此时的适应速度可能对人口结构产生显著影响）很可能出现如下结果：倾向于对数量更少的后代做生存投资的个体，会逐渐在人口中占据主流。

因此，这些机制是整个人类历史中在表面以下持续转动的变革之轮：技术创新养活了更多人口，推动人类对生态和技术环境的适应；更多和更具适应性的人口反过来激发人类设计新技术、加强掌控环境的能力。这些变革之轮结合起来，最终导致了创新以历史上前所未有的规模集中爆发，这就是工业革命。

第 4 章　开足马力

工业革命给我们留下了阴郁灰暗的经典图像：大片的纺织工厂，烟囱里冒着浓浓的黑烟，小孩子在污染而危险的环境中从事辛苦的体力劳动，同过去田园诗般的英格兰乡村景象形成鲜明对比。[1]因为威廉·布莱克与查尔斯·狄更斯等作家的描述，这样的代表图景被深深镌刻在人类的集体记忆中，却扭曲了那个独一无二的时代的本质。

毕竟，如果工业革命的核心是那些污染了空气与河流的工厂，为什么当时和当地的人类预期寿命出现显著延长，婴儿死亡率急剧下降？如果工业革命的结果是把快乐的农民变成可怜的临时工，为什么自那时起全世界的农民都在往主要工业城市迁移？如果工业革命的实质是剥削童工，为什么禁止使用童工和实施公立小学教育的法律有史以来唯独出现在这个时期，唯独出现在工业化最领先的国家与地区？

真相在于，这一革命时期以工业化得名是源于其最新奇和最耀眼的特征，但要完整地理解工业革命的意义，我们必须认识到工业化本身是第二位的。用经济史学家戴尔德丽·麦克洛斯基的话来说：

> 工业革命既不是蒸汽的时代，亦非棉花或者钢铁的时代，而是进步的时代。[2]

技术变革的加速

这一时代的进步有各种表现，其中最惹人注目的与工业化现象相关：技术变革有了惊人的加速，在历史记录中前所未见。这个时期出现的每个发明都足以在人类技术编年史上占据荣誉殿堂的地位。自启蒙时代以来就在加快的技术进步速率出现了神秘莫测的提升，欧洲和北美洲此后两三百年间涌现的重大发明的数量超过了过去数千年中所有人类文明成果的总和。这些地区的技术图景被彻底改变。

名副其实的思想创意海啸发生在如此短暂的时间、如此有限的地理区域，这不同寻常。然而同样令人迷惑的是，我们很难找到是哪个"突进"或者说重大发明催生了这次浪潮。从工业革命前夜到之后的各个阶段，英国经济的生产率都在逐渐而持续地提高。[3]站在远距离看,那似乎是一夜之间发生的,但事实上却比任何一个人的生命跨度要长得多。

这一加速发展不限于工业技术,整个欧洲大陆的科学也在突飞猛进,艺术、文学和音乐等同样因为众多天才与风格史无前例地喷涌而繁荣。这些进步发端于17世纪,西方文化中的伟大哲学家开始超越古希腊和教会的传统,撰写出关于人类与世界的本质的引人入胜的著述。

当然,那时最重要的发明之一确实在工业领域。英国的五金商人托马斯·纽科门(Thomas Newcomen)设计的蒸汽机在1712年投入商业应用,其目的非常简单朴实:把煤炭矿井里的水用泵抽出来,这个复杂任务在18世纪的时候需要消耗大量人力。蒸汽机这一新技术在1763—1775年间被苏格兰工程师詹姆斯·瓦特做了改进,使之能够适应工厂机器的运转需要,大大扩展了商业应用。

蒸汽机的重复运转看上去或许并不那么令人称奇,正如人类历史上最早出现的文字记载,即公元前3400年左右用于记录日常商业交易和税率的苏美尔刻板。可正是那些文字记录打响了发令枪,开启了数千年的创作进程,随之出现了《吉尔伽美什史诗》、《摩诃婆罗多》、《一千零一夜》、维吉尔的《埃涅阿斯纪》、紫式部的《源氏物语》、但丁的《神曲》、莎士比亚的《哈姆雷特》、塞万提斯的《堂吉诃德》、歌德的《浮士德》、雨果的《悲惨世界》、陀思妥耶夫斯基的《罪与罚》……与之相似,纽科门的蒸汽机开启的技术跃进将在短短250年时间里,让苏联人把第一颗人造卫星送入太空，让美国人用"阿波罗11号"带着人类踏上月球。

纺织工业是工业革命的前沿阵地，是当时的高科技部门。英国的若干殿堂级发明家，包括最为知名的约翰·凯（John Kay）、理查德·阿克莱特（Richard Arkwright）、詹姆斯·哈格里夫斯（James Hargreaves）、埃德蒙·卡特莱特（Edmund Cartwright）与塞缪尔·克伦普顿（Samuel Crompton）等人，设计出的先进机器让纺织制造过程的大部分工作被自动化。由此使得每卷布料生产所需的劳动时间大幅减少，成衣价格显著下降，让欧洲国家及其殖民地的贫穷家庭能够买得起质量还不错的衣服。起初，这些新机器是由水轮驱动的，工厂也修建在河流或瀑布的旁边。随着蒸汽机的进步，纺织业不再需要依赖水流的驱动，欧洲和北美的工业城市随之兴盛起来，但靠近煤矿仍是必要条件。[4]

技术进步还普遍革新了大型建筑的建造，以及陆地、海洋和空中的交通运输。这始于18世纪早期，五金商人亚伯拉罕·达比（Abraham Darby）发明出一种冶炼铁矿石的新型廉价方法，鼓励了对这种金属的广泛使用，最终用于桥梁和摩天大楼的建造。19世纪中期，作为发明家兼工业家的亨利·贝塞麦爵士（Sir Henry Bessemer）开发出一种生产强韧钢材的快速而廉价的方法。钢铁产业的进步又带来了新的革命性切削加工工具的开发，给若干产业带来重大影响，并推动了蒸汽机车的兴起，后者则使长距离旅行运输的时间大幅缩短。在19世纪初，从纽约到后来的芝加哥的旅程需要近6周时间，而到1857年，铁路使其压缩至短短两天。蒸汽轮船则大幅缩短了海洋运输中的距离和时间，把海洋贸易从风力中解放出来，极大地加速了全球化的步伐。[5]

这一时期还见证了交通运输领域的其他突破。美国发明家塞缪尔·摩斯（Samuel Morse）于1844年开发出世界首个商用电报系统，随后仅30年时间，全球主要地区已经被电报线路连接起来，信息可以在几分钟之内跨越汪洋大海。另一位美国发明家托马斯·爱迪生于1877年推出留声机，历史上首个声音记录设备；两年后他又发明了白炽灯泡，或者更准确地说，是改进了前人发明的灯泡。爱迪生在点亮灯泡时宣称：我们将让电灯变得极其廉价，只有富人才会去点蜡烛，他预见了这项发明的深远影响。[6]接下来爱迪生于1882年在纽约兴建起世界第一座商业发电站，此后电力很快在许多领域得到应用，并逐渐在工厂里取代了蒸汽机的位置。内燃机的发明也是出现在19世纪后期，很快汽车取代了马车，成为本地交通的日常工具。

以上罗列的部分创新名单并不公平完善，未涉及化学、农业、木艺、采矿、运河挖掘，以及混凝土、玻璃和纸张等材料生产中的广泛进步；也没有包含其他许多突破性发明，如自行车、热气球、工业生产线、电梯（使摩天大楼的建造变为可能），此外还有支持这些项目的大量新型金融工具的发展等。事实上，人类活动的几乎所有领域在这个创新时代都发生了激进的改变。

欧洲国家和美国的技术力量发展打破了全球的势力平衡。变化如此迅猛，使其他地区技术最先进的社会也毫无抵抗力，缺乏防御欧洲的坚船利炮的资源，继而让自己的国民遭受剥削压迫。例如，中国的清朝统治者在1839年决定禁止同贩运大量鸦片的英国商人的贸易，但很快发现自己的疲弱水师完全不敌一小队由蒸汽发动机驱动、以钢铁装甲防护的英国战舰。英国人在第一次鸦片战争中的胜利尤其具有讽刺性，因为强化其战场优势的火药和钢铁装甲，都是源于中国在几个世纪之前发明的技术。

十年以后，由马修·佩里（Mathew C. Perry）准将率领的美国海军凭借技术优势迫使日本签订条约，结束其两百多年的锁国政策。这个结果触发了日本统治精英内部的一系列权力角逐，一方想维护旧秩序，另一方认识到欧洲和美国的技术实力与推行重大改革的必要性。这场内部斗争最终以主张技术、社会和产业进步的派别获胜而告终，由此发起了明治维新，结束了日本的封建政府体制，恢复皇室权威，并把日本改造为经济和军事强国。

在欧洲人及其北美后裔思考、办事、用餐、着装、休闲、欣赏艺术文化作品，也包括在拿破仑战争与美国南北战争的残酷战场上彼此厮杀的过程中，伟大的创新与快速的变革无不是醒目的标志。与此同时，这一时期的欧洲哲学家、作家和科学家们的丰富思想深刻改变了对人类本质、社会乃至宇宙的集体观念。在某些社会圈层中，接受教育、了解最新观念和论题成为身份的标志，包括能够表述对当时的重要作品的创见，例如《共产党宣言》、雨果的最新小说，以及达尔文关于物种起源的惊人理论。

不过，这个时代的最基本特征，即创新速率加快，不仅让教育成为中产阶级和精英阶级的文化商品，还对它产生了一个更为深远的影响：教育成为经济发展进程的核心。事实上，教育的这一变革可能比制造业的机械化更为显著和持久，因为它改变了教育的根本目的，并首次将其在大众中普及。

前工业化时代的教育

在人类历史上的大多数时期，正式教育只面向社会中的少数特权群体。早在美索不达米亚和古埃及文明时期，精英阶层的子女就在学习阅读、书写和基础的算术技能，为从事文员、牧师和若干行政管理职业做准备。他们还经常学习天文、哲学与神学等知识，以丰富精神和文化内涵，跨越标志知识阶层的门槛。

教育在面向更广泛的社会群体普及时，主要是服务于文化、宗教、社会与军事的各种目的。例如古代波斯、希腊和罗马的教育，目的主要是培养忠诚和纪律，加上文化、宗教和军事所需的知识与身体训练。相比之下，儒家和佛教的教育目标是灌输道德观念，尊重老人，崇尚修养，因为这些被视为社会和谐的基础。一神教主张的教育体系，目标则是培育忠诚、道德、对宗教法律的服从与执行，以及上述价值观的世代传承。举例来说，两千多年前就形成的最早的大众教育体系之一犹太儿童学校（cheder），面向 4 岁以上的男孩设计课程，以便让他们忠实履行阅读犹太律法的宗教义务，并增进信仰、道德感和民族身份认同。类似的宗教机构后来出现在伊斯兰世界和基督教世界，尤其是受到新教改革影响的地区。然而，所有这些教育体系都没有把有利于成年后从事职业的技能开发作为主要考虑因素。

在人类历史上的多数时期，识字率都非常低。以中世纪时能够在各种文件上签署自己名字的人所占的比例作为主要标准，估计中国、法国、德国、比利时和荷兰等国家在当时的识字率均低于10%，欧洲和世界其他地区甚至更低。[7]

不过在工业化之前的几个世纪，随着欧洲开始在技术和贸易上取得长足进步，教育的重要性开始凸显。早在文艺复兴时期，欧洲诸文明在技术上就比同时期其他社会略胜一筹。前工业化时期的重大发明包括印刷机、摆钟、眼镜、望远镜、显微镜，以及农业和海事方面的无数改进等。到那个时期，由于本书第二篇将分析的诸多原因，曾在技术发展上领先欧洲的中国和奥斯曼等其他文明开始落伍，然后在公元1500年之后的一两个世纪里，欧洲的技术显然已等同于全世界最发达的技术。[8]这一技术发展分化就表现在欧洲同世界其他地区日益扩大的识字率差距上。

谷登堡印刷术对识字率乃至欧洲经济增长的贡献大小依然值得商榷。[9]但毋庸置疑的是，这个时期的识字率提高促进了印刷产业的繁荣增长，书籍的大规模印刷又显著提升了有读写能力的欧洲人的阅读写作愿望。15世纪下半叶，欧洲印刷了近1 300万册图书，16世纪超过2亿册，17世纪超过5亿册，18世纪增加至近10亿册，印刷图书增长率显著超过了欧洲大陆的人口增殖速度。[10]

同样明显的是，欧洲图书产业的快速增长刺激了技术和文化的进一步变革，反过来又推动了人力资本形成。15世纪后期出现了"商业数学"教科书的大量印刷，目标是指导商人受训者如何给股票定价、兑换货币，并计算利润率和利息支出。另有图书推广了复式记账法的基本原则，这项创新让商人们可以理性地管理账目。其他专业教科书也在欧洲大陆普及,成为医生、律师和教师不可或缺的知识来源。结果并不令人意外,在15世纪后期设有印刷厂的城市迎来了更多的人口增长(主要源于人口迁入),成为思想和文化的重要连接点,进一步使读书识字成为受尊重的市民的高尚追求,而且本身也确有好处。[11]

在此期间,欧洲成为历史上文化和技术最先进的地方。到公元1800年,荷兰的识字率达到68%,英国和比利时达到50%,其他西欧国家约为20%。而在欧洲以外的社会,识字率直到20世纪才开始提高。就全人类而言,1820年的成人识字率只有12%,到20世纪中期才超过50%,目前约为86%(图4.1)。

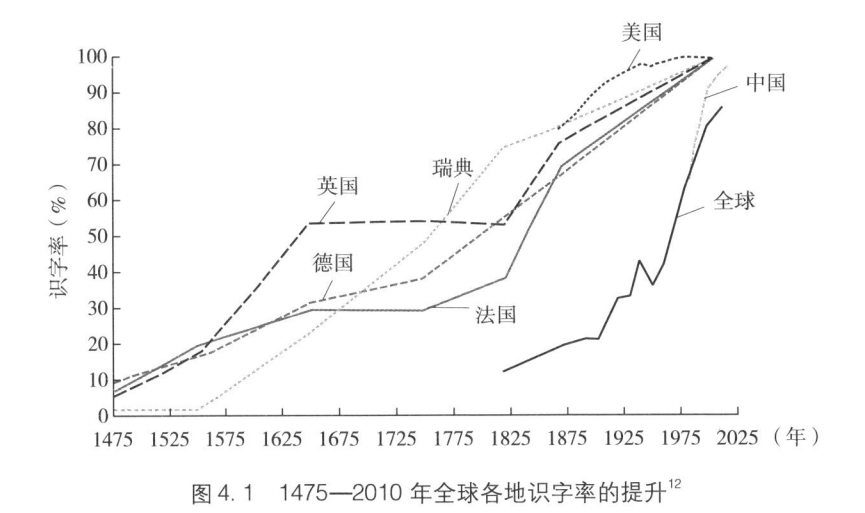

图4.1 1475—2010年全球各地识字率的提升[12]

不过,在前工业化时代的欧洲,教育的目的依然不是为大众劳动力提升技能。现代教育的先驱之一,17世纪的捷克哲学家约翰·夸美纽斯(John Amos Comenius)推广了若干创新教育方法,例如学习本地语言（而非拉丁语）、给学生设置一系列难度逐步提高的课程，以及鼓励逻辑思考而非枯燥的死记硬背等。可是，即便夸美纽斯最具革命性的包容式教育创新把妇女和贫困阶层纳入了教育体系，他的设计主旨依然是道德和文化价值观灌输，而不是培养职业所需的专业技能。包括足够有幸获得初等教育的孩子在内，很少有人在学校获得与成年后的职业生涯有关的技术和知识。这些知识主要是在工作中学到的，例如耕作土地、操持家务或者充当学徒等。

从17世纪中期开始，西欧国家培养出若干哲学家，他们倡导在科学知识积累的基础上取得进步的观念，用理性来拒绝神秘主义和宗教教条，有人还提出某些进步主义价值观，例如机会平等、言论自由和个人自由，以及求知欲和怀疑精神等。在这一启蒙时期，教育及其成果即人力资本在文化和经济上的意义都变得日益重要。即便如此，教育本质的蜕变，即转向工商业用途，仍未到来。

工业化与人力资本

在工业化的最初阶段，识字和算术在生产过程中的作用有限，提高这些方面的人力资本对劳动者生产率的影响也很有限。虽然监工和办公室文员等部分劳动者需要掌握阅读和基本算术能力，企业中的大部分任务还是可以由目不识丁的员工顺利完成。

到工业化的后期阶段，某些新兴产业部门对技能劳动力的需求显著提升。自此之后，满足工业化对劳动者识字与算术能力的日益增长的需要并提升其机械操作技能,便成为促进人力资本形成的主要目标(人力资本是指影响劳动者生产率的相关因素,如教育、培训、技能和健康)。这种情形在历史上是首次出现,在工业化国家普遍发生,在首批经历工业化的国家,包括英国、法国、德国和美国,表现得尤其突出。

在英国,工业化的最初阶段出现了生产过程的密集机械化,不过技能劳动力的雇佣人数没有相应增加。例如在 1841 年,仅有 5% 的男性工人和 2% 的女性工人从事需要识字的岗位。[13] 员工主要通过在职培训来提升技能,童工非常有经济价值。可是到工业化的后期阶段,英国的教育规模发生了巨大改变,5~14 岁儿童的入学率从 1855 年的 11% 提升至 1870 年的 25%。到 1870—1902 年,随着政府向公众提供免费义务教育,该比率提高至近 74%。[14] 于是,英国男性的识字率相应从 19 世纪 40 年代的 67% 左右提高到该世纪末的 97%。[15]

在法国,教育体系的发展远早于工业革命,这一进程到工业化早期阶段得以深化和改造,以满足工业的需求。17—18 世纪的中小学教育主要由教会和宗教社团提供,政府对技术培训和职业培训有某些干预,目的是增强商业、制造业和军事事务上的效率。到法国大革命以后,政府设立了小学以及少数中等和高等教育机构,目标是培育得力的精英,以操控军事和行政机构。[16] 鉴于工业对人力资本需求的增长,初等和高等教育的供给得以扩充,没有设立学校的社区数量在 1837—1850 年减少了约 50%。到 1881—1882 年,法国建立了世俗化的全民免费义务教育体系，并强调技术和科学方面的教学，5~14岁儿童的入学率从1850年的52%提升至1901年的86%。[17]

与法国类似，普鲁士在18世纪初开始设立义务教育，远早于工业革命，并将教育视为促进国家统一的重要手段之一。到18世纪下半叶，对全体5~13岁儿童实施强制教育，当然部分由于资金不足，这些规定没有得到严格执行。到19世纪初，由于国家凝聚力、军事效率和官员培训等方面的需要，教育体系开展了进一步改革，推行三年期的世俗化义务教育，高级中学（gymnasium）被确立为国家制度，为精英群体提供九年期教育。[18]与英国和法国一样，普鲁士的工业化与全民初等教育的实施时间同步。中等学校也开始积极服务于工业发展的需要，强调数学和科学教育的实科中学（Realschulen）逐渐被采纳，同时建立了职业和中等专业学校。总体来看，中学总入学人数在1870—1911年间增长了6倍。

美国的工业化同样提升了人力资本在生产过程与整个经济中的重要性。[19]工商业部门在19世纪后期到20世纪早期的兴起增加了对经理、文秘和高素质销售人员的需求，这些人需要在会计、打字、速记、算术和商业方面接受培训。到20世纪10年代后期，技术领先产业需要更多蓝领技术工人，在几何、算术、化学、机械制图和相关技能方面受过培训。为满足此类需求，教育结构做了相应改造，公立中学的总入学人数在1870—1950年间增加了7倍。[20]

上述历史证据明确显示，工业化进程中的技术进步与人力资本形成有关。但是否有足够证据表明，这种关联是以工业化为因，以技术培养为果？毕竟，这种关联也可能是源于人力资本形成对工业部门发展的影响，或者其他某些文化或制度因素同时推动了工业化与教育发展。为了证明技术发展加速及工业化与人力资本形成之间的因果关系，我们可以求助于一次准自然性质的历史实验。

在法国，蒸汽机作为工业革命早期阶段的最主要发明之一，最早由埃斯科河畔弗雷讷（Fresnes-sur-Escaut）的一家煤矿引进，那里是距离法国与比利时边境不远的一处僻静乡村。资料表明，由于这一新技术的地区扩散过程，到 19 世纪中期的时候，法国的一个地区或省（自 1790 年开始设立的行政区划）距离该村庄越近，那里采纳蒸汽机技术就越快。因此借助与埃斯科河畔弗雷讷的地理距离，就能预测蒸汽机在每个地区的普及情况。或者说，虽然任何地区的蒸汽机的实际数量可能受各省原有的教育水平及其他潜在因子的影响，同埃斯科河畔弗雷讷的距离仍可以用来评估技术对教育的潜在因果效应。原因在于：它可以直接推测蒸汽机的出现情况；不会受此前的教育水平或其他因子的影响；对教育水平没有直接影响，只是通过对蒸汽机数量的作用发挥间接影响。最关键的是我们可以确信，埃斯科河畔弗雷讷不是法国首先实施教育改革的地方，对现代教育在法国的推广而言绝非发源地。

利用上述方法，我们可以发现：以工业化为表现形式的技术进步加速（用法国每个省的蒸汽机数量来代表，并考虑到各省同埃斯科河畔弗雷讷的距离）对 19 世纪 40 年代的人力资本形成的若干指标具有积极影响，包括小学生在全体人口中所占的比例，以及征兵中登记的识字率。各省蒸汽机数量越多,人力资本投资越大。[21] 与之类似,若干资料表明英国在 19 世纪早期对蒸汽机的利用提升了附近劳动力队伍的技术密集度,尤其是机械类职业。[22]

技术进步对人力资本形成的影响在美国同样能够看到。[23] 铁路在 1850—1910 年向美国新兴城市延伸的证据显示,有幸接入全国铁路网络的各县通常有更高的识字率,拥有更多的技术工人,例如工程师、医生和律师,在农业部门就业的人口比例则更小。[24]

这些范围广泛的发现说明,工业革命时期的技术和商业发展刺激了各种类型的人力资本投资。在某些社会,人力资本表现为识字率和正式教育,而在其他一些社会,则与职业技能的发展有关。

第 3 章我们提到,技术发展与人力资本形成了彼此促进的循环,因此并不奇怪的是,另有证据显示上述人力资本改进推动了技术的深入发展。[25] 事实上,有人认为工业革命之所以在英国而非欧洲其他国家爆发,原因之一正在于英国在人力资本上拥有相对优势,这在工业化早期阶段尤其具有价值。归根到底,英国固然煤炭资源丰富,这是首批蒸汽机所用的关键燃料,但其他许多国家同样不缺。而英国还有着一种更为罕见的原材料:人力资本。历史学家记录说,当时出现了类型广泛的专业木匠、五金匠、玻璃吹制工和其他技术人员,足以支撑最出色的发明家的工作,把他们的创新设计制作出来甚至加以改进。[26] 这些工匠把技术传授给学徒,其数量在工业革命早期阶段激增,对工业技术的采纳、改进和普及发挥了巨大作用。[27]

实际上,从英国迁来的工程师后来还成为许多国家的工业先驱，包括比利时、法国、瑞士和美国。例如北美的第一家纺织厂于1793年在罗得岛的波塔基特镇建立，那里距离笔者写作本书时所在的布朗大学不过数里之遥。工厂由美国工业家摩西·布朗（Moses Brown）出资，是英裔美籍工业家塞缪尔·斯莱特（Samuel Slater）开创的首个项目，他抵达美国时年仅22岁。斯莱特从10岁起便在英国一家纺织厂工作，对理查德·阿克莱特的精纺机的技术细节有第一手的深入认知。英国政府希望保持技术优势，禁止此类机器出口，包括建造机器所需的蓝图。然而，斯莱特找到了一个简单却极其艰苦的绕过禁令的办法，他把设计图记在脑子里。斯莱特带来的影响极为深广，一方面被誉为"美国工业革命之父"，另一方面又被他出生地的某些英国人斥为"卖国贼斯莱特"。

受过教育的劳动者对技术进步的贡献，还能得到其他国家首次经历工业化的历史证据的支持。[28] 例如在19世纪的普鲁士，识字率对创新（以专利注册数表示）有积极作用。[29] 此外令人瞩目的是，有项研究发现18世纪时法国各城市订购《百科全书》的数量（反映其受教育的精英人群的规模），同整整一个世纪后相同城市的法国企业的技术创新存在正向关联。[30] 类似的是，跨国研究发现不同国家的工程师数量对人均收入有持续影响[31]，而在如今的世界上，人力资本形成始终在促进创业活动、新技术和新工艺的采纳，以及更广泛的经济增长。[32]

那么，大众教育在现实中是如何兴起的？

全民公共教育的进步

1848年，人类历史上最具影响力的著作之一在伦敦问世，它便是卡尔·马克思与弗里德里希·恩格斯合著的《共产党宣言》。马克思与恩格斯非常合理地指出，当时的世界正在经历的社会和政治动荡同生产方式的快速技术变革有直接关系。他们还认为，资产阶级的兴起对打破封建秩序、推动经济进步发挥了关键作用，但继续维持资本家之间不断加剧的竞争会导致其利润减少，诱使他们加深对工人的剥削。阶级斗争将变得不可避免，社会必然走到"无产阶级除了锁链一无所有"的爆炸点。

马克思观点的核心支柱是，资本家与工人之间无法避免的权力斗争会最终导致革命，粉碎阶级社会。的确，工业化国家在19世纪后期到20世纪早期经历了资产阶级同劳工组织之间的激烈斗争，甚至往往诉诸暴力。然而，马克思与恩格斯预言的共产主义革命最后却在俄国爆发，那里80%以上的劳动力在农业部门就业。事实上，工业化最发达的资本主义国家从未有过阶级革命成功的先例，无论是在马克思与恩格斯的有生之年，或是迄今为止。

为什么《共产党宣言》中预言的"不可避免的阶级斗争"和共产主义革命没有在大多数社会取得成功？一种解释是，革命的威胁推动工业化国家采纳相应政策，缓和了阶级矛盾与不平等，主要是投票权的普及、财富再分配权力的扩大以及福利国家制度的兴起等。[33]

另一种解释则强调，人力资本开始在工业化时代的生产过程中发挥关键作用。根据这种观点，在资产阶级看来，对劳动者的教育和技能的投资变得愈发重要，而不是相反，因为他们开始认识到在自己掌握的所有资本中，人力资本才是防止利润率下降的关键要素。[34]具体来说，对一个国家走向工业化最初阶段极为关键的专业工匠技能的重要性很快降低，但不是像某些人设想的那样被缺乏技能的工人取代，而是需要通用性、适应性的技能组合，以便让劳动者能够应对快速变化的技术和制度环境带来的挑战。在此情形下，接受广泛而灵活的教育，而非完成特定任务或职业所需的特殊职业技能对劳动者更有利。[35]

马克思推测，工业革命会削弱人力资本的重要性，让生产工具的所有者更残酷地剥削工人。与之相反，上一段阐述的逻辑认为，生产过程经历的技术变革事实上让人力资本对促进工业生产率变得愈发重要。因此，工业化引发的是一场大众教育革命，而非共产主义革命。资本家的利润率停止萎缩，工人的工资开始提高，最终作为马克思主义核心的阶级斗争的威胁开始减弱。简单来说，全世界的工业社会，包括在其他方面抵制西方现代性的社会，都普遍支持提供公共教育，因为它们认识到普及大众教育在动荡的技术环境中有着重要意义，无论对企业主还是劳动者自身都是如此。

然而，工业家们不太愿意为潜在劳动力的教育提供资金，因为无法阻止这些工人带着新掌握的技能另谋职位。事实上在1867年，英国钢铁巨头詹姆斯·基特森（James Kitson）就向一个官方委员会作证说，各家制造商都不给学校提供资助，因为担心教育成果被竞争对手夺走。³⁶在荷兰与英国，少数工业家确实资助了自己的私人学校，但成果有限。在此期间开办和运营学校的极少数资本家，包括威尔士的纺织业制造商罗伯特·欧文（Robert Owen），主要是出于慈善动机，而非商业上的考虑。

曾经有人担忧，劳工阶级在学会读书识字后容易接受激进和颠覆性的思想，但随着人们愈发看清开创工业社会必须有技能作为支持，前述顾虑被打消，资本家们开始游说政府提供公共教育。比利时、英国、法国、德国、荷兰与美国的工业家们积极行动起来，影响各自国家公共教育体系的结构设计，鼓励政府领导人增加对大众教育的投资。最终，各国政府屈服于工业家们的压力，扩大了对基础教育的投资。

1867—1868年，英国政府设立了议会科学指导特别委员会（Select Committee on Scientific Instruction），由此对科学、工业和教育的关系展开了为期近20年的议会调查，目的是满足资本家的要求。这些调查得出的一系列报告强调，企业主管、经理、业主和工人接受的培训普遍不足。报告指出，大多数经理人和业主并不了解制造过程，难以提高效率、探索创新技术，或重视员工的技能。³⁷报告提出了几项建议，包括改造初等教育，修订整个学校体系的课程表，特别是与工业和制造有关的内容，改进教师的培训等。此外，这些报告还提议在中学里引入技术和科学教育。

政府逐渐接受了资产阶级的要求，增加对初等及更高教育的投入。1870年，英国政府担负起了提供全民初等教育的义务。1880年，也就是在1884年广泛扩大选举权之前，整个英国都实行了义务教育。

英国社会某些群体对提供公共教育发起了抵制。耐人寻味的是，抵制来自地主群体，而非工业精英。1902 年，当英国议会通过《教育法案》（Education Act）以建立面向公众的免费教育体系时，制造业和服务业对技工、工程师、文员、律师以及能够阅读蓝图、操作说明书和库房存单的工人的需求持续增长。提升劳动者生产率的人力资本投资会让工业家们获益。然而在富有的地主家庭看来，受教育农民的产出与未受教育者相差无几，因此他们并无激励支持公共教育。反过来，假如你有幸成为富有的地主，你很可能会积极游说，以防止自己的佃农对子女做教育投资，从而削弱他们离开土地、争取为受教育劳动者创造新就业机会的动力。事实上，在工业类职业劳动者占比较高的选区，议员们在投票中压倒性地支持《教育法案》，而最反对设立全面教育体系的选区恰恰是农业占主导的地区，地主乡绅们把持着最大的发言权。[38]

反对公共教育的另一个重要因素是土地所有权集中。在农业用地分配相对平均的地区，地主们对阻碍教育改革的兴趣不大，因为来自农业的收入与教育可能给自家孩子带来的福利提升相比并不突出。而在土地集中于少数人之手的地区，地主的财富主要集中在农业上，他们希望阻止雇工向附近城镇大批迁移，因此尤其反对建立全面的公共教育体系。[39]

通过上述机制，历史上形成的土地所有权不平等可能对农业向工业转型和现代增长模式的出现产生了极为强大的影响。例如，这反映在美国各地在 20 世纪早期推进教育改革的不同步伐上：不平等的土地分配对教育支出具有负面效应。[40]实际上，与拉丁美洲相比，加拿大和美国较为平均的土地分配也可以部分解释两者之间的教育差距。另外在南美洲教育水平较高的国家（例如阿根廷、智利和乌拉圭等），土地所有权相对更为平均。而在世界其他地区，包括日本、韩国、中国台湾和俄罗斯，实施部分平均土地所有权的农业改革会进一步推动面向大众的教育改革。

最后在工业化的第二阶段，子女、父母和工业家们的共同利益压倒了地主阶级的利益，教育延伸至首批工业化国家的所有社会阶层。在19世纪初，西方国家还只有较少的成年人接受过基础学校教育，而到20世纪初，教育已发生天翻地覆的变化，英国、美国及其他工业化国家中几乎100%的成年人都已完成了初等教育。这一深远变革到20世纪中期在发展中国家发生，同样是由技术进步的加速引起。

这显然是一种进步，继而给劳动者的生活带来了其他无可置疑的改善。在马克思做出阶级斗争的前景预言大约50年之后，工人的工资逐渐上涨，阶级界限变得模糊，大众教育带来了更加广泛的发展机遇，并消灭了一个隐伏却普遍存在的现象：童工。

童工不复存在

1910年，美国摄影师刘易斯·海恩（Lewis Hine）抓拍到一幅图片：有个12岁的赤脚小女孩衣衫褴褛，靠在纺织厂的一台大机器上。女孩名叫艾迪·卡德（Addie Card），她的沉重表情震撼人心。海恩与其他摄影师定格了美国和英国童工的许多类似图景，这些照片很快成为工业革命的最典型象征之一。照片引发了激烈的公众抗议，由此通过了禁止雇用童工的法律。然而与公众的印象相反，童工既非工业革命的发明，也不是工业化过程的重要因素，事实上童工现象的消除并非源于禁止童工的法律。

图4.2　艾迪·卡德，12岁，北波纳尔棉纺厂的纺纱工人，佛蒙特州，1910年[41]

在整个人类历史上，儿童劳动都是社会的一个固有特征，因为生存挑战要求年幼的孩子完成许多艰苦的家务和农业劳作。当工业革命爆发后，这种现象达到了前所未有的程度。城市范围内许多家庭的收入只能勉强糊口，孩子们从4岁起就被送到工厂和煤矿做工。童工在纺织厂尤其普遍,因为小巧的双手在疏通机器方面具有优势。儿童在此期间遭遇的恶劣、暴虐与危险的工作环境,加上教育缺失,进一步强化了贫困循环。[42]

不过,工业化时期的快速技术变革及其对受教育劳动力需求的影响,逐渐通过两个渠道减少了童工对父母和工业家的利益。首先,新机器削弱了儿童的相对生产率优势,把儿童能胜任的简单任务自动化,拉大了父母同子女的收入能力差距,减少了童工给父母带来的收益。其次,人力资本在生产过程中的重要性提高诱使父母把子女的时间和精力投入到教育上,而不是再去做工。工业家们则希望找到掌握相应技能的更优秀劳动力,因此支持制定法律限制乃至最终禁止童工。[43]

第一部有效限制童工的法律于1833年在英国获得通过。这部《工厂法案》(Factory Act)禁止工厂雇用9岁以下的孩子,规定9~13岁的儿童每日工作时长不得超过9小时,禁止18岁以下的儿童上夜班。1844年,英国议会通过新法律,限制9~13岁的儿童每日最多工作6.5个小时,使他们能够用3个小时去上学;限制14~18岁的童工每日最多工作12小时;并给童工操作和清洁机器设置安全规范。在随后数年里,英国又采取了补充措施,持续提高最低就业年龄限制,迫使工厂主为年轻劳动者的教育支付费用。

由于各种监管法规相当于对雇用童工征税,许多人认为,这些法律对消除英国的童工现象发挥了关键作用。事实上,法律虽然可能确实是促进因素,但英国的童工现象远在国家干预之前就已在减少了。⁴⁴例如在棉纺织业，小于 13 岁的劳动力占比从 1816 年的近 13% 下降至 1835 年的 2%，此时尚未有力实施新的劳动法律。类似现象也发生在亚麻产业。远在法律发挥效力前，技术进步已经在消除童工现象中起到了关键作用，部分原因是理查德·罗伯茨（Richard Roberts）的走锭纺纱机之类的机器让许多产业减少了对童工的需求。限制童工的法律曾经对丝织业网开一面，因为该产业面临有廉价原材料供应的外国厂商的竞争，但丝织工厂中使用的童工比例同样下降，从 1835 年的近 30% 降至 1860 年的 13%。假如这一趋势具有代表性，那么即使没有法律干预，其他产业部门使用的童工也可能显著减少，这并非不可想象。

事实上，在 19 世纪下半叶，公共教育支出帮助雇主承担了雇员的学校教育费用，从而大幅减少了雇用童工带来的"税负"。然而工厂雇用的童工数量再也没有回到世纪初的高水平。在 1851—1911 年，工厂雇用的 10～14 岁男孩所占的比例从大约 36% 下降至 20% 以下，同年龄段女孩所占的比例则从近 20% 下降至近 10%。⁴⁵大多数发达国家也出现类似的趋势。法律在此过程中似乎发挥了补充作用，雇用和剥削童工现象减少的主要因素则是父母与儿童的收入差距拉大，以及对待教育的态度发生了改变。

态度转变很大程度上源于对人力资本的需求增加，因此很自然地，童工这一祸害首先在最发达的工业化国家消失，并且在这些国家中最先进的工业化地区消失。⁴⁶例如在美国，限制使用童工的法律最早出现在 1842 年的马萨诸塞州，那是主要的工业州之一。这未必是因为各工业州的州长更开明进步，而是快速的技术进步增

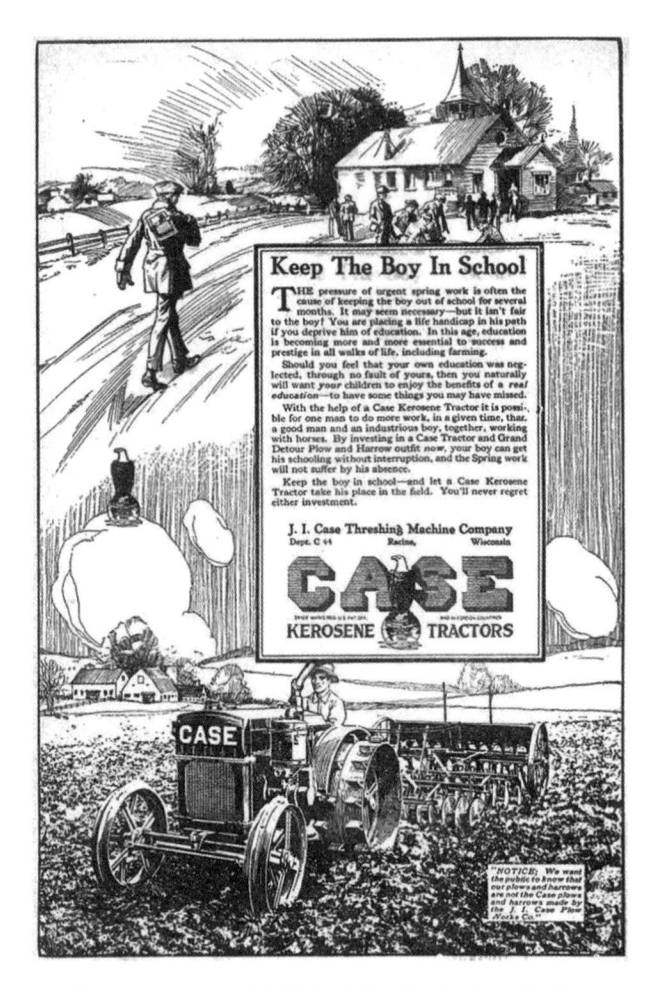

图 4.3　1921 年的拖拉机广告：把孩子们留在学校

注：图中的广告文字为：

繁忙的春耕压力往往是让男孩子们几个月不能上学的原因。这似乎有必要，但对孩子们来说很不公平！不让他们受教育，等于给他们一生的道路制造障碍。在这个时代，教育对所有行业的成就与声望来说都变得越来越重要，包括农业！

利用一台凯斯煤油拖拉机，可以让一个人在给定时间里完成更多任务，超出一个强劳力加一个辛勤男孩再加马匹的能力。现在投资凯斯拖拉机、大型绕道犁耙的全套设备，孩子就可以无中断地接受学校教育，春耕工作也不会因为他的缺席而受影响。

把孩子们留在学校，让凯斯煤油拖拉机替代他们下地干活。"这笔投资，你永远不会后悔。"[47]

强了对人力资本的需求，减弱了对童工的依赖，并打击了反对限制童工的法律的势力。很快，所有被工业革命改造的州都通过了类似的法律，而更加依赖农业的各州到后来才加入行列。随着技术进步在美国加速，教育的重要性越发突出，童工现象被逐渐取缔。在1870—1940年间，14～15岁的美国男孩从事工作的比例从42%下降至10%。女孩与更小的儿童也属于类似情况。

当时技术进步对童工现象的影响，突出反映在1921年的一幅拖拉机广告中（图4.3）。为劝说农民购买拖拉机，市场营销者强调了人力资本的重要性日增。他们的宣传攻势指出，这项新技术的主要优点在于节约劳动力，让农民甚至可以在一年中农事最繁忙的春季继续送孩子上学。有趣的是，广告商着重介绍了人力资本对包括农业在内的各行各业的优势。他们或许想减轻美国农民的焦虑：受过教育的孩子可能选择去繁荣的工业部门就业，而不是留在农场。

从技术创新速率的突然加快，大众教育的普及，童工现象的终结这三个主要方面看，工业革命的确是进步时代。不过，这些因素对女性、家庭与生育带来的影响，才是社会发生相变、逃离马尔萨斯陷阱的关键。

第 5 章 蜕变

在工业革命的早期阶段，伴随着快速的技术进步与收入增长，最发达工业化国家的人口也迅速膨胀。可是到 19 世纪下半叶，该趋势被逆转：发达国家的人口增速与生育率急剧下跌。到 20 世纪后，世界其他地区则以更快的步伐重复了上述过程。[1]1870—1920 年，大多数西欧国家的生育率下跌了 30%~50%（图 5.1），美国的下降势头更猛。[2]生育率的急剧崩塌加上（往往领先一步出现的）死亡率的下降，被称为"人口大转型"（Demographic Transition）。

人口大转型动摇了马尔萨斯机制的一个基石。突然之间，收入增长不再转移到支持人口膨胀，"富余的面包"不再必须让更多的孩子分享。人类历史上第一次看到，技术进步带来长期生活水准的提高，给停滞时代敲响了丧钟。生育率下降撬开了马尔萨斯陷阱的闭合口,并预示着持续增长的现代社会的来临。[3]

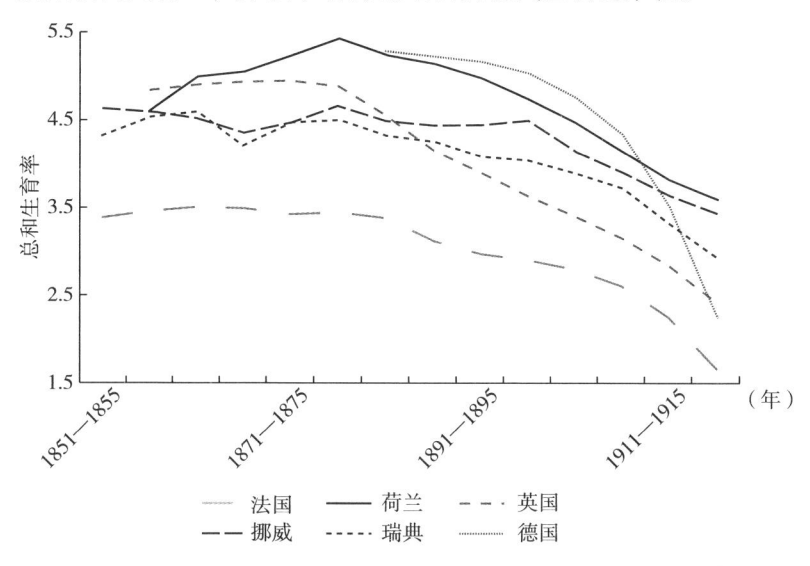

图5.1　西欧国家每名女性生育的子女数量,1850—1920年[4]

人口大转型为什么会发生?从当代的视角看,有人或许认为避孕技术是关键因素。在缺乏现代生育控制手段的时候,避免怀孕的最普遍方法是推迟婚配、禁欲以及体外射精等传统策略。西欧国家在饥馑时期的平均结婚年龄会上升,独身变得更普遍,两者都会导致生育率下降。当时英国议员威廉·科贝特(William Cobbett)带头反对工业革命带来的变革。他曾发现,在这样的社会里,有能力和意愿工作的男性无法养活自己的家人,与很大部分女性一样,他们将不得不保持独身,因为害怕生出的子女会饿死。[5]相反在丰饶时期,人们的平均结婚年龄会下降,生育率相应提升。该现象被称为"欧洲婚姻模式",在17世纪到19世纪早期普遍存在(图5.2)。[6]

第5章　蜕变

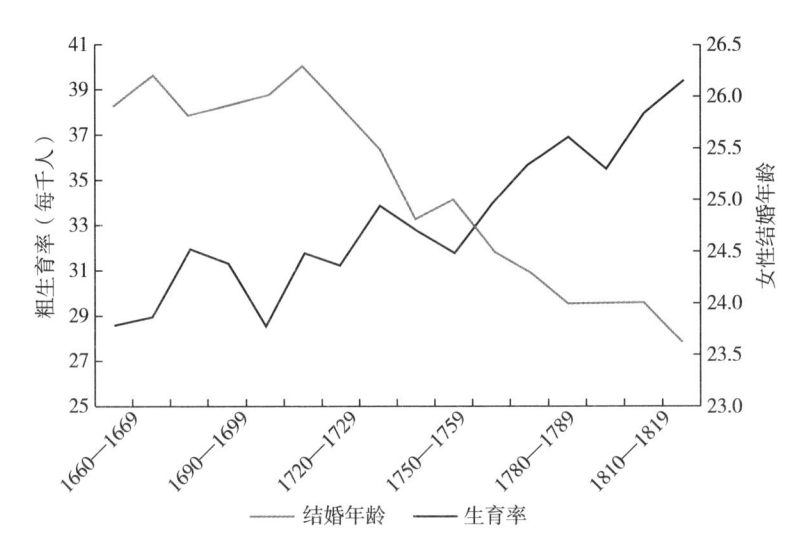

图 5.2　英格兰的生育率与女性结婚年龄，1660—1820 年

其他地区的某些习俗，如欧亚大陆和北非的嫁妆，撒哈拉以南非洲、亚洲、中东和大洋洲的彩礼等，进一步巩固了生活水准、婚姻年龄与生育率的关系。在繁荣时期，有更多的家庭可以负担此类费用，从而让子女更早婚配，导致结婚年龄下降，生育率提高。而在短缺时期，能够负担此类费用的家庭更少，婚配时间因此会被推迟，生育率相应降低。

在许多前工业化社会，人为流产的办法也被普遍采用，至少可以追溯至古埃及时期。[7]例如可以利用繁重体力劳动、登高、负重或潜水等剧烈活动有意识地引发流产。其他手段还包括禁食、向腹部浇注热水、躺在加热的椰子壳上、服食串叶松香草（据称由于被过度开采，这种植物在罗马帝国衰落前已濒临灭绝）等草药。某些资料显示，在古代埃及、希腊和罗马文明中，杀精剂与原始避孕套都已经投入使用。[8]

既然所有这些控制生育率的办法在历史上都古已有之,并且没有在人口大转型期间发生剧烈变化,那么我们必须更深层地探寻人类生育率出现如此突然而广泛大幅下降的原因。

人口大转型的触发因素

人力资本回报的提升

如上一章所述,在技术快速变革的背景下,教育的重要性提高,由此促进了人力资本积累。制造业、贸易与服务业的大量岗位如今要求有能力阅读和书写、做基本数字运算,并掌握各种机械操作,因此父母有激励对子女的识字、算术、其他技能乃至健康做投资。结果是人类历史上父母长期以来不得不竭力权衡的子女质与量的平衡点发生了转移,进而导致生育率在人口大转型中出现急剧下降。[9]

历史上的早期阶段也出现过类似情形。例如在公元前1世纪,犹太民族的先哲教导说,所有父母都应该让儿子接受教育。难以承担教育负担的犹太农民此时面临重大选择,要么违背甚至放弃宗教(许多人的确是这样做的),要么生育更少数量的子女。[10]久而久之,这一指示逐渐提升了犹太社群中愿意投资子女教育的个人占比。

工业革命中的技术进步从几个关键方面影响了上述质与量的权衡。第一,增加了父母的收入,让他们在愿意投资子女教育时有更强的支付能力。这种收入效应增加了子女培育中投入的资源总量。第二，收入能力增强同时放大了养育子女的机会成本，即父母为养育子女（而非工作）所牺牲的收入。这种替代效应导致生育数量下降。

历史上有可能出现收入效应压倒替代效应，导致生育率提高。实证研究也的确显示，马尔萨斯时代与工业化早期阶段的家庭收入提高导致了这种结果。然而到人口大转型时期，另有其他因素也发挥了作用。[11] 只有受教育者才能获得的新机遇让父母愿意把更大比例的收入投入子女教育，更多地压制了收入增加对生育率的潜在促进效应。因此最终由于父母对子女教育投资的回报增长超出了收入效应，迫使生育率下降。

与此同时，该机制又因为技术进步引发的若干重要改变而被强化。预期寿命增加与儿童死亡率下降提升了教育的潜在回报时长，从而进一步加强了投资人力资本和降低生育率的激励。技术进步与工业对教育的需求增长还产生了附带效应，削减了童工的相对生产率与利润空间，从而降低了使用童工的激励。最后，从乡村迁入生活成本更高的城镇的移民活动提高了养育孩子的成本，进一步导致生育率下跌。

新教改革在普鲁士地区的推广形成了一个准自然实验，可以揭示教育投资增加对生育率的影响。1517 年 10 月 31 日，马丁·路德把《95 条论纲》钉在威登堡的万圣教堂大门上，抗议教会出售赎罪券，发起新教改革。路德宣称，教会不能充当人与上帝之间的传话人，并鼓励人们自己阅读《圣经》，这一激进的信念促使他的信徒努力让孩子学习文化。1517年之前的资料表明,一个地区的经济或教育发展水平同距离威登堡的远近无关。然而到1517年之后,随着新教运动的浪潮以维滕贝格为中心向外传播,在距此更近的地区,父母受到革命性观念的冲击更为强烈,投资子女教育的倾向也就更加明显。宗教改革对人力资本形成的作用极为持久,直至三个半世纪之后,更靠近维滕贝格的普鲁士各县的教育水平依然更高,而且与生育的质与量权衡的理论相符,相比远离维滕贝格的各县,其生育率的下降幅度也更大。[12]

还有一个揭示教育和生育率关系的准自然实验发生在美国。1910年,洛克菲勒卫生委员会(Rockefeller Sanitary Commission)发起了一场在美国南方消灭钩虫病的运动。钩虫是一种肠道寄生虫,会导致受感染的孩子在学校无法安心学习,因此消灭这种疾病可以提升他们的学习能力,促进完成学业。换句话说,如果这场运动取得成功(事实也的确如此),孩子们的人力资本投资的回报将提高。有关研究对比了受影响地区与未受影响地区的生育率变化,发现儿童的教育回报提高确实会引起父母的生育率下降。[13]

养育子女的质与量的权衡对生育率下降带来影响,这种现象同样出现在中国、法国、英国、爱尔兰、韩国等许多国家,从过去几十年发展中社会的跨国分析中也能得到印证。[14]例如英国在1580—1871年的数据显示,家庭多生一个孩子会使兄弟姐妹掌握读写能力、获得技术岗位的概率降低。[15]与之相似,中国在13—20世纪的资料显示,来自规模较小的家庭的孩子更多参加国家公共服务要求的严格科举考试。[16]

当然，人力资本对劳动生产率的影响不是父母选择给数量更少的子女做教育投资的唯一原因。如上一章所述，许多社会的教育投资有数千年历史，是宗教、文化与民族抱负等诸多因素的反映，这些因素肯定也在影响生育率和技术创新。不过到 19 世纪末，人力资本投资与公共教育提供在工业化国家变得尤为普及，这不是偶然。此种现象与人口大转型同步发生，也绝非意外。

此外，还有一项重要因素同样在发挥作用：性别工资差距缩小与女性参与有偿就业的现象兴起。

性别工资差距缩小

如今，薪酬歧视在美国和英国被列入违法行为已过去了半个多世纪时间，女性的平均受教育水平已超过男性，可是这两个国家的女性同全球其他国家一样，平均工资仍低于男性。这一性别工资差距的背后有多种因素在起作用：男性更多占据高层岗位，更多参与高收入产业部门；产假对职业发展和工作时长造成的负面影响；各种直接的歧视行为。

就在不久之前，性别工资差距更是远远超过今天，但从工业化第二阶段开始以来已经在全球范围内显著缩小。1820 年，美国普通就业女性的工资只有男性的 30%。1890 年，女性的总工资收入仅为男性的 46%，到二战时期该比率提升至 60% 左右。[17]或许并不令人意外的是，男女工资差距的缩小与女性受教育机会的改善同步发生。1840 年，英国的男性识字率约为 67%，女性为 50%；

到该世纪末，这个差距已大幅缩小，男性和女性的识字率都超过了90%。[18] 类似情形也出现在西欧其他国家的工业化期间，以及20世纪的发展中世界。[19]

性别工资差距缩小有多种经济、文化、制度、法律和社会因素的推动。[20] 尤其是生产过程机械化削弱了低技能重体力劳动者的地位，也就是传统上"男人干的活"，同时提升了脑力密集型劳动的重要性，两者都有助于缩小收入和教育方面的性别差异。另外，教育普及，加上整个经济中保护财产权利的法律，埋下了赋予女性选举权的种子，使得通过立法禁止性别歧视并在道德上予以谴责最终成为可能。

在19世纪早期，随着纺织业自动化减弱了市场对女性在家庭作坊生产的手工纺织品的需求，英国的性别工资差距随之扩大，生育率有所提高。[21] 但在整个19世纪，部分由于生产过程的快速机械化以及脑力技能的重要性提高，各产业部门的性别工资差距大幅缩小。[22] 实际上在近一个世纪的时间里，也即在1890—1980年间发生了更快技术进步的美国产业部门，女性的就业率相对男性都有所提高。[23]

女性工资水平提高对生育率带来了方向不一的影响。一方面，女性工资提高拓宽了家庭预算约束，可以养育更多的子女，这是收入效应。另一方面，女性工资提高增加了家庭养育更多子女、让女儿更早结婚的机会成本，会导致提高结婚年龄与降低生育率，这属于替代效应。由于历史上的大多数文化都让女性主要承担抚养子女的责任，替代效应于是压倒了收入效应，生育率随之下降。[24]

性别工资差距缩小增强了人力资本回报提升引发的生育率下降趋势。英格兰和威尔士1911年的人口普查数据表明，随着女性的工作机遇增加与性别工资差距缩小，生育率出现下降。[25]类似的情况也出现在其他国家的纺织业中，例如1880—1910年的德国[26]，1881—1900年的美国[27]，以及1860—1955年的瑞典。[28]

类似的丰富历史证据表明，工业革命中的技术进步带来了人力资本回报提高、性别工资差距缩小、童工现象减少、预期寿命延长，以及从农村向城市区域的移民增多，所有这些因素都推动了人口大转型过程中的生育率下降（图5.3）。

那么，这些重大变革对普通家庭的日常生活又有何影响呢？

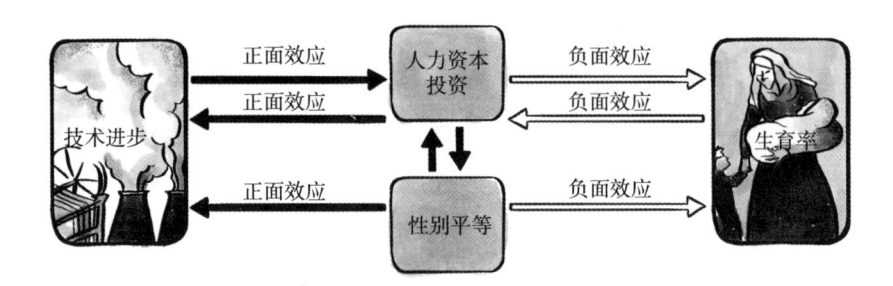

图5.3　技术进步的影响

家族故事

让我们假想有三个家庭，每个家庭都有不同历史时期的典型生育率、教育水平和生活水准。第一个家庭生活在马尔萨斯时代，人类的经济福利在长期中没有多少改变，富余的食物主要用于养活更多子女。第二个家庭生活在工业革命之初，收入增加导致家庭规模扩大，偶尔给孩子们提供教育培训。第三个家庭生活在人口大转型之后的时代，特点是每个家庭的子女数量减少，对子女的教育投资增加，以及生活水准显著提升。

第一个家庭（凯利之家）在16世纪的爱尔兰乡下拥有一小块土地，三个孩子（一儿两女），并且正在为几个月前死于肺炎的小女儿而伤心。家里的小块农场带来微薄的收入，只能勉强糊口。他们住在狭小破旧的棚屋里，雨天屋顶漏水，孩子们遭受着寒冷、饥饿与营养不良的痛苦。

凯利夫人有理由嫉妒自己的姐姐安妮，她嫁给了邻村的一个富有地主，并生育了五个健康的孩子，都能帮忙做农活和家务。在家庭聚会中，安妮的丈夫谈到了从美洲传来的一种神奇农作物的故事：土豆。凯利先生对此将信将疑，但他夫人力劝他冒点险，用新奇的土豆替换了原来种植的小麦。他们很快发现，通过种植土豆能从自己的土地里得到更多的食物热量。他们的孩子逐渐有了力气，并开始帮助父母把多余产量送往附近的集市销售。

在终于积累下些许现金后，凯利一家能够修缮住房，补好漏雨的屋顶，并在冬天到来前添置一些保暖衣物。很快凯利夫人又怀孕了，夫妇俩很高兴迎来一个新生命，家里的日子也正在改善。因为凯利夫人现在身体状况更好，婴儿也更加强壮，而且有大孩子们帮忙干家务，让她能够安心哺乳和照顾婴儿。这个新生儿将活到成年，还有他们前三个孩子中的两个，以及之后还将生育的两个孩子中的一个。

凯利夫妇并不考虑给孩子的教育做投资，他们都不识字，周围认识的所有人也是如此，只有当地的镇长和附近城里的牧师例外。他们的绝大多数邻居都是目不识丁的农民，本地的铁匠、木匠、渔夫和各种匠人的技能似乎也无法带来比他们更高的收入。这些职业都不要求识字，而是依赖工作中掌握的技巧。需要教育的行业非常少，例如医药和法律等，通常只有贵族和资产阶级家庭的孩子才能从事，他们在远方的精英学校接受培训。因此，凯利一家毫无动力把微薄的收入用于支持子女教育，尤其是这还意味着农场和家里失去宝贵的帮手。

既然凯利夫妇找不到投资子女教育的理由，他们就把种植土豆带来的更多收入用来改善家庭的居住环境和饮食上，并生育更多孩子。受到马尔萨斯陷阱的困扰，凯利一家的财富很快被证实是昙花一现。每当收入达到生存水平之上时，他们的子女便会生育更多子女。由于全家只拥有很小块的土地，他们的生活水准逐渐恶化。在几代人之后，他们的后代便陷入与祖先一样的窘境：家庭规模不再扩大，收入跌回到维持生存的水平。当土豆枯萎病肆虐爱尔兰时，某些人悲惨地死于饥荒，另一些人被迫迁居美国。

第二个家庭（琼斯一家）生活在 19 世纪早期的英格兰。同凯利们一样，他们也只有一间破旧房屋和一小块农地。这家人同样有三个孩子（两儿一女），也正在为之前死于天花的小儿子而伤痛。可是这个世纪初的英国正在经历一场旋风般的变革，纺织、煤矿、冶金等工业开启了机械化，跨越大西洋的贸易也欣欣向荣。

琼斯夫人的妹妹艾伦最近出嫁了，搬到附近的利物浦市，她丈夫在那里的一家纺织厂做经理。在家庭聚会中,她丈夫邀请琼斯先生与两个儿子到他的工厂里做工。琼斯先生有些犹豫,但琼斯夫人劝他接受了邀请。于是夫妇俩离开村子,到利物浦安家。城里的工作并不轻松,但三个人在工厂做工的收入远远超出之前做农活的所得。几个月后,琼斯一家有钱给孩子们添置新衣服,并搬进了面积更大的单元房。

不久之后,琼斯夫人再度怀孕,并生下一个健康的小女孩。琼斯夫人在家照顾婴儿时,琼斯先生带着大儿子威廉去见了纺织厂的总技师,答应为他支付培训费用,学习技术手艺。大儿子对于给技师当学徒的设想以及后面要干的重活不感兴趣,但他母亲劝告说,在掌握好技术以后,工资可以提高许多,邻居家的女儿也会愿意嫁给他。小儿子则有些沮丧,他很清楚父母没有钱给自己提供类似的培训,他将不得不忍受余生在工厂干脏活累活的命运。琼斯一家人虽然给大儿子的技能提升做了投资,却又生了两个健康的孩子,而他们未来也只能生活在贫困中。

在琼斯们生活的时代,尽管许多父母开始给子女的教育培训做投资,生育率却在飙升,越来越多的人口部分抵消了技术进步对生活水准的正面促进作用。与凯利的时代相比,琼斯们已经踏上了最终逃离马尔萨斯陷阱的路程,他们的子女,特别是威廉的后代将逐渐享受到更多的物质繁荣。

第三个家庭是奥尔森一家,在 20 世纪早期的斯德哥尔摩有一所普通住房。这家人有两个儿子、一个女儿。但与凯利和琼斯的家庭不同,他们不用为子女的早逝而悲伤。在此时期,各个西方国家的技术进步速度令人炫目。他们周围的新建筑都接入了电网，仍在从事农业的邻居人数比历史上任何时期都更少，蒸汽火车与蒸汽轮船把瑞典同整个欧洲连接起来，首批汽车也已驶上了斯德哥尔摩的街道。

与周围认识的所有人一样，奥尔森夫妇都会读书写字。他们结婚的年龄比琼斯和凯利们更晚，因为希望在成家前积累起足够多的财富。奥尔森先生拥有一艘小型渔船，他夫人婚前在一家纺织厂工作，如今在一家本地报社兼职上班，其余时间参与女权运动。他们的女儿很快要上学，两个儿子已经完成了小学学业，开始从事工作，一个在报社当报童，另一个在码头的仓库干活。

奥尔森夫人的姐姐英格丽嫁给了一位富有的银行家，在郊外购置了一套宽敞的别墅，把子女送到昂贵的私立中学接受教育。在圣诞节聚餐时，英格丽的丈夫向奥尔森先生建议，他可以从银行借款，投资一艘新型蒸汽拖网渔船。奥尔森一家稍作踌躇后决定抓住这个机会。结果，新买的船只大幅增加了奥尔森的捕鱼收获。利用新增财富，奥尔森夫妇决定把两个男孩送进中学，并且不让他们在上学期间打工挣钱，希望教育能让他们以后从事更体面和高薪的工作。

在奥尔森一家生活的时代，人力资本的重要性正把教育变成强大的身份标志，显示一个人在社会阶层中的地位，影响其寻找合适配偶、编织社会和经济纽带以及从事其他活动的能力。由于孩子们的教育很花钱，奥尔森夫人的时间也宝贵，夫妇俩决定不再生育更多子女。斯德哥尔摩的生育率此时仍高于死亡率，生活水准则正在以惊人的速度提升，人口的温和增长只产生了部分抵消作用。

在智人物种登上地球舞台的数十万年之后，奥尔森夫妇终于成为第一代逃离马尔萨斯陷阱的群体，他们的家庭是西欧和北美在此时期摆脱贫困的千百万个普通家庭之一。作为技术进步的直接成果，奥尔森一家的生活品质提升在接下来的几代人里将不会倒退，而是继续改善。琼斯家族的后人将度过人口大转型时期，到19世纪末期脱离马尔萨斯陷阱，比奥尔森一家略早。凯利家族的后人也会在20世纪初迎头赶上，获得自由。

最终，感谢人口大转型，人类社会实现了这一相变。

相变

自人类出现之初，技术进步就在促进人口规模的逐渐增长，以及有利于技术继续发展的性状的扩张。当然，如前文所述，在几十万年的时间里，马尔萨斯陷阱的引力吞噬了生活水准的任何有意义的持续改善。可是在表面之下，人类历史的巨型运动齿轮，即技术进步与人口规模及人口结构之间的相互作用，始终在转动，并在不知不觉中提高速率，越来越快，最终到18世纪后期释放出工业革命的技术爆发。又过了一百年，技术创新的加速带来了对受教育劳动者的需求增加（这样的人能够适应不断变化的技术环境），加上预期寿命延长、童工现象减少、性别工资差距缩小，共同导致了人口大转型，让经济增长不再受制于人口增长的反向作用（图5.4）。最终，社会逃离了马尔萨斯陷阱的章鱼般的长臂约束，人们的生活水平得以飞速提高。

图 5.4　变革之轮

如今看来，摆脱马尔萨斯陷阱、跨入现代增长阶段这一人类发展轨迹似乎不可避免，然而其时机和步伐却受到其他许多关键要素的影响。如果借用之前提到的烧水壶的比喻，水从液态到气态的相变时机固然取决于温度，但湿度和气压等其他因素也不可忽视。在它们的影响下，沸腾可能在高于或低于 100 摄氏度的时候发生。同样，人类发展旅程中的相变虽然是由最深层的构造变动引起，并推动了全球所有地区和时代的技术进步，将大多数社群带出马尔萨斯陷阱，然而影响和决定各个社群的本地地理、文化和制度因素，仍会导致某些地区的相变加速或者受阻。找出这些因素并认清其影响，将是我们第二段探索旅程的目标。

但首先，我们自这段相变以来已经历的生活标准改善会不会依然只是暂时的异常现象呢？会不会像某些人坚信的那样，如今的增长时代将突然结束呢？我们是否真正踏上了"应许之地"？工业化真能带来长期繁荣吗？人类的发展旅程是否可以持续？

第 6 章　应许之地

19世纪后期，全球绝大多数人居住在没有电力、自来水、卫生间、排污系统与集中供暖系统的房间里，饮食贫乏而单调，没有冰箱、洗衣机和洗碗机。基本没有人想象过利用汽车作为日常交通工具，更不用说飞机。收音机刚刚被发明，电视机与计算机尚未出现，很少人利用电话作为通信工具，移动电话、互联网之类的概念对人们来说不啻为天方夜谭。

然而，生活条件正在发生飞速改变。美国家庭拥有自来水的比例从1890年的24%激增至1940年的70%，拥有室内卫生间的比例从12%提高至60%。1900年时只有极少数美国家庭拥有电力照明，而到1940年，电网已深入千家万户，80%的家庭拥有了电灯。20世纪早期才引入的集中供暖系统在美国逐渐普及，到

1940年已覆盖了42%的家庭。大多数美国家庭在几十年前还难以设想拥有汽车、电冰箱或洗衣机,而到1940年,已有近60%的家庭拥有汽车、45%的家庭拥有冰箱、40%的家庭拥有洗衣机。[1] 类似的趋势出现在同一时期的其他西方国家,并在20世纪下半叶扩展到世界其他地区。以上数据反映的普通人生活品质的飞跃,其幅度之大,是我们这些从未在缺乏自来水、电力和室内卫生间的住房里生活过的人难以想象的。

毋庸赘言,健康是生活品质的最主要因素之一。世界在这方面也表现出了长足进步。远在20世纪后半叶的现代医药成就之前,法国科学家路易·巴斯德对细菌致病理论的贡献,以及由此推动的在20世纪初兴建的主要城市供排水系统,共同促使传染病致死现象显著减少。此外,之后一二十年里预防各种疾病的疫苗的发明和推广进一步降低了死亡率,包括天花、白喉、百日咳等。

这一史无前例的生活水准提升导致了预期寿命的大幅提高。数千年来,由于人均收入始终在基本生存线上徘徊,人类的预期寿命也在30~40岁这个较小区间内波动。资源变化以及战争、饥馑和瘟疫等会造成生育率与死亡率暂时摆动,但预期寿命始终相对稳定,因为马尔萨斯机制会防止生活水准的持续改善或恶化。不过到19世纪中期,随着人均收入前所未有地增长,预期寿命也节节攀升(图6.1)。同样,这些趋势首先从19世纪中期出现在工业化国家,伴随着它们逃离马尔萨斯陷阱,并在20世纪下半叶延伸至发展中国家,特别是影响社会中最贫困、最容易遭受饥寒和疾病威胁的群体。

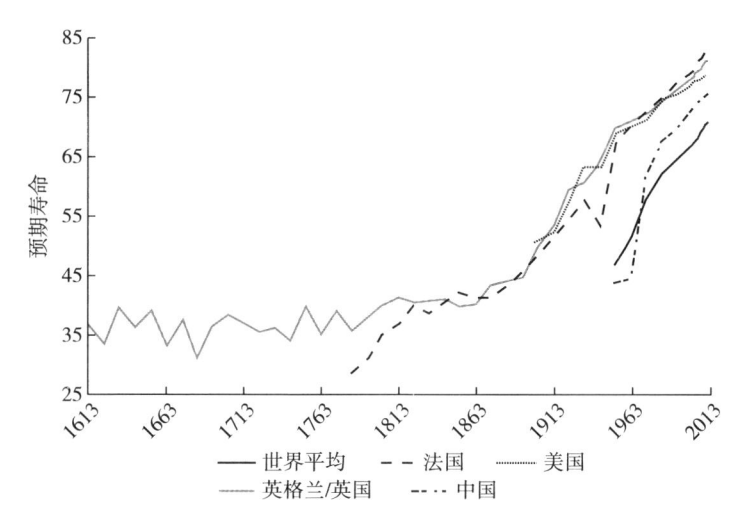

图6.1　全球人口（出生时的）预期寿命的变化，1613—2013年[2]

公共卫生状况的改善强化了技术进步与人力资本形成之间的良性循环。技术进步带来死亡率下降和预期寿命提升，反过来强化教育投资的激励，推动进一步的技术创新。例如，20世纪之初在美国南方，以及20世纪中叶和末期在巴西、哥伦比亚、墨西哥、巴拉圭和斯里兰卡等国根除疟疾，不仅改善了儿童的身体健康状况，还增进了他们的教育、技能以及未来数十年中的收入能力。[3]

很自然，一个人的生活水准不只包括健康、物质产品和舒适状况，还受到社会、文化与精神维度的影响。就上述维度而言，这个时期的技术进步让人们更容易获取信息、开展文化交流和社会交往，突破物理距离的约束。这方面的第一个重大进步是谷登堡印刷术的快速普及，让信息和文化通过图书与报纸获得广泛传播。接下来，罗兰·希尔爵士（Sir Rowland Hill）在19世纪发起的英国邮政改革使普通国民可以寄送信件，电报（信息传输技术的量子跃迁）的发展则实现了远距离近乎实时的通信联系，让大西洋两岸瞬间连接在一起。

但在如此快速变革的年代，即使电报这样杰出的发明也会很快没落。1876年，生于苏格兰、后来移民加拿大和美国的发明家亚历山大·贝尔（Alexander G. Bell）首次拨通了新发明的电话。到20世纪初，美国各地已安装了约60万部电话机，到1910年还会增长近10倍，达到约580万部[4]；丹麦、瑞典、挪威和瑞士在同一时期的人均电话数量同样迅猛增长。[5]我们很难想象20世纪早期世界各地人们经历的生活质量飞跃，他们突然之间能够同身处远方的亲朋好友和同事即时联系，而不再需要等待数周乃至更长时间来交换信件，或者花不少钱发电报短讯。

这个时期的进步还包括独特的文化成就。爱迪生在1877年发明留声机时，他打算用这种机器来记录重大政治演讲，或者教授演讲技巧。然而到19世纪90年代，留声机却被咖啡厅和餐厅用来播放音乐，到20世纪早期进入私人家庭。留声机的发明是名副其实的轰动事件，不过对大众文化和娱乐而言，最重大的突破还是意大利发明家古列尔莫·马可尼（Guglielmo Marconi）于1895年发明的收音机。

无线传输技术在19世纪后期已经出现，并很快被航运业采用。1912年，泰坦尼克号客轮在撞上冰山后发出了无线求救信号，但不幸的是，本可前来营救的轮船上的接收器当时被关掉了，未能收到信号。一战暂时推迟了无线电技术进入公开市场，第一个商业广播电台直至1920年11月才在美国开播。可是在20世纪20年代，大量电台如雨后春笋般在欧洲、北美、亚洲、拉丁美洲和大洋洲涌现，其中包括英国广播公司（BBC）、巴黎广播电台（Radio Paris）、柏林电台（Funk-Stunde AG Berlin）等。广播对人类生活方式和文化的深刻影响似乎超越了以往任何发明创造。对遥远偏僻地区的许多家庭来说，广播成为他们了解外部世界的唯一窗口，内容则充满了来自本国首都的阴谋诡计，以及海外的现代音乐和逸闻。例如在电影《无线电时代》里，20世纪30—40年代的美国被描述为沉迷于广播剧的国家，因为1938年播出的威尔斯（H. G. Wells）的小说《世界大战》而陷入恐慌，也曾为拯救掉入井下的8岁小女孩的现场直播而举国感动。

在巴黎的卢米埃兄弟于1895年拍摄第一部电影后，20世纪早期的影院繁荣让查理·卓别林、玛丽·皮克福德等演员成为国际巨星。黑白无声影片很快让位于彩色有声影片。1939年，全世界亿万影迷为《绿野仙踪》里的五颜六色如痴如醉：朱迪·加兰扮演的多萝西对她的小狗说，托托，我觉得我们已经不在堪萨斯了……我们肯定是在飞越彩虹！的确，在一个多世纪炫目的技术进步以后，一部分人最终仿佛真的飞越了彩虹。

是这样吗？在这一惊人技术进步与生活水准改善的同时，人类也在20世纪上半叶经历了几次浩劫。数千万人死于一战的壕沟与1918—1920年席卷全球的西班牙大流感。1929年爆发的大萧条不仅给许多国家带来贫困和失业，还助长了可怕的政治极端主义，最终在10年后揭开了罪恶累累的二战的序幕。

在此期间，在某些最发达国家之中，生活水准上升期的物质繁荣没有被社会各阶层平等分享。机遇不公、歧视和社会不公加剧了严重的社会与经济不平等，这些反映了种族歧视、性别偏见以及奴隶制黑暗时代的遗留影响。事实上，健康和教育的差距还在拉大，公民自由权依然是某些人而非另一些人的特权，社会不公在某些方面变得更加普遍。

但最终，即使过去几百年里这些最恐怖的事件也没有让人类偏离新时期的可持续经济增长与显著的人道主义进步。从更广阔的视角看，人类的总体生活水准在每次灾难之后都得以迅速恢复。

这种进步粗略地表现在人均收入前所未有的增长上，自人口大转型以来影响遍及全球。1870—2018 年，全球人均收入提高了过去不可想象的 10.2 倍，达到每年 15 212 美元。美国、加拿大、澳大利亚和新西兰的人均收入提高了 11.6 倍，达到每年 53 756 美元；西欧国家提高了 12.1 倍，达到每年 39 790 美元；拉丁美洲提高了 10.7 倍，达到每年 14 076 美元；东亚则提高了 16.5 倍，达到每年 16 327 美元；非洲的进步幅度虽然较小，但也提高了 4.4 倍，达到每年 3 532 美元。[6]

因此，从更长远的角度看，过去两个世纪的主要趋势是这样一种转型：在旧世界里，大多数人是贫困和不识字的农民，他们终日辛劳，勉强糊口，生育的子女众多，却只有大约半数能活到成年；而在新世界里，全球大多数人生育的子女会存活到自己身后，他们能享受多种多样的饮食、娱乐和文化，在不那么有害与艰苦的环境里工作，拥有明显更高的收入和更长的寿命。如今，利用技术进步积聚权力、导致破坏与压迫的因素已退居次席，利用技术进步从事创造、促进机会平等、减少人间疾苦和建设更美好世界的因素占据了主流。

不过在我们思考这一增长的可持续性时，最近几十年里的一个重大转变值得引起深入思考：20世纪末期以来生活水准的持续提升不是源自制造业，反而可能与之脱钩。这意味着什么？

工业的黄昏

19世纪下半叶，西方国家中有一个快速增长的工业城市在北美洲的五大湖之滨崛起：美国密歇根州的底特律市。依靠壮观的建筑和配备电灯的宽阔街道，底特律被誉为"西半球的巴黎"。它位于广阔的商业网络的中心，是芝加哥通往纽约和东海岸其他地区的枢纽。20世纪早期，亨利·福特在这里创建了获得巨大成功的福特汽车公司，很快吸引了大批企业家加入，把底特律变成世界汽车工业之都。底特律在20世纪50年代发展到巅峰，人口多达185万，在美国排名第五。汽车工人们享受着比其他产业更高的薪酬，制造商雇用了大批经理人和工程师，其收入足以负担郊区的豪华住房、高档餐厅的宴席，以及城里靓丽剧场的演出。

然而到20世纪60年代，底特律的好运走到了尽头。汽车工业的竞争加剧，某些制造商把部分业务迁往墨西哥、加拿大和美国南部各州，以节约劳动成本。这导致了大批城市人口外迁，某些社区甚至变成了"鬼城"。1967年，随着底特律经济滑坡，爆发了一场持续 5 天的骚乱，43 位居民丧生。城市被腐败、犯罪和失业困扰，这种形象甚至因为《机械战警》之类的电影而进入了流行文化。到 2013 年，市政府申请破产，其债务之沉重超出任何美国城市的先例。目前底特律的人口已经不足 20 世纪 50 年代的三分之一，许多街道留下成排被遗忘废弃的建筑，与辉煌的过往形成令人感伤的对比。

底特律并非唯一的例子。美国东北部和中西部工业核心地带的其他许多城市也在 20 世纪下半叶经历了痛苦的没落，包括布法罗、克利夫兰和匹兹堡等，让这个地区得到了一个难听的称呼："锈带"。英国、法国、德国及其他发达国家也有过同样的情况，20 世纪早期一度繁荣的工业区后来却严重落伍。事实上，1980 年之后的一段时期里，所有发达国家都出现了制造业岗位全面减少的现象。在发达经济体，制造业的就业份额从 1970—1979 的 25% 左右急剧下降至 2010—2015 的大约 13%[7]；英国的制造业就业份额在 1981—2019 年间从 21.8% 下降至 7.6%[8]；美国则从 21% 下降至 8%。[9]相比之下，在新兴市场与发展中经济体，制造业就业份额从 1970—1979 年的 13% 轻微下降至 12%，中国则在同期大幅提升，从 10% 增长到 21%。[10]

之前各章曾提到，西方国家的生活水准在工业革命期间得以提升，主要源于人力资本培育和快速技术进步，二者相互促进。技术进步表现为工业化的形式，但生活水准提升并不取决于工业化进程本身。的确在工业化的早期阶段，这两个过程相伴发生：人均收入增长与工业发展保持并行。可是到 20 世纪后，随着低技能产业的技术变革步伐放缓，工业化对生活水准的影响也随之改变。与农业在过去遇到的情形类似，低技能产业非但不能促进人力资本积累和经济增长，反而起到了阻碍作用。

以法国为例，在19世纪中期经历了快速工业化与工业增长的地区在20世纪30年代还相对富裕，然而到21世纪初，它们已落后于工业化程度更低的其他地区。在短期内，工业核心地带在制造业上的优势能使当地居民致富。可是随时间过去，工业部门对仅有初等教育程度的工人的依赖，导致这些地区对高等教育的投资激励弱化，从而限制了当地人群发展教育的意愿。低技能产业地区与高技能产业和服务地区在人力资本形成方面的差距逐渐拉大，反过来又妨碍了原来的工业核心地带采纳需要更高教育程度的技术，加剧它们对低技能产业的依赖，限制其走向繁荣。[11]

制造业的重要性相对下降带来的影响，集中体现在近年来若干最吸引眼球的政治事件中。唐纳德·特朗普把2016年大选的竞选基调定为：承诺让美国工业"再度伟大"。事实上，特朗普的很大部分关键力量正是来自锈带各州，例如印第安纳州、密歇根州、俄亥俄州和宾夕法尼亚州等，以及因为工业衰落造成的失业而被掏空和破坏的其他地区。

英国近年来脱离欧盟也与制造业的衰落有关。在制造业工作或者居住在依赖工业生产的地区（如英格兰东北部）的群体更多投票支持脱欧。[12]同英国一样，在法国、德国和其他发达国家，政客经常通过补贴、关税、配额和其他好处来支持国内工业，希望劝说企业不要把业务迁往工资水平低得多的发展中国家，但收效并不大。

依赖有限基本技能的产业把经济增长的双重发动机,即技术进步与人力资本投资的火炬传递给了其他产业,如服务业、金融业与数字技术产业等。工业城镇和地区的衰落对当地社群来说苦难深重,许多年长的工人长期失去生计,大量更年轻的居民被迫背井离乡寻找工作。当然,通过全面基本教育和通用技能培训等形式的一般人力资本投资,越来越多来自衰败产业的工人得以转向新兴产业部门,并分享生活水平持续提高的果实。

低技能产业在西方国家走向衰落的一个主要教训是,对发展中国家而言,把资源用于人力资本培育和技能密集型产业而非传统的低技能密集型部门,或许会更为有利。[13]

增长年代

20世纪后半叶,伟大的变革之轮仍在以不断加快的速率保持运转。正是在这一时期,增长年代最终影响到世界经济的每个角落,改善了亿万人的生活水平,虽然程度往往很不平衡。变革过程再度让我们看到,人力资本在提高当今世界的生活质量上发挥着关键作用。该趋势促使美国经济史学家克劳迪娅·戈尔丁(Claudia Goldin)把20世纪命名为"人力资本的世纪"。

20世纪的重大技术突破包括核能的利用、个人电脑的使用、抗生素的开发、汽车与飞机的发展,以及广播、电视及毫无疑问的互联网。而在推出这些全新发明的同时,技术变革也升级了我们最古老和最基本的农业产品。异常高产和抗病的小麦、玉米和稻米品种让农业生产率几乎在一夜间飞速提高。这些新型丰产作物的利用大幅增加了粮食产量，减少了世界范围的饥饿现象，被誉为"绿色革命"。得益于这些进步，墨西哥在20世纪60年代实现了粮食自给，印度和巴基斯坦也在1965—1970年使小麦产量近乎翻番，并在1974年实现粮食自给。

在许多案例中，创新主要体现在组织而非技术或科学方面。1968年，国际标准化组织建议把美国企业家马尔科姆·麦克林（Malcolm McLean）设计的现代联合运输集装箱作为世界范围的标准模板。这个统一标准在所有运输方式中得到实施，让港口的装卸效率得到显著提高，大幅降低了货物运输成本，推动了国际贸易的空前繁荣。

与过去一样，技术传播既增加了对人力资本的需求，也提高了人力资本形成的价值，这让人口大转型深入全球的每个角落。在1976—2016年间，全世界对人力资本的投资使成年人的识字率逐渐提高：女性从61%升至83%，男性从77%升至90%。同时，未入学的小学年龄段女孩占比从1970年的35%下降到2016年的10%，男孩则从20%下降到8%。更加显著的是，在世界银行划定的"低收入国家"，未入学的学龄女孩占比从1970年的72%下降至2016年的23%，男孩则从56%下降至18%。

另外，不出意料的是，到目前为止，在人力资本加速形成的任何地方，生育率都在下降（图6.2）。

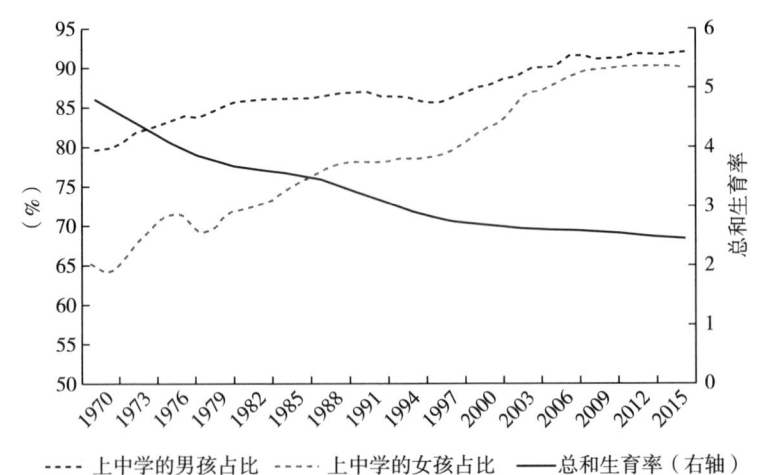

---- 上中学的男孩占比 ---- 上中学的女孩占比 —— 总和生育率（右轴）

图 6.2　全球范围内教育水平提高和生育率下降，1970—2016 年[14]

20 世纪下半叶，许多发展中国家最终突破了马尔萨斯陷阱。无论是非洲、亚洲还是拉丁美洲，许多家庭开始养育更少的子女，而增加对每个孩子的投资。在 1970—2016 年间，世界范围的生育率从每个母亲 5 个孩子下降到 2.4 个孩子。这种下降趋势出现在全球所有地区，只是程度有异。高收入国家的生育率从每名女性 3 个孩子下降到 1.7 个；低收入国家则是从 6.5 下降到 4.7；撒哈拉以南非洲国家从 6.6 降至 4.8；阿拉伯国家从 6.9 降至 3.3。世界上人口最多的国家的生育率降幅极大，中国很大程度上因为 1979 年采取的计划生育政策，从 5.7 下降至 1.6；印度也从 5.9 下降至 2.3。事实上，如果禁止移民，某些最发达国家（包括德国、意大利和日本）的人口将在今后数十年里减少，因为目前的生育率已经降至更替水平之下。

生育率下降加上快速的经济增长使得全球范围的生活水准大

幅提高。在 20 世纪 70—80 年代，世界上近 40% 的人口生活在贫困线以下，即由世界银行划定的日均收入 1.90 美元的门槛（图 6.3）。具体来说，在 1994 年，撒哈拉以南非洲国家有 61% 的人口低于此贫困线。而在全球人口大国中，中国在 1990 年有 66% 的人口、印度在 1972 年有 63% 的人口低于此贫困线。除撒哈拉以南非洲国家之外，贫困人口占比在最近数十年里显著减少。如今，全球仅有约 10% 的人口依然生活在这一贫困线之下：包括 40% 的撒哈拉以南非洲人口，不足 5% 的拉丁美洲和加勒比地区人口。在人口大国中，印度在 2011 年的贫困人口比例已经降至 22%，中国在 2016 年已经不足 1%。

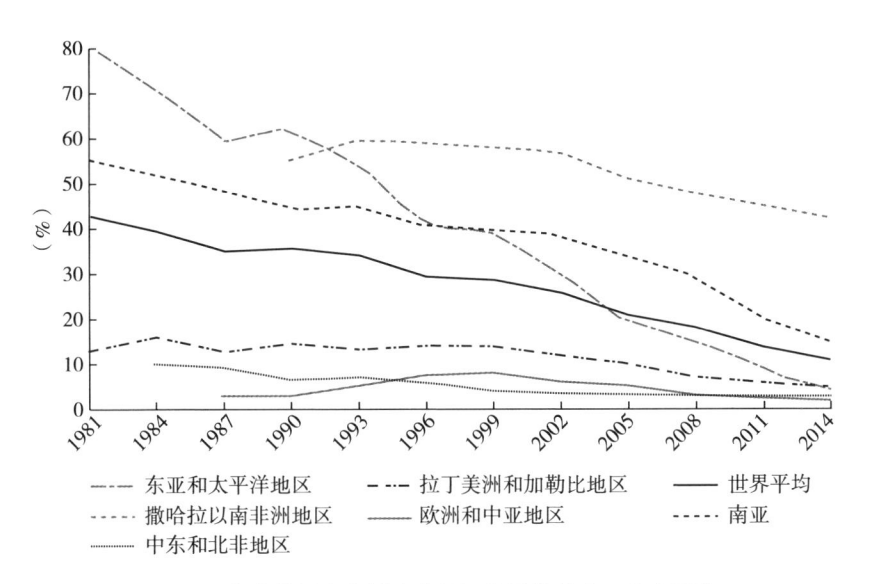

图 6.3　全球范围内生活水准低于贫困线的人口占比下降，
1981—2014 年[15]

经济增长对生活水准的促进还表现在各种健康指标上。1953—2015年，全球平均预期寿命从47岁提升至71岁，婴儿死亡率大幅下降。这一惊人成就表明有亿万儿童进入学校受教育，亿万女性进入有基本卫生条件的医院生孩子，亿万老年人在暮年得到财务上的支持。这意味着在世界大多数地方，21世纪初出生的孩子是第一代能够超脱基本生存压力的群体，他们不仅可以憧憬更美好的未来，也有条件实现生活品质得到持续改善的梦想。

当然，任何地方与任何时间的经济增长步伐还受到同时期多种因素的影响。例如在二战后不久，部分由于战后重建的助力，许多国家经历了密集而迅猛的经济增长浪潮。相反在20世纪70—80年代，因为1973年石油危机与人口变化趋势，全球增长速度放缓。到90年代，由于信息技术革命、全球化、生产外包，以及中国和其他发展中国家的惊人发展，增长重新加速。最近以来，2008年金融危机与全球新冠疫情给世界增长轨迹施加了暂时的负面影响。不过，尽管有重大危机造成的短期波动，西欧和北美在过去150年里，也就是人口大转型启动以来的经济增长依然保持了每年约2%的平均速度。

英国经济学家约翰·梅纳德·凯恩斯最知名的格言之一是：从长期看，我们都会死。他的意思是批评那些只关注长期发展而忽略短期危机给万千民众的生活带来即期影响的经济学家。[16]然而凯恩斯这句话也有相当的误导性。其实在很大程度上，我们都是自己出生之前数个十年、百年乃至千年开始的事件或行动的产物，也都在与之抗争。本书第二篇将指出，当代社会层面的经济繁荣更多源于深层的历史、地理、制度和文化特征,而非二战的暴行和破坏或者大萧条带来的灾难性影响。人类在此类事件之中和之后遭受的苦难无疑是巨大的,可是与这些损失和痛苦的程度相比,此类事件在社会(而非个人)层面给生活水准造成的影响却相当短暂,通常会在数年或数十年里消失。然而本书探讨的基本作用因素则具有持续数百年、数千年乃至数万年的影响。

最近几十年来,很大部分发展中国家加入到增长年代中,数十亿人因之摆脱了饥饿、疾病与动荡的威胁,不过一种新的危险正出现在前方:全球变暖。这个现象是否会给经历其中的数代人带来灾祸,但仍旧属于暂时的扰动?还是将成为人类发展旅程中迄今为止遇到的最重大颠覆事件,造成破坏最大的长期持续后果?

增长与环境退化

工业革命让人类对环境造成了破坏性影响。[17]从早期阶段开始,主要工业城市的污染便急剧恶化,酝酿了我们如今面对的气候危机。尤其是化石燃料的利用增加了地球大气中的温室气体含量,推动全球变暖。未来数十年里全球气温的攀升可能导致重大环境变化,使大量动植物走向灭绝,破坏我们星球上复杂的生态平衡。此外,海平面上升可能让数亿人流离失所,威胁世界粮食供应,带来巨大的经济损失和人道灾难。环境保护法规与环境可持续技术(包括太阳能和风能的利用、循环经济与废物利用、废水处理等领域)的陆续采纳可以部分缓解以上趋势,但我们对地球的污染依然必须警惕。

有人曾经预测，地球无法支撑爆炸式的人口增长，将导致大规模饥荒。由于绿色革命时期的食品供应大幅提升，加上人口增长逐渐放缓，此类预言已被打破。然而在过去200年里，全球人口增长了7倍，人均收入提高了14倍，极大地提升了世界的消费总量，成为环境退化的主要作用因素。现在有人担忧，我们熟悉的人类发展旅程或许已不再可行。向可持续能源供给转型不力，加上非环境友好型产品的继续生产，让越来越多人相信，为避免环境灾难，将不可避免地要求放缓经济增长的步伐。[18]

经济增长与地球自然环境保护是否无法兼容？我们是否只能二者择一？并不尽然如此。[19]跨国研究表明，人口规模扩大带来的碳排放增加程度，明显超出物质生活水平提升带来的碳排放增加。换句话说，一个人口为5 000万、人均收入1万美元的地区产生的碳排放，明显高于一个人口为1 000万、人均收入5万美元的地区，尽管两者的总收入水平相当。这意味着，生育率下降推动的经济增长——来自劳动年龄人口的相对规模增加，就是经济学理论中所说的"人口红利"——有可能让预期碳排放水平显著降低。

事实上，自人口大转型以来的生育率下降一直在缓解指数式人口增长对环境造成的负担。因此在工业革命开启当前的全球变暖进程时，并行的人口大转型很好地缓冲了这一效应，减弱了经济增长与环境保护之间的潜在冲突。归根到底，要在维持经济增长的同时防止环境继续退化，减少崩溃发生的可能性，将取决于把我们带到当前窘境的某些关键因素：利用技术创新加速转型，消除对化石能源的依赖，转向环境友好型技术，通过生育率下降减轻人口对环境的负担，并推动经济继续增长。正如美国技术专家、商业领袖和慈善家比尔·盖茨所述：我们在下一个十年应聚焦于让人类能够到 2050 年消除温室气体排放的技术、政策和市场架构。[20]

这样的政策和架构应该包含如下内容：促进全球范围的性别平等、教育机会和避孕用品的可及性，帮助降低全世界的生育率。此类措施可以缓和当前的全球变暖趋势，给我们争取到宝贵的时间，以开发这场环境保卫战中所需的改变战局走向的先进技术。相比通行的气候政策建议（例如采用难以监督和执行的清洁能源技术与环保法规），正式采纳上述人口政策在大多数发展中国家有望获得更广泛的政治支持，因为旨在降低生育率的政策能够在保护环境的同时保留经济增长的收益。

如果我们能够避免自负，并妥善利用资源，从进步时代起就被空前释放的人类的伟大创新力加上下降的生育率（二者都受到人力资本形成的推动）将可以保证所需的革命性技术的及时出现，在未来几个世纪中，把当前的气候危机变成褪色的记忆。

小结　破解增长谜题

人类取得了波澜壮阔的发展：突破了常规的演化路径，取得了截然不同于地球上生活过的任何其他物种的演化模式。在东非大草原上游荡的早期人类利用火来照明、取暖和烹制食物，把石头打磨成刀刃、斧头和其他工具。数百万年后，他们的后裔之一利用一台便携电子设备来撰写本书，这台机器可以在瞬间完成极其复杂的数学运算，装备有纳米技术设计的处理器，运算速度比短短50年之前参与载人登月项目的计算机还快10万倍。

让人类走上自己独特旅程的第一朵火花是大脑的发展，其能力提升来自对我们物种独有的进化压力的适应。在强有力大脑的支持下，人类逐渐开发出更先进的技术，提高了狩猎和采集效率。此类进步让人类种群数量激增，使人们能够更好地利用这些技术的性状,也由此获得了生存优势。于是出现了所谓的"技术人"(Homo technologicus):他们的手指更适合把原材料雕凿成有用的狩猎与烹饪工具,手臂变得更擅长投掷长矛,大脑学会了储存、分析和传输信息,借助语言来推理和交流,以及开展合作和建立复杂的贸易联系。

数十万年中,这些进步永无停歇地改善人类对不断变化的环境的适应性,让物种得以繁荣、壮大,并在走出非洲大陆后进入各种新的生态位*。人类学会了在有害的天气条件下保护自己,在类型广泛的栖息地磨炼自己的狩猎采集技能,直至大约12 000年前,又经历了首次重大社会转型:某些人采取了定居生活方式,开始种植可食用作物,并给整个种群带来进化压力,迫使其他人追随。

新石器革命对人类产生了持续的影响。在短短数千年中,大多数人放弃了游移式生活方式,开始耕种土地、驯养牛羊、适应新的生活环境。农业社会依靠显著的技术优势又延续了数千年。灌溉方法、耕种方法等技术创新带来了更高的农业产出,导致人口密度增大,促进了专业分工以及专职从事知识生产的非食物生产阶级的出现。这推动了技术的深入发展,以及艺术、科学和写作的进步,开启了文明时代。人类栖息地被逐步改造,农场变成村庄,村庄扩大为小镇和有围墙的城市,城市修造出壮观的宫殿、

---

* 生态位是指一个种群在生态系统中、在时间空间上占据的位置及其与相关种群之间的功能关系与作用。——编者注

庙宇和堡垒。精英阶层建立起可怕的军队，为争夺土地、名誉和权力而彼此厮杀。

在人类物种的大多数历史时期，技术进步与人口规模处于相互促进的持续循环作用中。技术进步让人口得以增长，鼓励社会特性适应技术创新的需要。人口增长与适应性则扩大了创新者的群体数量以及对创新的需求，从而进一步刺激新技术的发明和采纳。在漫长岁月中，推动人类历史进步的这些巨型齿轮都在表面之下默默运转。技术在改进，人口在增长，适应新技术的社会特性变得普及，这些变化在每个文明、每块大陆和每个时代推动着技术的持续进步。

不过，生活水准这个人类境遇的核心方面仍几乎没有改变。人类历史上大部分时期的技术进步未能带来整个群体物质福利的任何显著的长期改善，因为与地球上所有其他物种类似，人类被困在贫困陷阱之中。技术进步与由此带来的资源扩充都无一例外地造成人口增长，使进步的成果不得不分配给越来越多的群体成员。创新可能导致少数几代人的物质繁荣度提高，但人口增长最终会使其回落到基本生存线上。当社会拥有肥沃的土地与安定的时局时，技术发展可能获得显著成就。这在古代埃及、波斯、希腊、玛雅文明、罗马帝国、伊斯兰哈利法帝国与古代中国均不同程度地出现过。技术进步的突破让新的工具和生产方式在全球各地传播，并能短期提升生活水平。然而这些提升总是短暂的。

最终，人类历史上的技术进步不可避免地加速到达了一个临界点。欧洲北部的一小片地区在18—19世纪开启了工业革命的创新,快到足以推动对一种极为特殊的资源的需求:让劳动者在全新且不断改变的技术环境中游刃有余的技能和知识。为了给应对这样的世界做好准备,父母们必须增加抚养和教育子女的投资,并因此生育数量更少的孩子。预期寿命提高和儿童死亡率下降则延长了教育回报期,进一步强化了人力资本投资和降低生育率的激励。与此同时,性别工资差距缩小则增加了养育子女的成本,提高了小规模家庭的吸引力。这些因素共同引发了人口大转型,切断了经济增长同生育率之间长期以来的正向联系。

生育率的显著下滑让经济发展进程摆脱了人口增长的对抗效应,使技术进步得以永久性地提升繁荣程度,而不再是昙花一现。由于劳动力素质提高以及人力资本投资增加,技术进步得以更快加速,因而推动了生活水平改善和人均收入的持续提高。人类社会进入了一个相变时期。正如新石器革命从肥沃新月地带和长江流域等少数中心区向其他地方扩散那样,工业革命与人口大转型从西欧发端,在20世纪延伸至全球大多数地方,所到之处,经济繁荣水平均得以提升。

因此,过去两百年是革命性的:用任何合理指标测算,生活水准都出现了前所未有的飞跃。全球人均收入提升了14倍,预期寿命翻了一番多。人们经常为儿童早夭而悲痛的残酷世界已经成为过往,取而代之的是此类悲剧极其罕见的欣欣向荣的盛世。当然,生活水准的提升不仅意味着更好的健康与更高的收入,技术进步还带来了童工劳动的减少,危险与繁重职业岗位的转型,人们可以在遥远距离外相互沟通与开展贸易,大众娱乐与文化空前繁盛，而我们的祖先们对此根本不可想象。

技术进步的惊人成就与生活水平的大幅提升并未在全球得到平等分享，有时甚至在某些社会内部都存在荒诞的差距。另外，自然灾害、传染病、战争、暴行、政治和经济动荡也偶尔给许多人造成损失。然而，这些悲剧和不公尽管惨烈而可怕，却没有让人类发展旅程偏离长期轨道。从更宽广的视角看，人类整体的生活水准在每次浩劫后都极为迅速地得到恢复，并在技术进步与人口结构转型的巨型齿轮推动下继续迅猛前进。

工业化进程同时触发了全球气候变暖，如今威胁到世界各地人们的生计乃至生命，导致某些人开始质疑奢侈消费的道德基础与人类发展旅程的可持续性。但幸运的是，高生活水准的来源或许也是其维护手段：生育率下降加上创新力量或许具有内在的潜力，可以缓和经济增长同环境保护之间的冲突。生态友好型技术的开发与转型，教育回报提升和性别平等改善促使人口增长率继续下跌，进而减轻环境负担，可以在维持当前经济增速的同时，缓解全球变暖趋势。由此给我们争取到宝贵的时间，以开发扭转目前全球变暖进程必需的革命性技术。

人类的发展旅程充满了令人着迷的故事。我们很容易淹没在细节的海洋中，随波逐流，忘记表面之下的洪流。本书第一篇重点阐述的正是这些暗流，例如技术进步与人口规模及人口结构之间的相互作用。假如忽略此类因素对人类进化的贡献，包括人类大脑的进化，新石器革命与工业革命这两次深远革命，人力资本投资的增长与人口大转型，使我们成为地球上统治物种的宏大趋势，就不可能深入理解人类的历史。这些暗流为解释人类的发展旅程提供了一个基本理论框架、一个清晰的坐标。离开它们，人类发展史将变成单纯的事件年表——各种文明兴盛与没落的不可言喻的荒野。

当然，生活水准提升的步伐从来不是普遍或必然的。事实上，现代人的独特之处在于，人们生活水准的差异很大程度上取决于各自的出生地。不同国家和地区之间存在着巨大的财富差距，根源何在？各个人类社群是否必然被他们生长繁衍所在地区的历史和地理因素裹挟？这些不平等的出现主要是决定性的，还是随机性的？深层的制度、文化和社会特征对各国财富水平的分化产生了怎样的作用？

在追溯人类从古至今的发展旅程后，我们对不平等谜题的探讨要求把时钟继续倒转，以搜索其最早的起源，前往人类旅程的开启之处，即数万年前智人走出非洲大陆的时刻。

第二篇

财富与不平等的起源

第 7 章　荣耀与苦难

过去数十年里，有几十艘满载非洲移民的偷渡船在利比亚出海后沉没，数千人为此丧命。这些可怕事故的幸存者往往表达出未能抵达目的地意大利的失望之情，而极少对踏上危险的欧洲偷渡之旅的决定感到后悔。

仅在 2015 年，便有超过 100 万人用类似的方式跨越地中海。在这一人道主义危机中，有成千上万来自非洲、中东和拉丁美洲的人死在抵达欧洲或美国边境的旅途上。这是场以命相搏的大规模流动，许多人不仅冒着自己的生命危险，还抛弃了家庭和祖国，向人口贩子支付高额资金。其主要原因则是世界不同地区之间巨大的生活水准差异，包括人权状况、公民自由权、社会和政治稳定度、教育质量、预期寿命与收入能力，以及近年来尤其突出的暴力冲突的发生频率等。

生活水准的差异如此巨大，让一个极端的人们很难想象另一个极端的现实生活状况。例如在2017年，大多数发达国家民众的预期寿命超过80岁，婴儿死亡率低于5‰，全体国民都有电力供应，很大部分人有互联网连接，营养不良率仅有约2.5%。而在最不发达国家，预期寿命不足62岁，婴儿死亡率超过60‰，不到47%的人有电力供应，不足1‰的人能连上互联网，19.4%的人存在营养不良。[1]

同样令人不安的是，还有同一社会内部因为社会、民族和种族界线而形成的生活水准差异，表现在教育、收入和健康等方面。例如新冠疫情暴发前的2019年，在世界上最富裕的美国，非洲裔美国人的预期寿命为74.7岁，而美国白人为78.8岁；非洲裔美国人的婴儿死亡率为10.8‰，美国白人为4.6‰；25岁的非洲裔美国人有26.1%拥有大学学位，美国白人则为41.1%。[2]

即便如此，最富裕与最贫困国家之间的生活水准鸿沟依然大得多，以至于有千百万男女老幼不惜冒着生命危险试图进入发达国家。

差异性因素

从表面上看，这一全球不平等主要源于发达国家的人均收入显著高于发展中国家，并使它们在教育、医疗、营养和住房方面的支出也高得多。[3]

但为什么部分国家的居民拥有比其他国家的居民高得多的收入？这一差距部分反映了劳动生产率的不同，即世界某些地区每小时工作生产的产品和服务的价值要高于其他地区。例如，农业劳动生产率在各国就差异巨大。2018 年美国农民的农业生产率约为埃塞俄比亚的 147 倍、乌干达的 90 倍、肯尼亚的 77 倍、印度的 46 倍、玻利维亚的 48 倍、中国的 22 倍、巴西的 6 倍。[4]但问题同样存在，为什么美国农民的收获量比撒哈拉以南非洲、东南亚和大多数南美的农民要高出那么多？

答案应该并不令人意外：以上差距主要源于每个国家采用的耕种和收获技术，以及农民的技能、教育和培训。例如美国农民利用拖拉机、卡车和联合收割机耕种，而撒哈拉以南非洲的农民主要依靠由耕牛拉动的木制犁。美国农民受过更好的训练，可以使用基因改良的作物种子、先进的化肥和冷链运输，这样做在发展中国家或许不可行或者不值当。

当然，上述直接因果链条没有解释国别差异的根源，而只是把我们带向了一个更为根本的问题：为什么某些国家的生产过程可以利用更高技能的工人与更发达的技术？

生锈的工具

以诺贝尔经济学奖得主罗伯特·索洛（Robert Solow）为代表，过去对经济增长的理解强调实物资本积累对促进增长的重要性，例如草制的篮子、耙子、拖拉机及其他机械等。

设想有对夫妇收获了足够多的小麦，可以每周烤制出几十个面包。他们利用这些面包养活家人，并把多余部分拿到乡村集市出售。在攒够钱以后，他们买下一副犁，增加了实物资本存量，提高了小麦收获量与最终每周可以烤制出来的面包数量。只要这对夫妇没有生更多孩子，这一资本积累（犁的增加）就能帮助他们增加人均收入。不过，实物资本积累的效应受到边际生产率递减的约束：由于农户拥有的土地和时间有限，第一副犁可以让他们每周的面包产能增加 5 个，但第二副犁就只能增加 3 个，第五副犁则不能让生产率再有任何提高。

上述分析的一个重要推论是，只有犁的效率持续改进才会让村民的收入获得长期增长。此外，贫困农户新购入一副犁，带来的增长效应会高于同等规模的富裕农户新购入一副犁，因为这很可能是贫困农户的第一副犁，而富裕农户已经有了好几副。此时，相对贫困的农户可能会获得比富裕农户更快的增长，两者之间的收入差距将会缩小。

索洛增长理论模型由此表明，在缺乏技术和科学进步时，经济增长不可能永远持续。[5] 还有，该模型认为，假以时日，因初始人均收入和资本存量不同而造成的各国收入差距将逐渐消失。

设想有这样一场马拉松比赛，选手们离出发点越远，迈出的每一步就会变得越艰难。如果一群选手比另一群选手早几分钟离开出发点，假如他们的运动天赋差不多，那么第一群选手将领先后出发的第二群人，可是两者之间的差距将随着步伐的增加而持续缩小。

与之类似，如果各国的区别仅限于初始人均收入和资本存量，那么更晚出发的贫困国家应该逐渐赶上更早出发的富裕国家，从而使国家之间的收入差距缩小。

然而如图7.1所示，发达国家同发展中国家的经济发展并没有趋同。事实与增长理论恰恰相反，各地区之间的生活水准差异在过去两个世纪以来显著拉大了。

什么原因导致了某些国家之间的这一巨大分化？哪些因素在阻碍贫困国家追赶富裕国家？在20世纪下半叶，政策制定者基于技术进步以及实物资本和人力资本积累能促进经济增长的观点，推出了各种计划，希望借此提升发展中国家的生活水准。然而，各国之间的不平等依然存在，表明这些政策的效果相当有限。[6]旨在帮助贫困国家的政策在设计中过于关注表面上可观测的因素，即显而易见的差距，而忽略了导致差距的根本原因，从而难以克服那些更顽固的不可见障碍。差距背后的那些因素可能制造壁垒，

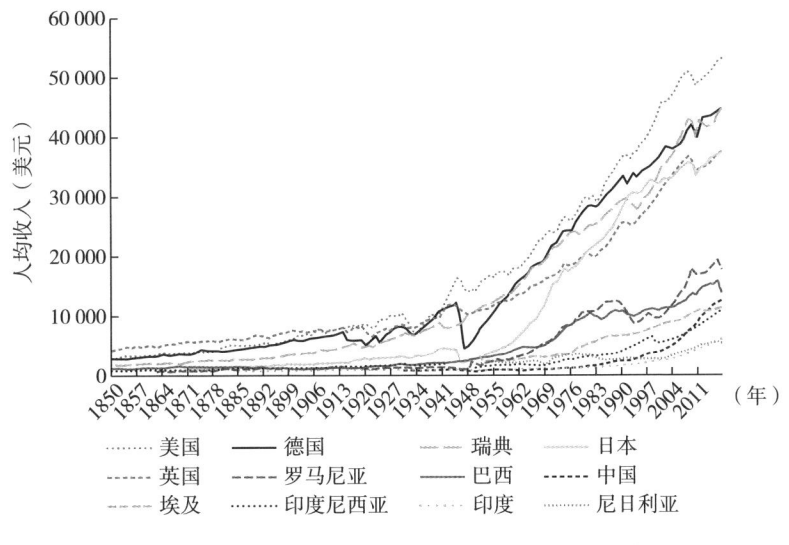

图 7.1 各国人均收入的变化，1850—2016 年[7]

阻碍投资、教育和新技术的采用，导致全球经济发展不平衡。如果希望破解不平等谜题，促进全球繁荣，我们就必须弄清楚这些根本原因与障碍。

国际贸易、殖民主义与不平衡发展

在 19 世纪，国际贸易异军突起。它由西北欧国家的快速工业化带动，受到殖民主义的庇护和助力，并因为贸易壁垒和运输成本的降低而起势。1800 年，全世界的产出中仅有 2% 用于国际贸易。到 1870 年，该比例已经提升了 5 倍，达到 10%，1900 年进一步提升至 17%，到一战爆发前的 1913 年更是达到 21%。[8]这些交易的主要部分发生在工业化社会之间，但发展中经济体同样是工业国重要且日渐壮大的出口市场。这个时期形成的贸易格局特征鲜明：西北欧国家是制造品的净出口国，亚洲、非洲和拉丁美洲经济体的出口则主要是以农业为基础的产品以及原材料。[9]

虽说离开国际贸易的扩张，这个时期的技术进步仍可能启动工业革命，但西欧国家的工业化与增长步伐却因为贸易而显著加速，还加上对殖民地的开发，对那里的自然资源、本土居民以及受奴役的非洲人及其后裔的掠夺。类似的是，在之前几个世纪达到高潮的大西洋三角贸易，以及同亚洲和非洲的贸易增长，都给西欧各国经济带来了重大影响。货物贸易不仅利润丰厚，还带来了工业化进程所需的木材、橡胶、棉花等，这些都是由奴隶和强制劳工廉价地生产出来的。同时，欧洲各殖民地生产的小麦、稻米、食糖和茶叶等农产品让宗主国能够深化工业品的专业化生产，并把销售市场扩展到各个殖民地。[10]

特别是在英国，国民收入中来自国际贸易的份额不断增长：从18世纪80年代的10%提升至1837—1845年的26%，再到1909—1913年的51%。出口对于某些产业部门举足轻重，特别是棉纺织业，19世纪70年代有70%的产出用于出口。[11]其他欧洲经济体也属于类似的情形。在一战爆发前夕，法国的国民收入中来自外贸的比例高达54%，瑞典为40%，德国为38%，意大利为34%。[12]

国际贸易在工业化早期阶段的扩张对工业经济体与非工业经济体产生了重要的不对称影响。在工业经济体，国际贸易鼓励和深化了需要高技能劳动力的工业品生产的专业化分工。由此导致这些国家对技能劳动力的需求增加，强化了人力资本投资，加速了人口大转型，并继续推动技术进步，提升它们在此类产品生产上的比较优势。相反，在非工业经济体，国际贸易鼓励的是相对低技能农产品和原材料生产的专业化分工。此类产业缺乏对受教育劳动者的需求，抑制了人力资本投资激励，从而延缓了人口大转型，导致低技能劳动力更加过剩，最终强化了它们在技能密集型产品生产上的比较劣势。

相应地，全球化与殖民化加剧了各国财富在过去两个世纪的分化走势。工业经济体从贸易中获得的收益被直接用于教育投资，导致人均收入提升；非工业经济体从贸易中获得的收益则更多被转化为更高的生育率和人口增长。这些因素会持续影响世界范围的人口、技能和技术分布，扩大工业经济体与非工业经济体在技术和教育方面的差距，从而巩固而非消除初始的比较优势格局。[13]国际贸易对发达经济体与欠发达经济体的生育率和教育水平产生了相反的效应，这一假说得到了基于当代和历史数据的区域与跨国研究的支持。[14]

全球化与殖民化的非对称效应还有一个惊人的证据，即工业化进程在发达国家和发展中国家的速度差异。英国的人均工业化水平在1750—1800年间提升了50%，在1800—1860年间提升了4倍，在1860—1913年间几乎翻番。美国的人均工业化水平则在1750—1860年间提升了4倍，在1860—1913年间提升了6倍。德国、法国、瑞典、瑞士、比利时和加拿大也有类似的发展经历。相反，发展中国家在19世纪出现了人均工业化水平下降，它们用了近两个世纪才恢复初始水平，最后到20世纪下半叶才开始起飞（图7.2）。[15]

英国与殖民地印度之间的贸易关系可以作为例证。印度在1813—1850年间出现了进出口额的快速提升，逐渐从制造品（主要是纺织品）的出口国变成农产品与原材料的供应国。[16]它与英国的贸易在此过程中发挥了关键作用。英国在19世纪大部分时期提供了印度三分之二以上的进口产品（主要为制造品），同时也是印度三分之一以上出口产品的市场。[17]

这一双边贸易对英国的影响如今已广为人知。国际贸易加快了工业化进程，推动工业革命第二阶段对技能劳动力的需求显著增长。英国男性劳动力的平均受教育年限在19世纪30年代之前尚未有明显改变，但到20世纪初已提升了3倍。10岁儿童的入

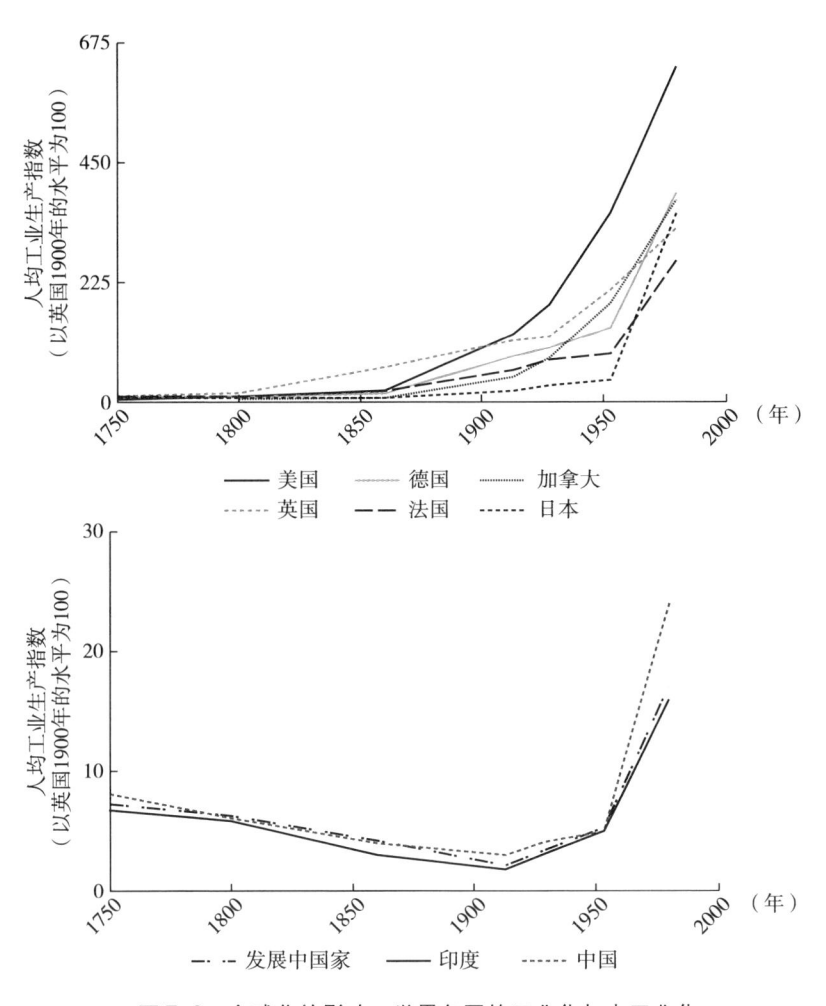

图7.2 全球化的影响：世界各国的工业化与去工业化

学率从1870年的40%提升至1902年的近100%。[18]19世纪70年代，英国的总和生育率开始下降，在随后50年里，从每名女性生育5个孩子降至约2.5个。同一时期，英国经济转入人均收入以每年近2%的速度持续增长的状态。

反过来，印度的人均工业化水平出现了下降。教育作用不大的农业部门在印度变得根深蒂固，导致普遍的文盲现象延续到 20 世纪之后很长时间。20 世纪扩大基础教育的努力，因为低参与率和高退学率而倍受挫折。[19]虽然学校教育仍在逐渐普及，但到 1960 年仍有 72% 的 15 岁以上的印度人没上过学。由于缺乏有效的人力资本形成，印度的人口大转型一直被推迟到 20 世纪下半叶。

所以，对外贸易的收益让英国的生育率加速下降，人均收入水平显著提高，在印度却主要转化为更高的生育率。自 1820 年以来，印度相对于英国的人口规模比例几乎翻番，而英国相对于印度的人均收入水平比例也翻了一番。

不过，殖民地时代的统治、掠夺和非对称贸易模式只是加剧了之前存在的比较优势格局，而非其始作俑者。那么在殖民地时代到来之前，各地区的发展不平衡又是由什么原因所致？哪些因素导致某些国家成为工业化的殖民者，迫使其他国家变成非工业化的被殖民者？[20]

为破解不平等发展的谜题，我们需要揭示比目前的分析更深层的作用因素。

深层因素

让我们设想，你在一个阳光明媚的早上起床，冲好一杯咖啡，但就在出门时，你惊讶地发现邻居家门外的草坪更为青翠。

为什么他们家的草坪如此繁盛？从纯技术角度看，或许是因为你邻居家的青草反射出的光线正好是光谱中绿色的那一段，而你家的草坪反射着偏黄色的一段。当然这个高度精确的解释没有实际用处，因为对我们理解问题的原因毫无帮助。一个更全面而不那么迂腐的回答是，或许应该强调你和邻居在打理草坪的时间、频率与方法上的差异，如灌溉、修剪、施肥、喷洒灭虫剂等。

然而，这些理由固然重要，却可能依旧没有揭示你邻居家的草坪更加青翠的根本原因。它们是两个草坪肉眼可见的质量差异的直接原因，背后还需要更基本的因素来解释为什么你的邻居更频繁地给草坪浇水，或者为什么在控制害虫方面做得更好。如果你没能找到这些更深层的因素，只是照搬邻居的园艺方法，哪怕坚持做上很长时间，也未必能产生你无限期待的那种炫目的青翠光彩。

地理因素或许影响着两块草坪的表面差异，例如土壤质量和光照时间都可能挫败你追赶邻居的努力。另外，表面差异或许是某些文化因素的反映，因为邻居和你接受的成长和教育环境不同。例如特别具有长远打算的心态等文化传统，可能让他们尽心竭力地维护自家的草坪，总是在最恰当的时机浇水和修剪。

还有可能是两座房屋位于不同市政管理的辖区。你所在的市政委员会为保护水源实施了灌溉禁令，而邻居家则可以随心所欲地给草坪浇水。因此，有制度因素妨碍你借鉴邻居家的园艺技术，缩小两块草坪的差距。或许还有与行政辖区有关的更深层原因，例如邻居家所在社群的人员构成导致了上述制度差异。同质性较高的社区更容易就灌溉设备和消灭害虫等公共投资制定规则，达成集体决议；异质性较高的社区则有各种新奇的园艺技术可供交流借鉴。从这个角度看，人口结构的不同或许才是两块草坪质量差异的根本原因。

  与两块草坪的区别类似，各国之间财富水平的巨大差异源于一系列因果关系：表面上是若干直接因素，如各国在技术和教育方面的差异；核心则是更深层与终极的因素，是一切表象的基础，包括制度、文化、地理与人口多样性等。要区分直接因素与终极因素的作用当然不容易，但如果我们想弄清楚深层因素如何影响人类历史巨型齿轮的运转速度、决定不同地区的经济发展程度，这样的区分肯定至关重要。

第 8 章　制度的指纹

朝鲜半岛的卫星图像无疑是人类从太空拍摄的最震撼心魄的照片之一。[1]图片下半部分是经济繁荣的韩国在深夜的景象：如璀璨的群星一般放射出欣欣向荣的经济光芒。韩国人在灯火通明的道路上驾车下班，在炫目的餐厅、商场和娱乐中心打发夜生活，在亮堂的居室与家人们欢聚。相比之下，图片上半部分的朝鲜位居世界上最贫困国家之列，它基本包裹在黑暗中。大多数朝鲜人因为时常发生的停电而郁闷，选择早早就寝。他们的国家不能生产足够的能源支撑电网的运转，包括在首都平壤。

韩国与朝鲜的差异既非源于地理或文化的不同，也不是因为朝鲜人缺乏建造和维护能够有效运转的电网的知识。在过去一千年的大多数时候，朝鲜半岛基本上是个统一的社会实体，居民有着相同的语言和文化。然而,朝鲜半岛在二战后被苏联和美国的势力范围分割,导致了截然不同的政治和经济制度。朝鲜的经济贫困和技术落后类似于民主德国在柏林墙倒塌之前的情形,是因为其政治经济制度限制了个人选择与经济自由。对政府权力缺乏约束、法治作用有限、财产权利不安全,加上中央计划固有的效率低下,都在制约创业创新,鼓励腐败,导致停滞与贫困。结果并不令人意外,韩国在 2018 年的人均收入水平达到了朝鲜的 24 倍,2020 年的预期寿命比朝鲜多出 11 岁,在其他生活质量指标上也相去悬殊。[2]

两百多年前,英国政治经济学家亚当·斯密和大卫·李嘉图就强调过专业分工与贸易对促进经济繁荣的重要性。但在诺贝尔经济学奖得主、美国人道格拉斯·诺思(Douglass North)看来,开展贸易的一个关键前提是有合适的政治和经济制度来保证和促进贸易活动,例如有约束力和执行力的合同。简单地说,如果社会制度不能够防止违约、诈骗、偷窃、胁迫、裙带关系或歧视行为,贸易很可能会变得困难许多,也更难以获得正常收益。[3]

在遥远的过去,人类社会依赖亲属关系、部落与族裔网络以及非正式制度开展和促进贸易。例如中世纪的马格里布商人对违反合同的人实施集体制裁,在遥远的社群之间建立特殊纽带,借此在北非各地乃至更远地区发展起了繁荣的跨国贸易。[4]然而,随着人类社会变得更大和更复杂,这些习俗越来越有必要走向正规化。某些社会最终发展出了支持贸易的制度,包括共同的货币、财产权利保护、能统一执行的成套法律等,从而更能够促进经济增长，强化人口规模和构成与技术进步之间的良性循环。在支持贸易的制度方面起步更晚的社会，经济发展也会落在后面。

在人类历史上，政治和经济权力集中在少数精英群体手中，使他们能维护自己的特殊地位和现有差异，这通常会制约进步的潮流。权力会束缚自由创业，妨碍有意义的教育投资，压制经济增长与发展。学者们把赋予精英垄断权力、固化不平等的制度称作攫取性制度。相反，把政治权力分散化、保护产权、鼓励私人企业和社会流动性的制度称作包容性制度。[5]经济学家达隆·阿西莫格鲁（Daron Acemoglu）与詹姆斯·罗宾逊（James A. Robinson）在《国家为什么会失败》一书中指出，政治制度的这些差别导致了各国发展程度的不同。攫取性制度通常会妨碍人力资本积累、企业家精神与技术进步，因此拖延从停滞向长期经济增长的转型。包容性制度则会加快这些进程。

但历史表明，攫取性政治制度未必在每个经济发展阶段都属于破坏性质。实际上在政权面对外来威胁时，独裁者偶尔也能协调组织重大改革，例如普鲁士在1806年被拿破仑击败之后，日本在19世纪后期的明治维新。此外，在朝鲜半岛分裂后的几十年里，韩国也是实行独裁统治（直至1987年才开启向民主国家转型），却仍实现了30多年的惊人增长，把朝鲜甩在后面。南北双方起初都是威权政府，根本差异是在经济信条上。首尔（2005年之前称为"汉城"）的统治者保护私有财产，发起广泛的农业改革，使政治和经济权力分散化。平壤的统治者则对私有财产和土地实施大规模国有化，把决策权集中起来。这些早期差异让韩国远在成为民主国家之前就比朝鲜拥有了巨大的经济领先优势。同样，曾被非西式民主政权统治的智利、新加坡和中国台湾，以及现在的中国和越南，也都通过促进基础设施和人力资本投资、采纳先进技术和发展市场经济，成功实现了长期的经济增长。

当然，尽管非包容性政治制度能够与有活力的包容性经济制度共存，这基本上仍属于特例，而非普遍规律。而在人类历史上的关键节点，规律则是起决定作用的一方。包容性制度的存在可以部分解释为什么工业革命首先在英国而非其他地区启动。攫取性制度的影响则能帮助我们理解，为什么世界上某些前殖民地在正式获得独立的数十年之后，依然处于落后状态。

英国崛起的制度根源

英国在工业革命时期史无前例的跃进，让这个国家占据了地球上的大片疆土，建立起历史上最强悍的帝国之一。不过在人类历史上的大多数时候，不列颠群岛的居民在财富与教育上都落后于邻近的法国、荷兰与意大利北部。英国不过是西欧边缘的一潭死水而已。当时的英国属于农业和封建社会，政治和经济权力被极少数精英把持，到 17 世纪早期，许多经济部门通过皇家法令被贵族垄断。[6]由于缺乏自由竞争和创业，这些垄断产业在开发新技术方面非常缺乏效率。

同其他许多统治者一样，英国的君主对技术变革并不欢迎，压制着自己国家的技术进步。一个著名而讽刺的案例是，英国纺织业的兴起曾因此受到延缓。1589年，伊丽莎白一世女王拒绝给牧师兼发明家威廉·李（William Lee）的新型编织机授予专利，理由是担心这项发明会伤害本地的手工编织行业，带来失业乃至社会动荡。遭到拒绝后，威廉·李移居法国。亨利九世国王十分高兴地给了他想要的专利。直至几十年后，威廉·李的弟弟才回到英国，推广这项先进技术，并为英国纺织工业的发展奠定了基石。

不过到17世纪后期，英国的政治制度已经有了深刻改变。詹姆斯二世国王试图强化君主的绝对权威并皈依罗马天主教，激起强烈反对。对手们找到了救星：荷兰共和国若干新教辖区的总督奥兰治亲王威廉（也是詹姆斯二世的大女儿玛丽公主的丈夫）。在他们的力劝之下，威廉登陆英国，驱逐了自己的岳父，加冕为英格兰、爱尔兰和苏格兰的威廉三世国王。这场政变被称为"光荣革命"，因为人们（有些错误地）认为它没有付出多少流血代价，却极大地改变了英国的政治力量平衡：作为缺乏国内根基的外来国王，威廉三世对议会的依赖程度远远超出了前任。

1689年，威廉三世正式签署《权利法案》（Bill of Rights），废除了君王可撤销议会法案、不经议会同意而征税和动员军队的权力。英国就此变成一个君主立宪制国家。议会开始代表较为广泛的利益群体，包括新兴商业阶层的声音。英国建立起包容性制度，保护私人产权，鼓励私人企业，并致力于促进机会平等和经济增长。

光荣革命之后，英国加快了废除垄断的行动。被查尔斯二世国王授予非洲奴隶贸易垄断权的皇家非洲公司，成为失去垄断权的许多公司之一。议会还通过新的法案促进新兴工业部门的竞争，削弱贵族的经济利益。尤其是，议会下调了工业熔炉的税负，提高了主要由贵族拥有的土地的税负。

这些在当时唯有英国推进的改革，创造了欧洲其他地方不存在的激励。例如在西班牙，王室竭力捍卫自己对跨大西洋贸易的控制权，然后经常把钱用于战争和奢侈品消费。相反在英国，原材料、商品和非洲奴隶等跨洋贸易的收益被广泛的商人阶层分享，并大量投资于资本积累和经济发展。这些投资给工业革命前所未有的技术创新奠定了坚实基础。

英国的金融体系同样在这个时期经历了剧烈变革，进一步促进了经济发展。威廉三世国王从祖国荷兰借鉴来了先进的金融制度，包括股票交易所、政府债券和中央银行。其中某些改革拓展了非贵族出身的企业家的信贷获取渠道，鼓励英国政府更加自觉地平衡政府支出与税收收入。议会获得了对公共债务发行的更强的监督权，向王室贷款的债券持有人获得了财政和货币政策决策过程中的代表权。英国就此在国际信贷市场上赢得了更高的信誉度，相对于其他欧洲国家，降低了借款成本。

事实上，工业革命首先在英国登场甚至可以归功于更早的制度改革。[7]本书第 2 章提到，黑死病曾经在 14 世纪杀死了近 40% 的不列颠群岛的居民。由此导致的农业劳动力短缺提升了他们的议价能力，并迫使土地贵族提高佃户的收成占比，以防止他们从农村迁移到城市。回头来看，大瘟疫给封建体制造成了致命一击，英国的政治制度因此变得更具包容性，更少攫取性。制度变革促使政治和经济权力分散，提高了社会流动性，让更多的社会群体参与创新和财富创造。相反在东欧地区，由于更加严酷的封建秩序和更低的城市化率，加上西方对农产品的需求增加，土地贵族的权势及攫取性制度在黑死病之后反而被强化。或者说，欧洲西部与东部在黑死病暴发前较微小的制度差异，导致了瘟疫过后的较大分化，让西欧和东欧呈现了截然不同的增长轨迹。[8]

行会在英国的相对弱势，也对英国工业革命前的某些制度变革发挥了作用。行会在欧洲各地普遍存在，是捍卫其会员（从事特定行业的技术工匠们）利益的制度或组织。它们往往利用垄断权来压制企业家精神与技术进步。例如，15世纪后期的巴黎书记员行会就把该市引入第一台印刷机的时间延迟了近20年。[9]纽伦堡的红铜车工行会在1561年迫使市议会阻止名为汉斯·施派奇（Hans Spaichi）的铜匠推广其发明的滑动台架机床，甚至威胁要把任何敢于采用这个新技术的人投入监狱。[10]1579年，但泽市议会发出命令，把威胁到传统丝带编织工的新型织带机的发明者秘密溺死。[11]19世纪早期，法国一群愤怒的编织工行会成员对约瑟夫-玛丽·雅卡尔（Joseph-Marie Jacquard，1752—1834）提起强烈抗议，他发明了利用穿孔卡来运转的革命性织布机，这项技术后来还启发了第一代计算机的编程操作。相反，英国行会比欧洲其他国家更为弱势，这或许是因为伦敦市在1666年大火后经历了速度较快而约束较少的重建，以及其他地方的市场迅速扩张导致对工匠的需求超出了行会的供给能力。行会的弱势便于议会出面保护与鼓励发明家，使英国的工业家们能够更快速和更有效地采纳新技术。

得益于上述制度改革，英国在18世纪后期深受形形色色商人和企业家利益的影响，而不再由抗拒技术进步、追求延续权力的土地贵族把持。以此观之，英国已成为世界上首个现代经济体。西欧其他国家很快将追随而上。因此，虽然深层因素正在将人类整体推向马尔萨斯时代的终点、增长时代的突破口，但上述制度变革加上稍后将分析的其他因素，却在人类即将实现相变的恰当时机，让英国成为培育快速技术进步的一片独特沃土。

工业革命在英国率先登场以及朝鲜半岛两侧的命运分化表明，制度可以对发展与繁荣产生巨大的影响。可是，这些较为极端的案例到底属于特例还是规律？在制度演变较为平缓的历史时期，是制度变革影响经济繁荣，还是经济繁荣导致制度改变？或者说，有其他因素在决定这两者之间的表面关联？

制度与长期发展

过去两个世纪，富裕国家普遍变得更加民主化。[12]有人认为，民主制度赋予了公众权力，以抗衡社会中的特殊利益集团，从而可以改善机会平等与人才在不同行业的分布，进一步提升生产率和经济繁荣。换句话说，由于民主制度在政治上具有包容性，它在经济上也具有包容性。

然而，民主国家经历了更快的经济增长，并不必然表明增长源于民主。[13]事实上可能是经济增长培育了中产阶级，他们有力量挑战政治现状，推动民主化改革。因此包容性制度或许是增长的结果，而非其原因。某些研究也的确支持所谓"现代化假说"，即经济增长有利于推动民主化。[14]还有一种情形是，民主与增长之间的正向关联可能反映了其他因素对两者的共同作用。例如，出于所在地区的某些特殊原因，增长可能碰巧发生在某个民主国家，然后在地理和文化上靠近该地区的其他国家借鉴了该国的技术和民主制度，从而形成了民主与增长的正向关联。

解答这个谜题的一种有前途的方法是考察历史大事件的影响，即考察某些与当地经济发展无关的因素造成某些地区的突然性制度变革，并且与其他地区形成对比。对比受影响地区与不受影响地区的长期经济发展差异，可以让我们区分制度效应同其他混杂因素。占领征服与殖民主义事件就为此类准自然实验提供了素材。

西班牙征服者使用强迫劳动的米塔徭役制度（mita system），就证明了攫取性制度给经济发展带来的长期负面影响。米塔制度迫使某些特定区域的土著村落把七分之一的男性劳动力送到西班牙人的银矿干活。该制度虽然已经在1812年被废除，但与未受该制度影响的邻近区域相比，曾经被奴役的秘鲁各区域如今依然更为贫困，儿童营养不良率也更高。这些发现可能是长期负面影响的结果：最能干的男子为了逃避去银矿服徭役而迁出，使得米塔徭役地区之外出现了规模更大的农村聚居社群，从而支持了那些村庄的公共基础设施发展，促进了居民的长远福利。[15]

另一个例子是拿破仑在法国大革命后不久对普鲁士部分地区

的征服。法国人在占领区建立了促进经济发展的包容性制度，例如，坚持法律面前人人平等的司法制度，废除专业行会的垄断权，削减普鲁士贵族的特权等。虽然入侵通常伴随着对占领区的破坏和掠夺，但在法国人撤离后数十年，之前的占领区同附近未占领区相比，在经济上确实更加发达，城市化率也更高。[16]

这些特殊的历史事件表明，制度确实可以对发展进程产生长期影响。不过，殖民主义与占领征服的更广泛历史也能为此提供佐证吗？

殖民主义的遗产

殖民时代见证了殖民强国的庞大财富，也记录了数代本土居民和非洲奴隶的悲惨生活。上一章谈到，在工业革命过程中，殖民地贸易进一步强化了上述群体鲜明的命运分化。殖民者往往给广大殖民地的本土居民带来灾难性的可怕后果，但从长期看，以英国、法国、葡萄牙和西班牙为主的殖民国家实施和留下的各种政治与经济制度对当地生活水准的影响或许更为持久。

北美洲、澳大利亚和新西兰的大片地区曾经人口较为稀疏，技术更为落后，但在成为殖民地后出现了快速的经济增长，当然这些增长不是由当地的本土居民享有，而是来自欧洲的快速增加的移民。反过来，人口稠密的中美洲和南美洲曾培育出哥伦布抵达之前最先进的美洲文明，包括阿兹特克文化、印加文化和玛雅文化等，可它们在进入现代以后的增长却更加缓慢，被北美洲的欧洲前殖民地超越。[17]

这一命运逆转事前很难料到。法国哲学家伏尔泰的看法颇具代表性,他曾把英国和法国争夺北美殖民地的冲突贬斥成为争夺几亩雪地而战。1756—1763年的七年战争以英国人的胜利告终。在随后的领土谈判中,许多人说英国应该要求法国割让加勒比海的领地,因为那里的种植园经济采用奴隶来耕种,每年能产生高额利润,而不需要位于北美洲的、刚被殖民战争破坏的领土。[18]不过在之后的岁月里,那"几亩雪地"却成为地球上最富裕的地区之一。过去几十年里,上述惊人的命运反转的原因引发了激烈的学术争论。殖民地留下的遗产如何影响长期发展?为什么某些殖民地成长为繁荣的国家,其他一些则深陷贫困的泥潭?

有一种假说强调,大多数前殖民地继承了殖民者的法律体系。英国的前殖民地和保护国采纳了英式的普通法体系,包括澳大利亚、加拿大、中国香港、印度、新西兰和新加坡;西班牙和葡萄牙的前殖民地则采纳了不同的大陆法体系,包括安哥拉、阿根廷、玻利维亚、巴西、智利、哥伦比亚、印度尼西亚和墨西哥等。普通法体系给投资者和财产权利提供了更强的保护,实证研究表明,采纳普通法体系与经济繁荣之间存在正向关联;相比其他强国的前殖民地,英国的前殖民地实现了更显著的长期繁荣,表现在人均收入等指标上。[19]不过,我们不能忽略另一种可能性,即英国的前殖民地原本就有更强的经济发展潜力,或者英国殖民者带来了支持经济运转的某些特殊技能、态度或方法。

不同的气候条件也可能影响殖民过程给地方制度留下的长期

效应。中美洲和加勒比地区的气候与土壤非常适合种植咖啡、棉花、甘蔗和烟草，这些作物的高效耕种需要利用大型种植园。因此，这些地区在殖民时代发展起来的农业具有土地所有权高度集中的特点，伴随着财富分配不平等、强迫劳动乃至奴隶制（攫取性最强的制度类型），从而使不平等加剧，并制约了增长。事实上到后来，中美洲和南美洲、加勒比地区乃至美国南方过分集中的土地所有权仍在妨碍经济正常发展。本书第 4 章提到，收入高度或完全依赖农村劳动力的地主（例如土地所有权高度集中的情形）有强烈激励反对公共教育投资，以阻止农场工人迁移到对受教育劳动力有更高需求的城市。这些因素直接妨碍了人力资本积累、工业化与经济增长。[20]

与之相反，北美洲殖民地（除美国南方以外）的气候条件更适合种植谷物和驯养家畜，有利于小型家庭农场网络的成长，实现更平等的财富分配，采纳包容性政治制度，例如民主、法律公平、保护财产权利等，这些可以促进长期繁荣。[21]但讽刺的是，这些制度本身又是高度歧视性的：在这样的"包容"之中，拒绝承认非洲裔美洲人和土著美洲人的公民权利，并剥削压迫他们。

类似的一种假说认为，曾经在技术上比北方邻居更为领先的中美洲和南美洲之所以在后来变得更加贫困，是哥伦布到来之前的人口密度差异造成的间接而令人恐惧的后果。在马尔萨斯时代，由于技术进步与人口密度相互促进，人口稠密地区自然是文明程度最发达的。于是在这些繁荣地区，殖民政权有更强的激励建立掠夺庞大本土人口的财富的制度。这些殖民地获得独立后，掌权的本土精英阶层取代欧洲殖民者,继续保留妨碍增长的攫取性制度,维持经济与政治不平等并从中获利,由此注定了当地的发展不足。[22]相反,在当初人口密度较低、发展相对落后的地区,殖民政权更多地试图让本国人定居和开发,但往往是在摧毁、替代或征服了本土居民之后。因此出于自身和子孙的利益,他们建立起促进增长的包容性制度。这些制度虽然高度歧视非洲裔美洲人和美洲本土居民,但毕竟促进了地区的整体经济发展,导致了命运的逆转。

然而,殖民时代出现了脱离制度原型的各种转型,各殖民地的增长潜力也因为农业气候特征的巨大差异而不同。我们如何区分这些不同因素,单独考察制度的持续影响呢?

通常来说,欧洲人不会大规模移民到有高致命疾病的殖民地,例如疟疾和黄热病等。移居此类地区的多数欧洲人是统治精英,如官员和军人,到那里短期服役,并建立剥削和奴役本土居民的制度。相反,移居北美的大多数欧洲人属于定居者,他们大量来到这些致命传染病较少的地区,建立起更具包容性的制度,吸引更多的欧洲移民,并有利于长期经济增长。到殖民时代末期,北美洲出现的独立国家与澳大利亚、新西兰等保留了那些准包容性的制度,而非洲、拉丁美洲和加勒比地区的许多本土精英则继承与延续了攫取性制度。

于是,不同定居人群的死亡率差异可以作为他们抵达殖民地后建立的现代制度性质的预测指标。再鉴于定居者的死亡率(以及基础的疾病环境)对如今的经济繁荣程度没有直接影响,死亡率就可以作为一个变量来评估制度对经济繁荣的因果效应。利用此类方法的研究发现，历史上的治理制度的确对各国现代的财富水平有重大影响。[23]

不过以上论述也不乏批评者，他们指出，同样的疾病对本土居民可能也有致命威胁，因此疾病盛行可能削弱那里的生产率和繁荣水平，与政治制度造成的间接影响无关。[24]的确，在过去殖民者死亡率较高的地区，如今的死亡率也更高。因此导致这些疾病盛行的地区在多个世纪中经济发展落后的原因，或许不只是当地建立的殖民制度的特性，还与糟糕的疾病环境本身有关。

区分殖民制度的影响与欧洲定居者技能的影响，同样具有挑战性。当欧洲人迁居殖民地、替代大量本土民众时，他们带来了特定的知识和技能，以及同欧洲宗主国之间的商业纽带。确实有证据表明，在19世纪有大量欧洲人聚居的殖民地相比主要由本土居民组成的殖民地，明显更容易实现快速经济增长。[25]表面上看似制度的重要影响或许只是部分反映了欧洲移民本身的直接效应，通过他们输入的人力资本促进了经济发展。有人甚至认为，相比政治制度的性质与质量，过去的人力资本水平是如今人均收入水平更强的预测指标。[26]

从这个角度看，北美洲相对于中美洲和南美洲的更快经济发展并不属于乍看上去的命运逆转。它显然并不是指殖民时代前的土著居民的后裔在福利方面发生了改变，那些北美土著居民或者遭到屠杀，或者背井离乡。它代表的其实是命运的延续，因为如今北美富裕地区的主要居民是来自全球富裕地区的先祖的后裔。[27]

同样值得关注的是，殖民制度对经济发展的影响力或许在某些地区不如之前存在的其他制度。例如非洲大陆，在"瓜分非洲"时期（1884—1914年），许多非洲族群被欧洲帝国主义列强人为划定的边境割裂。许多地区的边境线两侧居住着同样的民族，有同样的部落组织和语言，却分属不同国家，受不同中央治理制度的管辖。有意思的是，研究表明非洲如今的经济发展程度更多受之前存在的地方社会结构与族群制度的影响，而非殖民时代以来延续的国家管理制度。[28]

我们再做一下小结：在殖民时代，某些殖民地建立起攫取性制度并延续下去，另一些殖民地则建立起更为包容性的制度，这反映了地理特征、疾病环境与人口密度的影响。如今的研究证据显示，制度对前殖民地的经济发展具有显著而持续的效应，但重要的混杂因素导致难以得出确切的定量结论，特别是因为疾病环境与殖民者人力资本等的影响。那么，没有被殖民统治过的社会呢？它们的制度起源于哪里？为什么有利于技术进步和经济繁荣的制度首先在欧洲兴起，而非规模庞大的发达的亚洲文明地区？另外在欧洲内部，为什么首先在英国而非德国或法国出现？

制度的起源

历史上某些关键节点上的制度改革因为战争、疾病、反复无常却出众或残酷的领袖而诱发，或纯粹出于命运的安排，但它们却不经意地成为不同地区发展轨迹分化的直接原因。[29]假如中世纪欧洲没有黑死病的肆虐，假如詹姆斯二世在战场上击败了奥兰治的威廉亲王，那么封建主义和绝对君权或许会在英国维持更长的时间，最终工业革命的爆发可能在其他地方或不同时期。其实在某些情况下，例如朝鲜半岛，是一个非常主观的政治决策，即以北纬38度线分治国家，导致相同民族的两个群体走向全然不同的经济命运，尽管他们面临的基本地理和文化环境仍保持着稳定。也可以说，关键节点上的某些制度变革可能成为发展路径的分叉口，各国的差异便由此出现。而且与本质上较为稳定的地理和文化因素不同，制度可以很快地发生变化，因此也有特别重大的影响。

当然，"随机"性质的制度变革极为罕见。制度往往能延续多个世纪，非常缓慢地适应调整，即使在技术和商业环境产生强烈改革要求时，亦是如此。事实上，制度的重大影响可能恰恰源于其延续性以及对发展的持续作用，例如攫取性制度对拉丁美洲以及增长促进性制度对北美洲的效应。

大多数时候，制度是在长期压力和趋势作用下逐渐演变的：随着社会生活的复杂性提高；随着环境变化开辟出新的贸易机遇，带来对公共基础设施的需求；随着气候条件要求在兴建灌溉设施上开展合作；随着人口规模和多样性增加，社会凝聚力的重要性变得突出，等等。[30]若想探寻世界上没有殖民历史的各地区主流制度的起源，就必须考虑这些文化、地理和社会因素。

此外，如果我们深入分析西欧各民主国家人均收入在2020年的巨大差异，其中希腊为17 676美元，瑞典为51 126美元，瑞士为86 602美元，卢森堡则高达115 874美元，也许会发现政治制度对经济繁荣程度的解释力有限。[31] 与之类似的是，在思考各国内部不同地区之间延续多个世纪的显著发展差异时，当然也应该考虑其他因素的作用，例如意大利北部和南部之间的鲜明差距，由于国家在 19 世纪下半叶已完成政治统一，从理论上讲它们应当面临同样的中央治理制度。

我们已经看到，促进增长的政治和经济制度强化了技术进步与人口规模及结构之间的良性循环，加快了走向现代增长时代的转型。反过来我们也分析了妨碍增长的制度如何制造障碍，延缓发展，导致长期经济停滞。之后我们还将探讨，各种广泛的文化、地理和社会因素同制度发生相互作用与影响，在某些地方制约了创新和人力资本形成，在其他地方则推动了技术进步、教育投资和人口大转型。

要深入理解这些因素的作用，我们的旅程还将回到更远的过去，探索影响增长进程的文化特性的起源。

第 9 章　文化因素

耶稣声称："富人要想进入天国，比骆驼穿过针眼还难。"这是基督教会最早期的创始人们常常提及的主题，后来的神学家也在多个世纪中坚决反对追求个人财富，视之为精神修炼与救赎的障碍。据称圣徒保罗甚至提出：对金钱的热爱是一切罪恶的根源。后来的神学家也抱有类似的看法，13 世纪的托马斯·阿奎那宣称，贪婪是一种原罪。此外，基督教坚持宣称，到审判日的时候，社会秩序将被推翻，谦卑的信徒们将继承世界。[1]

1517 年，基督教世界自身遭到了灵魂冲击，德意志教士与神学家马丁·路德把他撰写的《95 条论纲》钉在维滕贝格一间教堂的大门上，谴责天主教会出售赎罪券的行动。路德希望对教会实施改革，而不是彻底决裂，然而他与教皇支持者之间的激烈辩论导致了无可修复的裂痕。终于在 1520 年，教皇利奥十世正式威胁要把路德逐出教会，路德则以公开烧毁那道名为"主兴起"的教皇诏书以及若干教会法规作为回应。这道烈火同时烧毁了他连接天主教会的最后桥梁，让路德教派从此成为基督教世界中的独立群体，并掀起了席卷西欧的新教改革运动。

新教运动在许多问题上掀起了新的宗教习俗与信念的浪潮，包括对节俭、创业和财富的看法。本书第 5 章谈到，路德（1483—1546）认为，教会不能在人与上帝之间扮演中介角色，鼓励人们自己阅读《圣经》，这一激进行动鼓励他的信徒们去学习文化。新教运动加尔文教派的奠基人、法国神学家让·加尔文（Jean Calvin, 1509—1564）宣称，所有虔诚的基督教徒都有义务通过勤奋工作、节俭生活、防止浪费和放纵来侍奉上帝。在他看来，取得经济成功或许代表着上帝的眷顾，甚至也可以获得救赎。其他基督教派同样积极看待财富积累。例如创立循道宗教派（Methodism）的 18 世纪英国教士约翰·卫斯理（John Wesley，1703—1791）鼓励追随者们积累财富，并将其慷慨用于慈善。[2]这些基督教派别在德国、瑞士、法国、英格兰、苏格兰与荷兰获得拥护，然后普及到北美。它们与宗教改革前就有的西多会教派（Cistercians）等一起，推动了节俭和勤奋工作等经常与经济增长相联系的文化习俗的兴起。[3]

可以说，新教改革运动播撒了首批关于文化特性与经济增长关系的现代思想的种子。这方面最著名的成果就是德国社会学家马克斯·韦伯于 1905 年出版的《新教伦理与资本主义精神》。韦伯提出，新教运动树立了这样的信念：在现实世界中积累财富的能力强烈代表着进入天堂的希望，这使得财富变为合法的奋斗目标，而把懒惰列入羞耻对象。他由此认为，新教伦理是西欧国家"资本主义精神"的源头。

有人批评说，韦伯的观点过于强调观念在资本主义兴起中的作用，而忽略了马克思强调的物质力量。不过有证据支持他的说法，新教伦理确实在培育有利于经济增长的文化特性中产生了影响。例如在 19 世纪，新教徒人数较多的普鲁士地区的确比邻近地区有更高的识字率与经济繁荣度，新教徒重视教育投资，这对经济繁荣具有长期的促进效应。[4] 还有，来自过去的神圣罗马帝国管辖疆域的证据表明，发展新教运动的地区，在今天有明显更高的概率培养出企业家。[5]

即使不考虑新教伦理对增长过程的意义，如今我们也明显能看到，文化在经济发展进程中扮演了关键甚至决定性的角色。

文化的力量

文化特性，即在一个社会占据主流，被数代人延续的共同价值观、习俗、信仰和偏好，往往对发展过程具有显著影响。特别是，鼓励或者不鼓励人们维持紧密家庭纽带、人际信任、个人主义、长远打算和人力资本投资的文化因素，具有强烈的长期经济效应。[6]

文化特性与个人特性之间的边界往往会显得模糊。有些人可能由于社会、民族或宗教群体的价值观而大力投资年轻人的教育；另一些人则可能是源于个人特性的驱动，反映了自己的生活经历、成长和家庭环境。但无论如何，一个人的价值观、信仰和偏好很少能脱离自己的社会与文化背景。当这些习俗差异同民族、宗教或社会群体显著相关时，它们可能在很大程度上是文化差异而非个体差异的表现。或者说，文化因素是理解不同群体之间差异的关键突破口。

那么，文化特性是如何产生和延续的，它们又如何在人类历史中影响各个社会的演化发展？

犹太教可以作为文化特性的一个案例：它的产生较为自然，由于事先未曾预见的优势而延续，最后产生了持久影响。将近两千年前，由于犹太教内部对立派别之间的权力斗争，几位犹太先哲鼓励全民学习识字。这一原则的最知名倡导者是公元前1世纪的拉比西蒙·本·谢塔克（Shimon ben Shetach）以及大约一个世纪后的大祭司约书亚·本·甘木拉（Joshua ben Gamla）。他们坚持宣扬，犹太人父母有义务给儿子提供教育。我们在第5章介绍过，在识字率极低的那个时代，很少有职业要求具备读写能力，大多数家庭不仅无法承担儿子的教育费用，还得让他们帮忙干活，因此实施这一教义面临极大的挑战。[7]

此类文化倡议在各种人类社会中颇为常见，但很少能持之以恒，带来长期有意义的文化改变。[8]不过在上述案例中，一系列事件共同导致这个文化变异极有活力地继承下去。在犹太地（Judea）于公元66年爆发反抗罗马帝国的大起义之后，罗马人摧毁了耶路撒冷城和犹太圣殿。犹太教的若干主要派别随之消亡，包括担任精英祭司的撒都该教派（Sadducees）与寻求犹太人独立的奋锐党人（Zealots）。相对温和的派别法利赛人（Pharisees）则成为犹太人中的主流群体，他们更加强调经典文献的学习而非圣殿中的宗教仪式。这些有学问的法利赛人鼓励民众接受教育，甚至在后来对未能送儿子上学的家庭实施文化制裁，导致某些较为贫困的家庭放弃犹太教。

拉比犹大·哈纳西（Judah ha-Nasi）作为3世纪初罗马占领的犹太地的社群领袖，希望增强自己人民被击败后的残存力量，也强调阅读《圣经》与实践其戒律的重要性。在之后的多个世纪中，犹太人从古老家园被驱逐出去，许多移居地又订立了禁止他们拥有土地的法律，使得人力资本这一可移动资产的积累变成非常有吸引力和有价值的投资。此后，伊斯兰世界与中世纪欧洲的城市化增强了对受教育劳动力的需求，进一步提升了这种文化习俗的益处，并加快了犹太人从农业为主的职业向商业和教育密集型的城市职业转型的长期趋势。

与生物变异类似，一种文化变革的出现可能是随机的，但其生存或灭绝的命运并非偶然。[9]如果没有犹太先哲们的命令和路德的布道，读书识字的习俗或许永远不会在犹太社区或新教社区出现；然而我们几乎可以肯定，如果不是让接受这些习俗的人拥有某些优势（这里是商业和经济方面的优势），而倡导学习《圣经》的先哲们并未预见或提及这些优势，那么这些习俗并不会顺利扎根生长。

不同地区、不同时代的不同社会自然会发展出不同习俗,以适应自己栖息的特定生态环境。历史上,各种文化中的思想家和领袖人物提出过无数改革习俗、价值观和信仰的倡议。但往往只有在地理和气候特征、疾病环境、商业和社会条件能强化新文化特性的好处时,改革才得以坚持下去,带来显著的文化变革。

例如,人类发展出了规范饮食习惯、财产权利、社会凝聚力、家庭结构与性别角色的多种传统和习俗。这些社会中的个人经常认为此类传统是植根于最基本的永恒真理,因而共同遵守与传承,却未必知道它们的最初目的,也不清楚其得以存在的适应性原因。[10]遵守现有文化习俗而非挑战其基础的心理倾向,赋予了人们一种生存优势。这些社会对人类的生物特性、集体意识或影响其生存环境的生态要素并无多少科学知识,却得以在复杂而危险的环境中壮大,人们的行为表现与他们掌握了科学知识类似。这应该归功于历代人通过试错积累的智慧,借助古老的传统、永恒的信仰和普遍的规则传承下来。例如,在原始的卫生条件下,人们凭借辨别有毒野生植物的有限能力,发展出了某些饮食戒律,让新一代人继承下去,就可以免除他们重新学习和适应那些有害环境的过程。

世界各地的文化类型极大丰富,乃是每个社会适应其独特的生态位与历史环境的结果。[11]因此,这个过程并不意味着全球各地的文化习俗有高低等级之分。但正如文化人类学领域的奠基者弗朗兹·博厄斯(Franz Boas)所述,大多数文化都认为自己的传统习俗总是正确的,这是通病,一种有时会造成毁灭性影响的错误信念。这种倾向或许推动了种族主义在许多社会作为一种文化特性的兴起。把其他民众或文化描绘成劣等，甚至低于人类，经常被征服者或殖民强国用作剥削、奴役与屠杀的道德理由，并助长了殖民国家与被殖民民众之间的巨大差距。[12]

很自然，得以延续的许多习俗有利于坚持这些习俗的人实现长期经济繁荣。此类习俗包括：更加注重开展广泛的合作，往往起源于地理特征要求发展公共农业基础设施如梯田和灌溉系统的地区；采取更具长远眼光的行动，起源于耕作投入很久之后才能享受丰收成果的农业社群；更加信任陌生人，起源于气候波动要求开展风险分摊的地区，等等。上述习俗在不同时间出现在不同地区，但由于对社会整体有益，都得以维持并推广。

然后，世界上有一个地方发生了急剧转型，激发了上述这些有利于增长的文化特性，培育起一种"增长文化"。

增长文化

在人类历史上的多数时候，对祖先传承下来的习俗、信仰和偏好提出质疑的人往往难以设计出更有效的替代方案。文化智慧和传统受到尊敬，是因为它们有助于生存。加之很少人对文化如何促进社会福利有深刻理解，质疑它们的有效性从进化角度看可能是危险的。因此，历史上大多数人类社会反对快速的文化变革，包括重大技术、思想和科学进步带来的变革。反过来，各种文化通常强调先祖的谨慎，用怀旧情绪结合理想主义来崇拜遥远的过去。比如，正统犹太教有一条原则是"代际衰减"：相信过去世代的人更为聪明、更靠近上帝，数千年前的犹太先哲们对《圣经》深刻而严密的解释是如今难以企及的。

然而历史走到了一个节点，技术进步的速度快到使保守主义的好处开始退潮，从这个节点之后，对古代智慧的崇拜亦逐渐消减。英国-爱尔兰作家乔纳森·斯威夫特（Jonathan Swift）于1704年发表的讽刺作品《书的战争》颇为出彩地描写了那个时代的精神，他讲到图书馆中的新书和旧书获得了生命，然后彼此开战。这是比喻当时的社会争论，始于文艺复兴中的人文主义兴起，在17世纪获得推力，开始动摇欧洲大陆的既存秩序。参战的一方是"现代派"，他们认为时代和价值观已经改变，有可能超越古代希腊和罗马的经典思想。另一方则是"崇古派"，他们坚持说经典思想家们的智慧是永恒而普适的，现代的哲学家与作家应该把自己局限于对经典的拯救、修复与模仿。

这场争吵标志着历史上的一个特殊时刻：着眼于未来的思想家们首次开始占据上风。对此，伊曼努尔·康德在1784年的《何谓启蒙》中谈道：

> 启蒙是人走出束缚自己的未成年期。此前，他没有能力在脱离别人的指导下运用自身的理解力。之所以说束缚自己，并非因为他的理解不足，而是指缺乏决心与勇气在没有别人指导时运用自己的心智。敢于去求知吧（Sapere aude）！因此启蒙运动的座右铭便是：勇敢地运用你自己的思考。[13]

启蒙运动呼吁人们相信自己，下决心抛弃过时的文化传统。它鼓励对世界采取更有怀疑精神和实证精神、更为灵活的态度，希望创造一种新的文化，不再是基于对古老传统的信仰，而是相信通过科学、技术和制度的进步可以创造出更美好的世界。这种愿景有利于对变化的环境做出快速适应，被当代经济史学家乔尔·莫克尔（Joel Mokyr）描述为一种"增长的文化"。[14]

随着技术和社会变革步伐显著加快，积极响应这种时代思潮的个人与社群得以兴旺发展。这是非常激进的模式跃迁。而在技术进步更缓慢的过去，与崇尚古代智慧、坚持传统的做法相比，启蒙运动的时代思潮往往并无优势。

当然，文化的本质与目的就是保持和延续，而非否定过去、欢迎变革。这种内在矛盾意味着对大多数社会而言，快速转型要么极具挑战，要么根本不可行。

文化惯性

生物学上的"节俭基因"假说认为，有一种演化适应性让我们的遥远祖先通过储存脂肪来熬过食物匮乏期。但在食物丰盛的现代社会，这种适应性却成为全球流行的肥胖症的罪魁祸首，以及疾病和死亡的一个主要因素。[15]这种适应性虽已不合时宜，却依旧延续，表明生物特性演化通常比人类栖息环境变化更为缓慢。

文化特性当然有别于生物特性。与基因不同，它们不仅是纵向的代际延续，也在同代人之间横向传播。此类社会传播采取学习、模仿、教育和禁忌等方式，意味着文化特征的演化可能比基因组要快得多。然而，文化特性的演化依然慢于生活环境的改变，而且与制度变革不同，它们甚至在环境的重大调整面前也很少发生快速转型。

文化惯性对经济发展的影响，可以从意大利北方和南方的不同历史轨迹中窥见一斑。自1871年以来，意大利始终是个统一的共和国，由同一套政治、法律和经济制度治理。与朝鲜半岛相比，并没有国境线把意大利南方和北方分开。可是意大利的这两个部分依然泾渭分明：南方大部分地区的人均收入只有更为繁荣的北方的三分之二左右。

1958年，美国政治学家爱德华·班菲尔德（Edward Banfield）发表了一篇颇具影响力的论文，认为意大利南方的落后与当地更为密切的家庭纽带有关。[16]他指出更为密切的家庭纽带削弱了对亲属圈子以外的人的信任，从而不利于为实现公共目标开展合作，由此制约了当地的经济繁荣水平。与他的观点相符，近期的资料表明，意大利不同地区的亲缘纽带程度确实相差悬殊，各国之间也普遍如此。通常来说，更密切的核心家庭纽带确实不利于社会信任、政治参与、女性在职场的地位以及地理流动性。[17]另外正如诺贝尔经济学奖得主、美国经济学家肯尼斯·阿罗（Kenneth Arrow）发现的那样，企业之间的交易往往取决于信任，缺乏信任会打击贸易活动。因此，家庭圈子之外的信任程度较低或许就是意大利南方经济发展水平落后于北方的原因之一。[18]

不过，信任水平与家庭纽带的这些差异最早又是因何而来呢？

在班菲尔德的研究发表近 30 年之后，美国公共政策专家罗伯特·帕特南（Robert Putnam）出版了一本同样有影响力的专著，解释这些令人迷惑的差异。1 000 年前，意大利南方受诺曼王朝的国王统治，他们推行封建经济秩序。北方各城市则摆脱了神圣罗马帝国的枷锁，建立起更加民主的制度，拥有更多自由。[19]于是在历史上，意大利北方民众积极参与政治事务，这促进了公共行动，并提升了相互之间的信任水平。南方民众则更加习惯于在等级化的政治体系中保持沉默。帕特南认为，由于上述历史背景，意大利北方培育出了支持民主的文化传统，南方大部分地区则保留了封建秩序的制度影子，被黑手党支配。

帕特南还提出，民主制度非常需要哺育社会资本，也即促进相互信任和公民政治参与的文化特性。的确，在中世纪较早赢得独立的意大利城市，今天的居民有更高的民主和公民意识、更高的信任度以及更高的经济繁荣水平。[20]社会资本还带来了对现代金融工具的更高接受度，同样有利于经济发展。例如，社会资本水平更高（表现为更高的选举参与率和献血参与率）的意大利北方居民更愿意把财富存入银行、获得授信、投资股票和接受贷款。有趣的是，社会资本具有一种长期的持续效应：迁移到其他地区的意大利居民仍然受祖籍地区的文化传统的影响。

意大利的南北差异揭示了与社会资本有关的文化特性的强大影响，表明文化特性能延续多个世纪，从而使久远的制度变革的效应延续到如今的社会与政治发展上面。文化的长期历史效应的印迹在其他地区同样可以看到。哈布斯堡帝国曾在 15 世纪中期到

20世纪早期统治过中欧和东欧的广大区域,推行了颇有效率的制度。与历史上被奥斯曼帝国或神圣罗马帝国统治的邻近地区(哪怕如今位于同一国家)相比,曾被哈布斯堡帝国统治的东欧地区在今天表现出对治理政策的更大信任度,以及更低的腐败水平。[21]

非洲奴隶贸易的持续影响同样是社会资本(或缺乏社会资本)长期延续的令人警醒的案例。非洲部分地区在15世纪之前就存在奴隶制,但随着跨大西洋奴隶贸易的兴起,西非的当地酋长们积极响应欧洲奴隶贩子的巨大需求,绑架事件与种群冲突大幅增加。这些破坏行为培养出一种防御性的不信任,不仅针对欧洲人和陌生人,也不相信自己的邻居和亲属。根据非洲晴雨表(Afrobarometer)机构开展的针对撒哈拉以南非洲各国的调查,在受过奴隶贸易劫掠的地区与幸免于难的不同地区之间,人际信任度存在极为显著的差距,在奴隶贸易终结一个多世纪后依然如此。[22]

不过,文化特性的持续性最显而易见的例子还是移民及其后裔。不难想象,适应环境条件与治理制度的突然变化可能是一个漫长过程。例如在迁入欧洲和北美的移民中,对于女性在职场中的作用与子女独立性的态度,会很快同迁入地的本土民众的主流意见相融合;然而在宗教信仰和道德价值观方面,迁入这些地区的第四代移民往往还会保留自己民族的部分传统。[23]这种适应性差距或许反映了如下情形:某些文化价值观对经济繁荣度没有太大影响,于是推动快速文化适应的激励较弱;在这种时候,人们会更多地保留其父辈的价值观与传统。

总之,文化特性来自诸多因素,主要是对自身生存环境的适应性反应。环境的调整对新文化特性的出现和延续具有重要影响，包括新制度、新技术、新型作物的到来、贸易或移民等各种形式。当文化特性的变迁带来经济成果时，这样的变化可能会更快发生。但因为总体上文化的演变慢于技术，尤其是在最近一两个世纪，某些社会的文化特性可能会给发展制造障碍，到今天依旧如此。

文化与繁荣

文化可以从多个途径影响增长进程与经济繁荣。它对我们如何养育子女至关重要，影响人力资本形成乃至人口大转型的最终发生。它决定着我们对彼此以及政治和金融制度的信任程度，影响社会资本与社会合作。它关系到我们采取行动时是否更多着眼于未来，影响储蓄、人力资本形成和技术采纳，并涉及我们如何看待革新思想与模式变迁。

事实上，一边是政治和经济制度影响文化价值观，比如鼓励或反对我们信任陌生人、投资教育、开展相互合作；另一边是文化对这些制度产生反向影响。[24] 例如在北美洲，不同的欧洲移民群体建立起了与自己母国珍视的文化价值观相符的制度。[25] 贵格会教徒的文化重视人身自由与宗教自由，支持各种限制政府作用、强调个人自由、政教分离和轻徭薄赋的制度。清教徒出于精神独立的主张强调学习文化和社会团结，建立起发展公共教育、鼓励社群参与、严格执行法律秩序并以较高税负予以支持的制度。与此同时，来自苏格兰与爱尔兰的移民希望限制政府干预个人事务，建立起捍卫个人自由、通过特别法庭解决纠纷（所谓"边疆争议"）、支持持枪权利、维持低税收的制度。这些文化价值观以及它们各自倡导的制度类型，在当今美国社会的不同部分仍有鲜明体现。

在人类历史上，大多数社群的人们用疑惑的态度对待技术、科学与思想上的变革，捍卫自己的治理制度和现行权力结构。我们已经谈到，这绝非偶然，而是因为数代延续的稳定的价值观、信仰和偏好对人类在不确定环境中的生存繁荣发挥着关键作用。然而在几个世纪之前，西欧的多个社会经历了文化跃迁，加快了人类历史巨型齿轮的运转速度，帮助开启了经济持续增长的现代时期。那里的人们最终相信科学、技术与制度发展是创造更美好世界的关键，或者说，他们相信这样的发展是一种进步。

重要的是，这些社会采纳了更重视人力资本投资和性别平等的文化特性，它们随即成为人口大转型与可持续增长体制的核心发动机。还有，这些社会逐步接受了有利于增长的个人主义与世俗主义价值观：相信个人有权掌控自身命运，不受社会甚至宗教的约束。对于建立能够继续推动技术进步的政治和经济制度，此类文化转型同样必不可少。另外，随着技术变革与社会变革的步伐加快，新的文化习俗与制度结构的优越性甚至变得更加突出，由此形成了良性循环。有利于增长的文化习俗加快了技术进步速度以及从停滞到增长的转型，历史运动的巨型齿轮则推动了顺应快速增长进程的文化特性的演化（图9.1）。

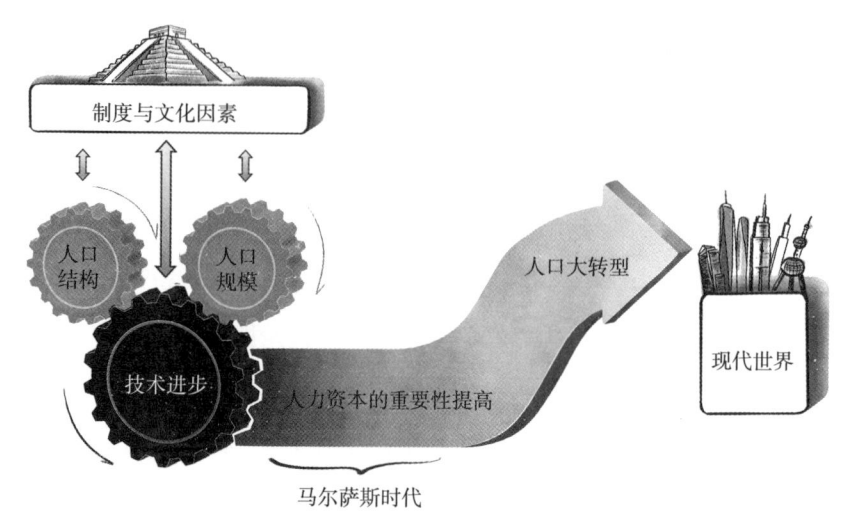

图9.1 制度、文化与变革之轮

不过，有一个重要谜团依然悬而未决：为什么有利于技术进步的文化和制度出现在某些社会，而非其他地方？宋代的中国与阿拉伯的阿拔斯王朝都有过辉煌的技术成就，但后来的发展速率却慢下来，西方国家的技术进步却因为有了促进增长的制度和文化特性而得以延续。

在人类历史上的某些节点，文化转型和制度转型发生的地点看起来似乎相当随意。我们可以设想一种反事实的历史场景：朝鲜成为资本主义强国，韩国因共产主义而陷入贫困。可是在大多数情况下，文化习俗与制度结构的出现有深层因素的支撑，这就是地理和人类的多样性。

第 10 章　地理的阴影

工业革命前，牲畜是世界许多地方开展农业耕种的基础。动物不仅是重要的食物来源，还提供纺织用的纤维、作为运输工具。在欧亚大陆，牛是农业革命的核心要素之一。在南美洲的安第斯山脉，羊驼与美洲驼是负重牲畜，以及羊毛与肉类的来源。在阿拉伯、撒哈拉与戈壁的沙漠中，骆驼不仅驮着人群穿越荒野，还提供了旅途中需要的皮毛和乳汁。在青藏高原，牦牛被用来耕地和运货，并奉献出皮毛与乳汁。牲畜帮助人类社会增加农业产出，从而扩大人口规模，加速技术进步。

不过，地球上有一个地区严重缺乏牲畜：在北方的撒哈拉沙漠与南方的卡拉哈里沙漠之间，跨越非洲东西海岸的一大片陆地。在历史上，这个地区的人口相对稀少，居民没有掌握世界其他地区发展起来的类似技术进步和政治制度，缺乏牲畜似乎是一个主要原因。但为何会缺乏牲畜呢？答案在于一种不起眼的苍蝇。[1]

采采蝇在非洲中部的湿热环境中大量繁殖，以吸食人类与动物血液为生。它是一种致命寄生虫的介体，后者会导致人类染上昏睡病（或称非洲锥虫病），也会让山羊、绵羊、猪、马和其他牲畜染上类似的疾病。这种寄生虫会杀死某些被感染的动物，削弱存活者的产奶量与力气，使人类社会无法依赖那些牲畜。1967年完成采集的一套人类学资料包含非洲各地约 400 个前殖民地族群，近期据此开展的研究发现，采采蝇的存在对畜牧技术和牲畜辅助耕作技术（如犁地）的采纳具有极大负面影响。[2] 采采蝇对牲畜饲养的破坏极为恶劣，自从农业转型以来，它肆虐的区域一直比邻近的其他区域更为落后。[3] 由于采采蝇只生活在某些特定地理条件下，这些地理特征便成为中部非洲缺少牲畜、经济发展落后的终极因素。

采采蝇不是拖累非洲经济发展的唯一昆虫。某些气候条件下生长的按蚊能够把疟疾传播给人类，也给那里造成了严重威胁。在撒哈拉以南非洲、东南亚和南美洲受疟疾影响的地区，婴儿死亡率很高，得以存活的儿童也经常被持续的认知缺陷困扰。[4] 此外，这一风险还迫使父母们增加生育子女的数量，削弱他们对子女人力资本投资的能力，降低女性的教育和劳动参与率。[5] 最近几十年来，医疗领域的突破已制约了其他传染病对经济增长的副作用，可是由于缺乏有效的疟疾疫苗，这种疾病仍在其流行的地区妨碍人力资本积累与增长过程。

除传播疾病的昆虫外,其他地理因素同样对经济发展有影响。在铁路与飞机运输发明之前,靠近海洋或通航河流是开展贸易、传播技术与获取海洋资源的一项关键优势,对发展进程与国家形成有重要意义。[6]在世界上44个内陆国中,尽管有奥地利和瑞士等经济繁荣的案例,大多数却依旧贫困。与之相似,过于崎岖的地形与多变的气候通常会给发展带来直接的不利后果。

地理位置还决定着化石能源和天然矿物等自然资源的获取,它们往往能够在短期带来意外横财,却在更长时间里变成"资源的诅咒",因为把社会资源从人力资本密集型部门夺走,并鼓励非生产性的寻租活动。有人认为,丰富的煤炭资源让英国在蒸汽机技术发展上得以领先一步,开工业革命之先河,然而同样有大量煤炭资源的中国等国家却在很久之后才进入工业化。有意思的是,在马尔萨斯时代,拥有适宜耕作的土地是幸运眷顾,能提升人口密度和鼓励技术进步。可是到现代以后,拥有农业方面的比较优势却往往会制约其他更有利可图的部门的发展,因而与繁荣程度表现为负相关。[7]

不过,除了对农业和劳动生产率、技术采纳、贸易活动与自然资源获取的上述直接影响之外,地理还有着多方面间接的关键影响:促进竞争、形成制度以及某些重要文化特性的兴起等。

破碎的地形与欧洲的崛起

地理因素对竞争的促进作用,或许可以解释欧洲为何兴起,并跳跃式超越中国等其他文明,即所谓的欧洲奇迹。

中国最肥沃的区域在公元前 221 年就实现了大一统。过去两千年里,中国人采用统一的文字系统和主流语言,并在大多数时候维持了中央控制。相反,欧洲长期以来分裂为众多国家,由纷繁芜杂的政权和语言拼凑而成。[8]有人认为这种政治分裂格局导致了欧洲各国之间的激烈竞争,进而推动和促进了制度、技术与科学的发展。[9]正如苏格兰启蒙运动思想家大卫·休谟于 1742 年所述:

> 对于鼓励礼貌和好学来说,最有利的环境莫过于拥有若干由贸易和政策联系起来的独立邻国。相邻国家之间自然而然开展的模仿是典型的改进来源。但我主要想强调的一点是,在如此狭小的领土内能够产生统治和权威。[10]

在中国和奥斯曼帝国等中央集权式文明中,政府有权力阻止威胁精英阶层利益的技术和文化发展。相反在欧洲,遇到麻烦的发明家和企业家可以迁往邻国,那里的君主或许不愿意放弃可以最终决定自己命运的技术、商业或技术革新。

对哥伦布的美洲之旅的资金支持就揭示了这种竞争的本质。哥伦布最早是请求葡萄牙的若昂二世国王资助他的西行探险,但遭到拒绝,因为国王认为强化本国向南再向东绕过非洲的商路是更有把握的投资。于是哥伦布转向热那亚和威尼斯去碰运气,依然没有收获。他让弟弟去试探英格兰国王亨利七世的态度,自己则试图靠近卡斯蒂利亚的伊莎贝拉一世女王及其丈夫阿拉贡的斐迪南二世国王。由于西班牙在确保东方航线的竞赛中已经落伍,哥伦布最终成功说服这对王室夫妇资助他的西行旅程,绕道前往印度。他们不仅提供了相应资金,还授予哥伦布分享未来的部分利润,以鼓励这趟旅程在商业上取得成功。

由竞争推动的欧洲人的探险与掠夺之旅,与中国朝廷开展的更为低调的海外征途加以对比,更能揭示政治竞争的意义。15世纪早期,中国明朝的舰队已抵达过南亚和非洲,而且船只明显比哥伦布用的大许多。但在该世纪中叶,朝廷内部的权力斗争导致支持水师的派系倒台,中国随即拆掉了码头与航船,并禁止任何有利可图的越洋长途航行。

奥斯曼帝国阻碍印刷术的引进,则是缺乏竞争给技术变革带来破坏性影响的又一个惊人案例。根据某些记载,奥斯曼苏丹于1485年发出命令,禁止使用阿拉伯文字的可移动印刷机,目的是安抚有权势的宗教领袖,他们担心自己会因之丧失传播宗教教义的垄断权。另一个次要目的,则是保护受印刷机威胁的抄写员的利益。[11]直至1727年,在最初的印刷技术已使用多个世纪且已经过时之后,奥斯曼帝国才允许第一家采用阿拉伯文字的印刷厂开业,但仍对其严格监督,在之后的一个世纪中仅以印刷方式出版过几百本图书。[12]这种阻碍或许导致奥斯曼帝国全体民众的识字率到18世纪初期仍只有2%~3%的可怜水平。[13]

欧洲的竞争推动了创新与制度变革的文化兴起,新教改革便是例证之一。企业家们跨越国境去推销项目,工程师、物理学家、建筑师与熟练工匠们在欧洲大陆四处迁移,找寻经济机遇。[14]虽然阿拔斯王朝（750—1258年）的穆斯林哈里发国家与中国宋朝（960—1279年）都经历过创新时期，在数学、天文和工程方面取得了知识进步，这些趋势最终未能持续。而欧洲自文艺复兴以降，各种文化变革得以延续，帮助欧洲大陆及其文化近亲北美洲在大约500年里始终立于技术前沿，直至最近才遇到挑战。在如今的全球化时代，促进创新的竞争自然已不限于欧洲人内部，而是在各大洲之间展开，包括欧洲、北美洲与亚洲的东部和南部。

不过，欧洲的政治分裂格局因何而来？为什么欧洲长期分裂，以较小国家之间的竞争为特征，而亚洲的广大地区被统一的庞大帝国控制？德裔美国历史学家卡尔·魏特夫（Karl Wittfogel）提出的一种理论是"水利假说"，认为这或许源于欧洲的农业主要依赖降水，而中国的大河沿岸附近摆脱了这种依赖，发展出复杂的水坝与运河，这些工程的运转要求有很高程度的政治集权。[15]

其他理论则直接归因于这些地区的地形差异。凯撒、查理曼和拿破仑等卓越领导者曾攻占过欧洲大片地区，但他们对这块大陆的持续控制，比起同时期的中国帝王相形见绌。部分原因在于各自的地理特征：黄河与长江给中国统治者提供了连接肥沃核心区的交通便道，而欧洲的主要河流莱茵河与多瑙河规模小得多，只能让霸主们在部分区域之间快速穿行。此外，比利牛斯山脉、阿尔卑斯山脉和喀尔巴阡山脉等给野心勃勃的征服者制造了重大物理障碍，还有波罗的海与英吉利海峡，它们让许多欧洲国家，包括英国、法国、西班牙、瑞士、意大利和北欧各国，拥有了防范入侵的天然屏障。相比之下，中国的山脉对抵御中央帝国统治的作用不大。[16]

欧洲的破碎海岸线给碎片化提供了另一种地理解释。欧洲沿海地区有着无数海湾和半岛，例如在希腊、意大利、西班牙和斯堪的纳维亚。这些地区的居民有能力防范侵略者，并在战争时期仍可保持商业航路畅通。[17]破碎的海岸线还有利于发展海洋贸易的先进技术，给未来的商业和财富爆发奠定了基础。[18]东亚的海岸线没有这么多的半岛，只有朝鲜除外，而那里也确实发展出了独特的文化。

事后观之，导致中国政治统一的地理交通便利在中世纪是件好事，使中国在经济和技术上保持领先。但是到工业革命前夕，这又造成了负面影响，因为竞争与文化可塑性对启动和利用这一技术模式跃迁非常关键。[19]

地理交通特征的上述不同效应表明，处于各种经济发展阶段的人类社会可能欢迎不同程度的连接便利。在技术进步的潜在速度较慢时，中国那样的高度地理统一性虽然对竞争和创新有不利影响，却能让中央政权有效管理庞大的帝国，并通过建立法制和投资公共产品来促进经济增长。然而当技术进步加速时，较差的交通便利性虽然不利于社会凝聚力，却能刺激竞争和创新，推动经济繁荣。或者说，随着人类历史的巨型齿轮运转与技术进步加速，对增长最有利的地理连接水平会下降，由此造成了两种文明之间的命运逆转。

这也意味着，既然中国如今已经转型进入现代经济增长期，如果没有再次发生重大技术模式跃迁，依靠庞大的经济规模、地理上的连通便利、政治统一以及社会凝聚力,它很可能重新回到世界经济的繁荣前沿。

攫取性制度的起源

我们在第 8 章曾指出,地理环境对不同殖民地形成并延续至今的制度性质有重要影响。

例如,中美洲和加勒比地区的热带气候与火山土壤,以及拉丁美洲其他地区与美国南部的农业气候条件,使它们非常适宜某些作物,其最高效的生产方式是利用大型种植园和众多劳动力。[20]这些地理特征导致在殖民时期形成了土地所有权的高度集中,以及普遍实行奴隶制和强迫劳动等掠夺剥削制度,并留下了极为深远的影响。在这些殖民地获得独立后,当地精英阶层往往沿用妨碍增长的攫取性制度,继续从经济和政治不平等的格局中获取好处。[21]

此外,在哥伦布时代之前兴起过最发达西半球文明的中南美洲肥沃地区,殖民强国建立了攫取性制度,对庞大的本土人口实行剥削。[22]这些制度的兴起及其在后殖民时代的延续同样可归因于地理的间接影响,因为在土地和气候适合开展丰饶可靠的农业生产的地方,人口原本更为密集。这反而导致了一条更慢的发展道路,把过去某些繁荣地区变成美洲最为落后的地方。

与之类似,地理因素影响着殖民时代开展不对称贸易的可行性,由此巩固了与之相互作用的攫取性制度。原材料和土地资源丰富的非洲和美洲的不发达地区成为此类贸易的目标，并刺激了攫取性最强的制度，即奴隶贸易。第 7 章提到，这些不对称贸易产生的收益加速了殖民强国向持续扩张的现代增长期转型，却迟滞了发展中世界的发展步伐。[23]尤其是，奴隶制对非洲经济发展的破坏作用延续到殖民时代结束后很久。[24]受奴役和强迫移民影响最严重的非洲国家，今天的经济发展最为落后。[25]出于同样的原因，通常会妨碍贸易与经济繁荣的崎岖地形对某些地区的经济发展却有长期好处，因为它阻挡了奴隶贩子的进入。[26]

不过，相比地理对竞争和制度的间接影响，更深层面的却是它对文化特性演化的影响。

文化特性的地理根源

着眼未来的心态

着眼未来、立足长远的心态是实现经济繁荣最重要的文化特性之一，影响着我们对储蓄、教育、开发和采纳新技术的态度。荷兰社会心理学家吉尔特·霍夫斯塔德（Geert Hofstede）指出，这种态度在各国之间差异显著。[27]鉴于这一文化特性对人力资本与实物资本形成、技术进步及经济增长的影响，学者们认为它是各国财富水平的基本决定因素之一。

这一文化特性的起源或许可以溯源到其产生的地理环境。例如在马尔萨斯时代的一个社群，那里的成员在斟酌土地利用的两种可能策略。消费策略是把整块土地用于采集、打鱼和捕猎,以满足群体的日常消费。该策略能保证数量低却较为稳定的年度食物供给。反之,投资策略则是放弃部分当前消费,在某些土地上种植农作物。这种策略要求有一定的长远打算,因为需要牺牲短期消费,以准备未来的消费。

历史上,在农作物产量更高的地区,投资策略可能收益更大,于是这些地区会把更大比例的土地用于耕种。定居此类富饶地区的社群确实有更高的收入水平,并且在马尔萨斯时代,取得了更大的人口繁殖成果。这一结果会证实策略的合理性,强化人们选择着眼未来的态度,使这一态度在代际传递,在整个社会变得普及。由此说来,农作物产量差异或许是世界不同地区出现不同的面向未来态度的根源。

显然,农作物产量在各大洲内部和之间的分布并不平衡。具体来说,在公元1500年之前,欧洲(大麦)和亚洲(稻米)的主要作物在每亩土地上能够产生的日均潜在热量几乎是撒哈拉以南非洲主要作物(豌豆)的两倍,所需的种植时间(从播种到收获)却只有后者的三分之二。

实证研究发现,在每个大陆中,起源于农作物潜在产量更高地区的族群往往更具有长远眼光(在排除其他地理、文化和历史因素的影响之后)。[28]此外,对欧洲社会调查(European Social Survey,2002—2014)与世界价值观调查(World Values Survey,1981—2014)调查结果所做的分析表明,来自作物耕种潜在收益较高地区的人往往更具有前瞻性。[29]

与其他情形一样，上述发现也可能是由相反的因果关系所致。相关性可能表明更有长期眼光的社会选择耕种需要长期投资的农作物。不过，这种涉及"潜在"热量回报的相关性，完全可以从农业气候特征推断出来，与某个地区实际生长的作物无关；然而气候农业特征基本上不受人类选择的影响，说明相反的因果关系不存在。同时，潜在作物产量不出意料地与实际产量高度相关，表明作物产出水平确实是引发这一文化特性演变的机制。

还有一种情况是，更具长远眼光的社会可能最终迁移到适合种植长期生长的高产作物地区。然而证据表明，在哥伦布探险后，引入玉米和土豆等高产作物对旧大陆已定居人口的面向未来倾向有显著影响。[30]这说明作物产量至少是部分通过文化适应过程，而非选择性迁徙，改变了面向未来的行为特征。

另外，对当代在美国和欧洲的第二代移民的研究发现，他们面向未来的倾向同父母来源国而非自己出生和长大所在国的潜在作物产量相关。也就是说，作物产量（及背后的农业气候特征）对面向未来倾向的影响，不是地理因素的直接效应，而是包含于文化中，代代相传。[31]

农作物把地理条件转化为文化特性不只是通过产量，它们要求的耕种方式也在发挥作用。来自中国各地的资料表明，土地适宜种植稻米，因此需要彼此共享的大规模灌溉系统，这有助于培育相互协作的集体主义文化；而适宜种植小麦，因此所需的协作程度更低，这导致了更具个人主义特征的文化兴起。[32]与之类似，跨国比较发现，适宜劳动密集型作物种植的土地与更具集体主义

特征的文化兴起相互关联。³³

性别的角色

从停滞向增长转型的一个关键驱动力是更多数量的女性进入薪酬劳工行列。工业化是主要推动因素，它带来的性别工资差距缩小促使家庭规模小型化，加快了人口大转型。然而不同社会对待性别角色的主流态度也曾是（并依然是）重要因素，在某些地区鼓励女性加入职场和发展进程，在其他地区则起妨碍作用。

与之前一样，我们可以在地理条件中找到对经济发展有关键意义的这一文化特性的源头。1970 年，丹麦经济学家埃斯特·博赛拉普（Esther Boserup）提出的假说认为，各地区如今对待职场女性的态度差异源于前工业化时代的不同农业耕作方式。她解释说，因为各地区的土地特性与主流作物不同，某些地区的农民用锄头和耙子翻地，其他地方则用牛马拉动的犁。利用犁和控制牲畜需要相当大的上肢力量，因此在使用这一耕作方式的地区，男性拥有更显著的身体优势，女性在历史上更多限于从事家务劳动。博赛拉普指出，土地是否适宜使用犁来耕作，很大程度上影响了性别之间的劳动分工。

来自世界各地农业社会的证据给上述观点提供了支持。采用犁的地区始终有着更鲜明的家庭内部劳动分工：男人主要从事农业，女人主要做家务。而在使用锄头和耙子的地区，男人和女人往往分担农业劳动，从土地整理到播种收获，以及取水、照看奶牛、收集柴火等，但大多数家务劳动仍主要由女人承担。

由此看来，犁的使用不仅造成耕地的劳动分工，还影响到各种类型的活动。对世界价值观调查 2004—2011 年的调查结果所做的分析表明，如今许多性别偏向与犁的使用有关。这或许可以部分解释，为什么历史上较早和较多使用犁的地区，例如南欧、中东和中亚，女性面孔更少出现在职场、政界和企业董事会之中。[34]

犁的使用影响对待女性的态度，这在今天定居于欧洲和美国的移民子女中同样能够看到。相比其他国家背景，来自使用犁的国家的第二代移民更缺乏对待女性的平等看法，他们中的第二代女性移民的职场劳动参与率通常更低，即使面临的经济激励和机会相同。第二代移民受祖籍的地理环境影响，意味着对性别角色的态度具有代际传承，即使在家族迁居到有不同制度和教育体系的地方，这种历史遗产依然会延续。当然前文已提到，相比其他文化特性，对待女性进入职场的态度往往会更快地与迁入地的主流文化合流。[35]

损失厌恶心理

诺贝尔经济学奖得主丹尼尔·卡尼曼（Daniel Kahneman）与认知心理学家阿莫斯·特沃斯基（Amos Tversky）发现人类有一种普遍倾向：相比于同等或相似程度的收益，人们对损失赋予的权重更大。[36]他们所说的这种"损失厌恶"现象是人群中创业活动水平的重要决定因素之一，后者又是驱动现代世界经济增长的关键力量。

这种文化特性的起源也可以追溯到地理，特别是气候环境的影响。在历史上的大多数时候，人类的生产率（或收入）仅能勉强支撑基本生存水平的消费。对马尔萨斯时代的农民、猎人和牧人而言，干旱等不利的气候条件经常会带来饥荒甚至灭绝。相反，带来丰收的有利条件只能够暂时改善他们的境遇，促进繁衍。因此从进化的角度看，他们应该更多采取谨慎态度，即使损失一点潜在收益，也要防范不利的气候波动带来的灾难性打击。

相比于收益，我们更加看重损失，这种倾向是不是一种文化特性，源自面对灭绝威胁的古老适应性？发源于气候条件不同地区的不同人群，在损失厌恶的程度上有显著差异，这一事实说明的确如此。

让我们设想有两块大陆：多变的"波动"大陆，与单一的"恒定"大陆。两块大陆都有影响农作物产量的天气波动，但波动大陆的变化明显更为剧烈。两块大陆的天气模式还存在地区性差异，恒定大陆在遭遇特别冷的年景时，其中的每个地区都同样寒冷。相反在波动大陆的极端年份，大多数地区会遭遇极端气候，但少数其他地区却仍有较好的气候条件。于是在波动大陆，某些区域的居民即使在特别困难的年份仍可以幸免于天气导致的灾祸；而在恒定大陆，极端天气将影响所有人群，可能造成大规模灭绝。

两块大陆都是多个人类社群的家园。起先，每块大陆上都有某些文化高度厌恶损失，某些文化则对损失持较为中性的态度。损失厌恶型文化采用的是平均产量较少但更能抵御气候波动的农耕策略。此类策略能保证人们在各种天气条件下获得基本生活水平，使人口数量长期维持稳定。反之，持中性态度的文化采用的是平均预期产量较高但更易受不利气候条件影响的农耕策略。在有利的气候条件下，他们会收获富余的产出，让家族得以壮大，而在气候条件恶化时，他们的收获量会少于维持生存所需的水平，让家族面临灭绝的风险。

最终，两块大陆都经历了极为恶劣的天气。在恒定大陆，极端天气会影响全部人群，可能使选择冒险农耕策略的中性态度文化走向灭绝。因为整块大陆面临着同样的天气状况，所有损失中性型文化群体将遭遇类似命运，没有人能幸存。可是在波动大陆，各地区的天气状况存在差异，部分损失中性型社群将免于极端气候条件的冲击，其中至少有些会经历较长时期的繁荣、丰收和人口增长。这些少数幸运社群的扩张速度将快于周围的损失厌恶型社群，于是波动大陆的人口构成会逐渐改变，使损失中性型社群在全部人群中变得更普遍。因此，地球上与波动大陆类似的地区可能出现损失厌恶型人群占比较低的现象，相反，在与恒定大陆类似的地区，损失厌恶型人群可能更占据主流。[37]

实证研究的证据，以及欧洲社会调查（2002—2014 年）、世界价值观调查（1981—2014 年）和综合社会调查（1972—2018 年）的民意调查，都为不同国家内部及之间的损失厌恶心理强弱提供了估算结果。再加上过去 1 500 年的气候数据，并结合地理、文化和历史等可能的混杂因素，学者们发现，波动多变的气候条件确实有利于培养损失厌恶程度较低的文化，而气候变化更为一致的地区更容易产生损失厌恶程度较高的文化。[38]

当然，气候波动性与损失厌恶程度之间的这一关联同样可能源于更厌恶损失的人和社群愿意选择气候波动较小的环境居住。不过之前提到，哥伦布探险过程中出现了新作物的交换引进，它们有不同长度的生长期，因此对气候波动性有不同抵御能力。我们借此可以检验上述可能性。结果显示，与新作物有关的波动性对旧大陆上已定居人群的损失厌恶程度确实有显著影响，也就是说，气候因素的确在发挥作用。

另外，基于欧洲和美国出生的移民子女调查的实证研究发现，损失厌恶程度同其父母（而非他们自己）的来源国的气候条件有关。这意味着，气候波动对损失厌恶心理的影响不是直接的，而是通过多个世纪的适应过程形成的特性，包含在文化中，且代际传递。[39]

文化和语言特性的共同演化

居住在北极附近地区的因纽特人，与生活在挪威、瑞典和芬兰的北极地区的萨米人，据说有很多种方式描述不同类型的雪。很自然，在下雪更罕见的南方生活的族群没有发展出那么丰富的类似词汇。[40]同样，更多暴露在阳光下的社群讲述的语言容易把"绿色"和"蓝色"混为一谈，因为他们经常不能区分这两种颜色，而靠近湖泊的社群则有更多单独的词汇来描述"蓝色"。[41]

语言的形成受无数因素的影响，其中包含语言演化所在地区的环境、地理、文化和制度特征的作用，是完全有可能的。与文化和制度相似，语言的特性也是代代相传。为了彼此交流千奇百怪的生活经历，语言在不断改变和调整。因此不可避免地，各个群体在历史上出现的最高效和最有用的语言特性，也正是普及和占据主流的类型。[42]语言生态位假说认为，语言会顺应社会和环境压力而演化。[43]简单来说，有更多词汇描述不同类型的雪，必然有利于因纽特人与萨米人之间的沟通交流，这应该就是那些词汇出现、演化和存活的原因。

语言不仅促进了日趋复杂的世界中的交流，也影响讲述者的思维模式，也即他们思考、感受、相互交往与连接世界的方式。语言以这种途径拥有了巩固现有文化观念的潜力。[44]我们可以用三组文化-语言特性对的共同演化来揭示这个机制，它们都植根于语言发源地的地理特征，并对发展进程具有显著影响。[45]

第一组文化-语言特性对是对性别角色的态度。在南欧等地区，土地适合犁的使用，导致男女之间有鲜明的劳动分工，语言也出现有性别区分的语法特征，例如在各种罗曼语言中（Romance languages）。相反在不太适合使用犁的地区，往往发展出性别中性特征的语言。因此，语法上的性别区分有可能帮助巩固和保留了性别偏向与两性劳动分工，不利于女性的人力资本形成和劳动参与，以及整体的经济发展。[46]

第二组文化-语言特性对涉及对社会层级的态度。在生态多样性较丰富的地区，例如一侧是沙漠、另一侧是海洋的山区，位于不同生态环境的人群通常会发展出专门的技能和产品，并推动相互之间开展贸易。这反过来会导致促进贸易的制度兴起，例如建设基础设施、确保财产权利的保护和执行等。[47]此类制度和治理权威推动了更等级化社会的发展，以及礼仪差异的出现，表现在语言结构上则是强调和突出此类社会等级。例如在德语中，传统上对年长者和陌生人应采用表达尊敬的"Sie"（您）来称呼，对孩子、朋友和亲属的称呼则用"du"（你）。其他许多语言中也有类似的区分，例如西班牙语里的"tuá"和"usted"。此类语言特征或许能促进不同社会身份的人顺畅交流，使语言成为增强和固化社会等级秩序的强大力量，制约个人主义和企业家精神，却有利于加强社会凝聚力。[48]

第三组文化–语言特性对反映了看待未来的态度。之前已经讨论过，有利于高热量作物种植的气候和地理环境能够培养更加面向未来的心态。在这些地区的语言中，往往会出现迂回式的未来时态，例如在英语中利用"shall"、"will"或"going to"等助词来表达意愿、期望和未来计划等。某些语言学家认为，这种迂回式未来时态反映了更长远的思考和关注未来行动的倾向。[49]的确，采用这种语法构造的社群通常更加目光远大，储蓄率更高，教育水平更高，较少吸烟，肥胖现象较为少见，人均收入水平也更高。[50]

发展差异的根源

我们已知，地理通过不同渠道影响人类发展：通过疾病的流行程度与自然资源禀赋，通过鼓励竞争和技术创新，还包括培育相互强化的制度、文化乃至语言特性。有利于开办大型种植园的土壤特征促进了攫取性制度的兴起，以及推波助澜的种族主义文化特性，这一文化特性为剥削和奴役提供扭曲的道德理由。有利于高回报作物耕种的地理特征促进了更加面向未来的思维模式的兴起，以及通过保护产权和执行合同强化这些文化特性的制度。适宜使用犁的土地对两性关系的文化态度具有显著而持久的影响，并可能导致制度性的性别歧视。

所以，地理特征是决定文化、制度和生产率演化走向的部分终极力量，属于驱动人类发展旅程的巨型齿轮的深层影响因素，某些地区出现了加速增长现象，而另一些地区则发展迟缓。地理特征与文化特征和制度特征相结合，决定了工业革命爆发的时机与地点，乃至最终的人口大转型的启动。它们揭示了当今各国财富差距的某些基本原因，也为解决这些问题提供了线索。

不过，以上论述仍伴随着一个谜题。如果地理的影响如此根深蒂固，如果欧洲因此命中注定要开启工业革命，那为什么欧洲（特别是北欧和西欧）在人类历史上的多数时期处于经济相对落后的位置？或者说，为什么人类首批重要文明不是出现在欧洲，而是美索不达米亚地区？要回答这些关键疑问，我们的探索旅程还需揭示地理因素对久远的新石器革命的影响。

第 11 章　农业革命的遗产

1989 年，在多年干旱之后，以色列北部加利利海的水平面大幅下降，暴露出一个有 23 000 年历史的小型村落的遗迹。考古学家在此发现了 6 间保存较好的小木屋的残余，还有燧石、骨制和木制工具、珠子以及人类骸骨。乍一看，这似乎是一个典型狩猎采集部落的定居点，与世界其他地方的发现类似。但随着考古学家的挖掘深入，他们发现了惊人的先进技术的证据，例如收割作物的镰刀和碾磨谷物的磨石，此类物品此前只出土于晚得多的年代遗址。"奥哈罗二号"遗址的证据表明，这个村庄的居民在很长时期里种植和收获小麦与大麦，比过去公认的新石器革命开启和向农业转型的时间提前了大约 11 000 年。[1]

这个村庄看起来在几代人之后被烧毁和废弃了，但周围地区总体上仍在近千年里位居技术进步的前沿。事实上,大规模农业的最早证据就来自它附近的考古遗址,例如约旦河谷的耶利哥与大马士革附近的阿斯瓦德。

正如英国人在工业革命以后占据了技术领先位置一样,更早发展出农业的文明在新石器革命之后的数千年里相对世界其他地区也拥有先行之利。较为发达的农业技术让他们可以养活更多和更密集的人口,从而进一步推动技术发展和最早的人类文明的诞生。

那么,为什么新石器革命首先发生在这一地区,而非其他区域?为什么其影响会如此深远?

新石器革命的起源和影响

贾雷德·戴蒙德的杰出著作把全球各地的发展不平衡与农业革命的不同开启时间联系起来。尤其是,针对为什么历史上的大多数强大文明兴起于欧亚大陆,而非撒哈拉以南非洲、美洲或大洋洲的问题,他给出了一个有意思的回答。[2]

戴蒙德提出,欧亚大陆较早出现新石器革命是源于生物多样性和大陆走向。具体来说,他认为农业革命最早出现在大约12 000年前的肥沃新月地带,是因为那里有类型丰富的可驯化动植物品种。地球上的大颗粒野生谷物中有相当多最早是在肥沃新月地带种植的。人类农业的初始作物,包括小麦、大麦、亚麻、鹰嘴豆、小扁豆和豌豆,还有多种果树,以及绵羊、山羊和猪等各种动物，都是在这个富饶地区最早被驯化的。与此同时，欧亚大陆其他地区的生物多样性也促使东亚和南亚在大约 10 000 年前独立发展出农业。

世界其他地区同样做了各种尝试去驯化野生动植物，但那里的生物对适应的抵抗阻碍或拖延了这一过程。肥沃新月地带的野生谷物价值较高，也相对容易驯化，因为它们可以通过自花授粉来繁殖，蛋白质含量较高，并适合长期储存。相比之下，玉米的遥远先祖是一种名为类蜀黍的完全不同的野生植物，生长在中美洲，其耕作要求长期选择性育种，才能实现必要的基本生理变化。因此，在肥沃新月地带种植小麦和大麦几千年后，中美洲的居民才成功驯化玉米。类似的困难妨碍了其他作物和树木的驯化，并依然在产生影响（例如橡树）。橡果是美洲本土居民的一种重要食物来源，他们发明了去除其苦涩单宁酸的办法。

可驯化的动物种类则更为有限，并在各大洲之间差别悬殊。到农业革命发生的时期，非洲和欧亚大陆的动物都与不同人类物种共同生活了数百万年，不断调整适应他们日渐发达的狩猎策略。可是在大洋洲与美洲，人类是在发展到相当成熟的阶段才抵达那里。当地的大型动物没有充分的时间适应较为发达的人类狩猎技能。于是，这些地区的多数大型动物在首批狩猎采集部落抵达后不久便走向了灭绝，没有生存到人类社会开始驯化野生动物的时代。

戴蒙德还认为，欧亚大陆较早转型到农业时代与第二个地理因素有关，这在本书第 1 章已经提及，即欧亚大陆形状的东西走向。由于欧亚大陆主要沿着水平轴延伸，很大部分区域位于相近的维度，因此有着类似的气候条件。这在农业革命时期有利于植物、动物和农业实践在广大区域内的传播扩散，新的农业技术与新近驯化的作物可以快速而广泛地推广，没有重大地理障碍。相反，非洲大陆与美洲大陆基本上沿着南北轴延伸。虽然中美洲与非洲部分地区较早开始向农业社会转型，但驯化作物与农业活动在地区间的传播更慢，因为在这些大陆上会遭遇气候和土壤的重大差异，以及撒哈拉沙漠或中美洲热带雨林等很难逾越的天堑。

农业技术以及驯化动植物的更快普及，给欧亚大陆文明带来了很大的技术领跑优势。这种优势一旦取得，后续更是倍增。灌溉和耕作等技术创新产生了更多的农业收获，使人口密度得以提高。人口密度提高有助于专业分工：比如一个家庭或社区可以专门种植特定作物，因为可以用产品与种植其他作物的邻近家庭做交换。劳动分工能够促进开发更高效的生产方法，以及产生不从事食物生产的阶级，从而推动知识创造乃至技术的继续进步。就这样，一种进步带动另一种进步，肥沃新月地带的文明开始兴起世界上首批城市和建筑奇迹，冶炼铜和后来的铁，并发明文字书写系统。他们还设计出了促进增长的制度，倡导财产权利与法治的概念，支持资源的高效利用，由此进一步推动技术发展。[3]

之后的发展道路则经常遇到强劲的逆风。人口密度增加和动物驯养扩大让人类更容易暴露在细菌与病毒的威胁之下。历史上某些破坏力最大的疾病，如天花、疟疾、麻疹、霍乱、肺炎和流感，最初都起源于动物疾病的变异，在农耕或畜牧社会中传染到人群。在短期内，这些疾病引发了大瘟疫和极高的死亡率。不过从长期看，较早经历新石器革命的人群发展出了抵御此类传染病的更强免疫力。[4]这种适应性最终帮助他们接受了城镇中的恶劣疾病环境，并且在他们同更晚得多才转向农业的人群相遇或发生冲突时，提供了极具摧毁性的优势。

在人类战争史上，胜利者经常是那些携带最致命病原体的一方。例如在16世纪，西班牙人攻击了美洲最强大的两个帝国，即位于今天墨西哥的阿兹特克帝国和如今秘鲁一带的印加帝国。西班牙人带着天花、流感、斑疹伤寒和麻疹病毒登陆，这些疾病此前从未在美洲出现。无数阿兹特克人很快因此丧生，倒数第二代国王奎特拉瓦科（Cuitláhuac）似乎也未能幸免。埃尔南·科尔特斯（Hernán Cortés）率领的征服者们有自身免疫系统的保护，并配备先进技术，得以迅速把中美洲最强势的帝国降伏。

西班牙人带来的微生物往往比他们自己推进得更为迅速。甚至在征服者们踏足安第斯山脉之前，印加帝国的人口便已被大量消灭。大多数记载称，印加帝国的皇帝瓦伊纳·卡帕克（Huayna Capac）是在1524年被肆虐帝国的天花或麻疹击倒，他的儿子们随即陷入争夺继承权的混战之中，使弗朗西斯科·皮萨罗（Francisco Pizarro）带领的小股西班牙军队乘虚凭借先进武器征服了整个帝国。在北美洲、太平洋群岛、南部非洲和澳大利亚，当首批欧洲人登陆和打喷嚏，把来自欧洲的病菌播撒出来后，大量土著人口遭遇了灭顶之灾。

在每个大陆，较早的农业文明往往利用更多人口和更先进技术来取代狩猎采集群体,把某些群体驱逐到偏僻角落,摧毁或合并另一些群体。[5]在有些情况下,狩猎采集者接纳了农业,较为自愿地改变了自己的生存策略。[6]事实上,当欧洲人抵达时,中美洲和南美洲的某些土著人群已经在数千年前转型成农业社会,但这依然为时太晚。欧洲人的率先起跑导致了巨大的技术鸿沟,美洲土著人群完全无力对抗他们的武器,也没有其他手段来阻止自己文明的覆灭。

欧洲人对美洲的征服或许是较早拥抱农业文明实现扩张的最鲜明案例,但历史上当然还有早得多的类似事件,包括新石器时代的农民在 8 000~9 000 年前进入欧洲大陆。肥沃新月地带开启新石器革命以后,史前农民沿着尼罗河、幼发拉底河与底格里斯河建立起庞大的社区,把之前的游牧部落驱逐出去。随着优势的积累,农民们开始通过安纳托利亚(在如今的土耳其)进入欧洲,赶走了部分狩猎采集部落,把其他一些同化进农业社会。有趣的是,虽然迁入和迁出欧洲的移民活动持续不断,现代欧洲人的先祖中有很大一部分依然是这些来自安纳托利亚的农民。[7]

在东亚,新石器革命于大约 1 万年前在中国北方展开。语言学证据显示,随着农民涌向南方,他们也沿途取代了大部分狩猎采集部落,以及更晚开启新石器革命的较落后的农业社群。在大约 6 000 年前,从中国东南部迁入的农民到台湾岛上定居。大多数研究认为,这批移民及其后裔,即南岛人(Austronesians)利用航海技术在岛屿之间旅行,到达如今的菲律宾和印度尼西亚,再跨越更广阔的海域，向东抵达夏威夷与复活节岛，向南抵达新西兰，向西抵达马达加斯加。在南岛人屠杀下得以幸存的土著人群通常生活在过去已经采纳大规模农业的地区，或者由于地形特征不适合开展农耕的地区。在若干岛屿上，南岛人对当地生态带来了巨大破坏，使农业不再可持续，他们被迫回到以捕鱼、狩猎和采集为生。[8]

距今约 5 000 年前，在撒哈拉以南非洲，原本居住在如今尼日利亚与喀麦隆边境地区的班图族（Bantu）农民开始向外拓展。利用人数优势和铁制工具，班图族取代与合并了俾格米人（Pygmies）和科伊桑人（Khoisan）等本土狩猎采集社群，后者只能在不适合班图族人依赖的主要作物生长区残存下来。[9]

在大约 1 万年的时间里，几乎所有地方，几乎所有时期，同样的场景都在上演。更早经历新石器革命的农民和牧民社会四处扩展，取代过去的狩猎采集部落以及更晚采纳农业的文明。虽然向定居农业转型是技术发达的文明兴起的必要条件，历史却说明这还不能算充分条件。例如，新几内亚岛的居民与尼罗河三角洲的埃及人在几乎同一时期发展出了农业。古埃及成为世界最早的帝国之一，通过严格的政治等级秩序实行统治；而新几内亚的农业生产率提高却使那里的高地人群被分裂，陷入频繁的部落战争，没有发展出超越部落层面的集中权力。[10]

这一令人费解的格局是如何形成的？地理因素，尤其是不同地区土生土长的农作物类型，同样能够提供一个可行的解释。

创造文明的谷粒

刚刚实现向农业转型时,大多数社群仍保留着过去盛行的基本部落结构。在人数仅有数百人的社群里,几乎所有人都与本部落其他成员熟识,而且经常存在亲缘关系。这些社群的小规模和凝聚力有利于开展合作、消解冲突。通常而言,每个社群都有一位出众的领袖,负责执行基本的规则,组织需要联合的公共行动。部落领袖通常是择优选拔,而不是通过继承而来,因此很少出现部落贵族。由于部落不会征收任何像样的税收,他们一般不会建设大型公共基础设施,例如灌溉水渠、堡垒或庙宇等,也不能容纳无法以某种方式为部落的农业或牧业活动提供帮助的成员。

但随着人口密度增加,新的组织架构开始出现。通常来说,农业社会政治发展的下一个阶段是酋邦(chiefdom),这是一种包含多个村落或社区、由一位最高领导管理的等级社会。[11]酋邦最早出现在肥沃新月地带。随着该地区的社群日渐壮大,人们需要经常同亲属圈子之外的人打交道。为促进广泛的合作,这些更复杂的社群发展出了新的特征:长期且往往世袭的政治领导人、社会阶层分化与决策集中化。在财富、权力和地位显著分化后,出现了阶级鸿沟和统治阶级,由世袭制的贵族构成,维持社会等级秩序和财富不平等格局符合他们的利益。地位的区分又得到文化习俗、信仰与实践的强化和固化,往往带有宗教性质。关键之处在于,这些等级社会通常征收税赋或什一税,以养活精英阶层,并支持兴建公共基础设施。

自从酋邦出现以后,暴政与仁政的差异便主要体现在对税收的使用上。暴政通常为个人收益而抢夺民众资金,捍卫自己的地位,固化不平等,让极少数精英群体致富。较仁慈的统治者则利用税收来提供公共品,例如灌溉系统、基础设施、抵抗盗贼和入侵者的城防与军事支出等。但无论是仁政还是暴政,它们存在的必要条件都是征税能力。若没有这一点,它们都很难维持几千人规模以上的政治实体。

在农业发展阶段,税收主要用收获的农作物来缴纳。因此,税收的实施和效率取决于所在地区的主要作物类型:包括运输和储存是否便利[12],测算收成大小的能力等。[13]在比较发达的古代文明中,农业主要依赖谷物,而非利用块茎和根茎的木薯、甘薯和番薯等。这绝非偶然。谷物的测量、运输和储存要容易得多,因此更容易征税。[14]事实上有历史证据显示,土地适合种植谷物的地区更容易产生复杂的等级制社会。相反,收获物以块茎和根茎为主的地区有更简单的社会组织形态,类似于牧人或游居者的社群。[15]这些地区的统治者征税较为困难,甚至较早经历新石器革命的地方也没有发展到这种城邦、国家和帝国更复杂的等级社会。

结构化的政治实体有能力蓄养军队、提供公共服务、维护法律和秩序、投资人力资本、执行商业合同,所有这些都有利于技术进步与经济增长。因此,土地适宜种植谷物还是块茎作物,对国家形成、知识创造与技术进步具有重大作用,进而影响推动人类历史前进的巨型齿轮的运转速度。

然而,如果生物多样性和农作物种类对农业转型与技术领跑的作用确实是如今全球不平等格局的终极原因，为什么得益于地理条件、较早进入新石器革命并形成国家的许多地方，今天却处于相对贫困的状态呢？

肥沃新月地带是新石器革命与早期人类文明的摇篮，它现在并未处于经济繁荣的前沿。中国和印度的人均收入也低于韩国和日本，后者发生新石器革命的时间比前者晚了数千年。土耳其与欧洲东南部比英国和北欧国家经历新石器革命的时间要早数千年，如今却更为贫穷。

它们的领跑优势是如何失去的？

让出领先位置

几千年来，世界上较早经历新石器革命并享有谷物税收便利的地区，确实有着更高的人口密度和更发达的技术。[16]然而实证研究表明，虽然新石器革命发生的时间对前工业化时代的生产率有显著影响，这一效应在公元1500年后已消散，对当今的人均收入水平影响有限。[17]也可以说，随着时间流逝，较早开启农业社会的优势逐渐减弱，仅凭这个因素已无法解释各国在今天的财富差异。为什么上述有益影响在过去500年里减弱？这一时期发生了什么变化？

首批经历新石器革命的地区有两项重大优势，即更高的农业生产率与领先一步的技术，这使它们在世界经济发展中一度位居前列。但从16世纪初以来，随着创新活动从乡村转向城市地区，农业部门（耕种）的经济重要性开始逐步走低，人力资本密集和技术为本的城市部门变得欣欣向荣。于是，较早开启新石器革命反而产生了一种负作用。一方面，技术领跑优势依然在促进农村和城市经济部门的发展；但另一方面，农业的比较优势让这些社会专门发展这个产业，延缓了城市化步伐与相伴的技术进步，并推迟了人力资本形成和人口大转型的到来。

随着城市部门对新技术发展的重要性提高，农业生产的比较优势的副作用变得更加突出，较早开启新石器革命的技术优势则逐渐减弱。另外，随着城市和海洋国家开发出能够更好地利用全球贸易的技术和金融工具，殖民时代到来，专业从事农业部门的不利影响被进一步强化，更多地抵消了过去的领跑优势。[18]

最后，技术领跑优势被专门从事农业的不利影响抵消，开启新石器革命的时间对现代社会的经济发展不再有太大效应。这一时间差异对我们理解全球各地的不同历史发展进程非常重要，但在分析当今的不平等谜题时，其他因素也同样关键。

地理因素的决定性影响

部分学者认为，欧洲的技术崛起源于人类历史上的某些关键节点，即制度和文化转型，例如黑死病之后的社会变化、罗马帝国的崩溃、启蒙时代等。[19]他们坚信这些转型是当今各国财富差异的源起，而探寻更深层次的地理因素属于后见之明的执迷。

无法追溯到更深起源的突如其来的制度和文化变革，当然在社会发展历程中发挥着作用，例如最近几十年来朝鲜与韩国的不同命运。我们可以认为，随机或意外事件确实有可能让印刷术的发明延迟多个世纪之久，或者推动中国的王朝水师探索美洲，或者导致工业革命在荷兰而非英国爆发，或者在19世纪扼杀日本的明治维新。

不过，尽管突如其来的制度和文化变迁会影响数十年乃至数个世纪的增长过程，但它们不太容易成为整个人类发展进步之旅的核心，或者是导致各国财富水平差异的最终因素。此类事件在我们的印象中可能波澜壮阔而且富有戏剧性，但如果以几千年、几万年乃至几十万年的大尺度观之，则基本上没有那么重要，属于暂时和局部的性质。

实际上，出现对发展有利的突如其来的文化或制度变革是次要的，更关键的是它们得以推广并经受时间考验的能力。从这个角度看，它们与地理因素的相互作用极为重要。无论加速"欧洲崛起"的文化和制度因素的出现与延续是源于地理上的分隔破碎（从而导致政治竞争与文化交流），还是鼓励面向未来心态和长期投资的高产农作物和其他任何因素，导致如今财富差异的主要根源绝不是一次历史偶然事件。不过，制度和文化演进，乃至新石器革命，从来都是这个整体过程的推进速度以及各国和各地区差异格局的关键决定因素。

不可否认的是，在新石器革命开启之初，人们不可能预见希波战争的爆发，但由于该地区有着丰富的可驯化动植物品种，我们可以合理推测东地中海地区容易形成较高的人口密度，发达的文明将最终在这里兴起，各个社群之间有可能爆发冲突。早期文明出现在肥沃新月地带显然不是偶然，随机事件不可能让撒哈拉沙漠的中心地带产生并维持强大的古代文明。

当然这并不是说，不同地区人类发展旅程的走向可以完全归结于地理因素及其同制度和文化特征的交互作用。另外一种基本力量也在影响经济发展，那就是人类的多样性。为探索地理因素在发展差异中的作用，我们回到了12 000年前的新石器革命开启时分。考察人类多样性发挥的作用，还需要我们追溯数万年时光，回到一切开始的地方：人类大规模走出非洲。

第 12 章　走出非洲

20 世纪上半叶，当欧洲正烽烟蔽日时，美国经历了历史上最大规模的内部移民浪潮之一。在这场大迁徙中，大约 600 万非洲裔美国人告别南方的贫穷农村，奔向快速扩张的城市，这些城市有的在南部，大多数则在北部、中西部和西部。这些人希望抓住越来越多的工业就业机会，特别是在世界大战中支撑美国战争机器运转的军火工厂，同时逃离南方的压迫。在奴役和歧视带来的恐惧与侮辱中，非洲裔美国人已忍受了 300 多年，这次移民大潮让他们与城里的邻居、欧洲移民后裔之间的交往大大增加。

可是，两个群体的融合深受偏见、不平等和种族主义的困扰与阻挠，许多问题延续至今。在人群与传统的这场大融合中，兴起了 20 世纪最具折中主义色彩的文化现象之一——摇滚乐。美国作家和音乐评论家罗伯特·帕尔默（Robert Palmer）就认为，摇滚乐是美国南部和西南部跨越种族界限的社会与音乐交流的一个必然的成果。[1]

摇滚乐的确切起源，以及具体哪些特征使它区别于其他流行音乐，仍属争议话题，但对于跨文化交流是摇滚乐诞生的一个推动力，甚至是关键因素，则基本没有异议。非洲裔和欧洲裔美国人结合了各种乐器、传统韵律、音阶与合奏，释放出一种全世界此前很少经历的文化爆发。虽然当时种族主义盛行，年轻的美国白人却被法兹·多米诺（Fats Domino）和查克·贝里（Chuck Berry）等非洲裔美国音乐家的作品吸引，当然他们也同样欣赏埃尔维斯·普雷斯利（Elvis Presley）等白人歌手。

摇滚乐的兴起，还有巴西的桑巴音乐、古巴的吉他打击乐等都是多样性最终促成文化、技术和经济进步的鲜活案例。科普作家马特·里德利（Matt Ridley）在《理性乐观派》一书中指出，在"思想诱发行为"时，便产生了技术进步。[2]与生物繁殖类似，思想的交汇也受益于更广大的人群，因为多样性能提升高产的"异花授粉"的前景。如果周围的人都是用熟悉的乐器演奏雷同的旋律，欧洲裔与非洲裔美国音乐家无疑将发扬自身的传统，但肯定不容易创造出全新的音乐类型。只有两种不同音乐传统之间的密切交流，才能激发出某种崭新的文化。

对社会多样性的创造性影响来说，摇滚乐或许是最高调而炫目的例子，类似的案例其实数不胜数。在多样化社会中，来自不同族裔、文化、国家和地理背景，还有不同年龄段、教育背景与个性类型的个人相互合作与混杂的成果层出不穷，从新式餐饮、时尚、文学、艺术、哲学，到科学、医药和技术的突破。

当然在太多时候，多样性也会成为众多争端的起源，甚至带来暴力冲突。在部分非洲裔和欧洲裔美国人的后裔合作创造新的融合音乐时，1943年6月，白人与黑人青年在底特律一个公园爆发口角，随后演变为全城范围的骚乱。三天之中有数千年轻人跨越路障卷入冲突，直至罗斯福总统派遣6 000人的联邦军队对该市实施宵禁。在这场社会动乱中，有34人丧失，其中25人为黑人，还有超过400人受伤。同年，在警察枪击非洲裔美国士兵罗伯特·邦迪（Robert Bandy）后，纽约市陷入一片混乱；洛杉矶也因为欧洲裔美国人后代对墨西哥移民发起种族主义性质的攻击而爆发了街头骚乱。

民族和种族冲突自美国建国以来一再上演。来自不同国家的移民之间、新近移民与定居人群之间、不同宗教群体之间（如新教徒和天主教徒）的激烈冲突，已成为美国式社会实验的一个经常性、破坏性的特征，全球其他许多社会也未能幸免。

美国的经历表明，社会多样性可能产生方向相反的作用力，给发展带来喜忧参半的影响。一方面，它能促进文化的跨界交流，激发创造力，鼓励对新思想保持开放，这些有利于技术进步。另一方面，多样性可能削弱信任水平、挑起冲突，妨碍或削减完成适度公共品投资（如医疗和教育）所需的社会凝聚力。因此，社会多样性程度的增加可能给经济繁荣带来相互冲突的效应，即在促进创造性的同时削弱凝聚力。

的确，有大量证据说明社会多样性对经济造成的上述不同效应。例如，人们通常赞扬移民给生产率和工资水平带来的积极影响[3]，管理层的族裔多样性更强的企业往往更具创造性和盈利性[4]，学校成员的多样性会提升学生的诸多社会经济成就等。[5]另一方面，研究发现族裔背景的分化与政治不稳定、社会冲突、地下经济的规模、教育和基础设施投资不足、缺乏避免环境破坏的必要合作等存在关联。能够成功缓和或避免此类消极影响的多文化社会，为促进包容与共存付出了巨大的努力和资源。[6]尤其是，撒哈拉以南非洲作为地球上最多元化和族裔构成最分散化的地区，面临的增长障碍确实部分来自族裔多样性对社会凝聚力的不利影响，表现为族裔冲突的密集程度，以及对教育、医疗和基础设施的供应不足等。[7]

因为多样性既可能促进又可能制约生产率，若不采取措施缓和高度多样性对社会凝聚力的负面作用，太低或太高的多样性都可能削弱经济繁荣程度，而适度的多样性能发挥促进作用。具体来说，只要多样性提升对创新的有益作用在递减（随着社会变得日趋多元化），且同质性提升对社会凝聚力的有益作用也在递减（随着社会变得日趋同质化），那么适度的多样性就有利于经济发展。

为分析这些冲突因素对人类发展旅程的影响，我们首先需要揭示全球各地人类多样性存在差异的原因，这又回到最早的源头处，即数万年前智人大规模走出非洲的时刻。

人类多样性的起源

自智人于大约 30 万年前出现在非洲以来,多样性就在促进人类物种适应对非洲大陆各地区的不同环境。这个时期的大多数时候,成功的适应过程产生了不断进步的猎人和采集者,使食物供给增加,人口规模显著扩大。但最终,人均生存空间和自然资源数量开始减少,于是在距今约 6 万~9 万年前,智人便大规模走出非洲大陆,寻求更多的丰饶生存地域。由于这一迁徙过程的顺序特性,必然导致迁徙到距离非洲更远地区的人群的多样性减少:人类离开非洲越远,其社群中的文化、语言、行为和身体方面的多样性就越少。

这一现象反映了顺序奠基者效应(serial founder effect)。[8]设想有座岛屿上生活着五种类型的鹦鹉,有蓝色、黄色、黑色、绿色、红色,它们都同样适应这里的生存。在岛屿受台风袭击时,多只鹦鹉被吹到另一座偏僻的小岛上。这个小规模子群体很可能不会全部包含五种原生物种,例如它们或许以红色、黄色和蓝色为主,接下来它们的后代将继承其颜色,并在新的小岛上繁衍壮大。于是,在新的岛屿上发展起来的这个殖民群体将比原生种群的多样性更少。假如又有少数鹦鹉从这座小岛迁往第三座岛屿,则那个群体的多样性很可能比之前的各个种群更少。因此,只要鹦鹉从父辈所在岛屿迁出的速度快于岛上发生潜在变异的速度,则它们从原生岛屿(顺序)迁出的距离越远,种群的多样性就越低。

人类走出非洲的迁移符合类似的模式。最开始有一个群体离开非洲，定居于附近的肥沃地带，只带走了他们父辈的非洲种群中已有的一部分多样性。一旦这个最初的移民群体壮大到新的环境不再能支撑其扩张时，一个多样性更小的子群体将离开，去找寻其他处女地，到更远的栖息地定居。在人类从非洲分散出来、散居于各个大陆的过程中，上述情形将不断重演：随着种群增加，只包含父辈群体部分多样性的新子群体将再度起航，去寻找更新鲜的园地。虽然某些群体会改变路径（这并不奇怪），但移民模式的主流依然使得离开非洲并抵达西亚的群体比非洲大陆的原生人类种群更缺乏多样性。他们中有群体而后继续向东迁移到中亚、最后抵达大洋洲和美洲，以及向西北迁往欧洲的群体的后裔，将逐渐比留在后方的群体更缺乏多样性。

解剖学意义上的现代人走出非洲摇篮的这一扩张过程，给世界范围内不同人群的多样性程度差异，包括文化、语言、行为和身体等方面，留下了无法抹去的深刻印记（图 12.1）。[9]

总体的人群多样性水平随着与非洲的迁徙距离增加而下降，部分表现为各个本土族裔群体的遗传多样性随着远离非洲而减少。对 267 个不同人群的遗传多样性的可比测算显示，其中的大多数群体能够联系到特定的本土族裔群体与地理意义上的祖国[10]，显然多样性最丰富的本土族裔群体距离东非最近，多样性最缺乏的则是中美洲和南美洲的本土社群，他们离非洲的陆路迁移长度最远（图 12.2）。与东非之间的迁移距离同多样性存在负面关联，这不仅在各大洲之间能够看到，在各大洲内部也同样如此。

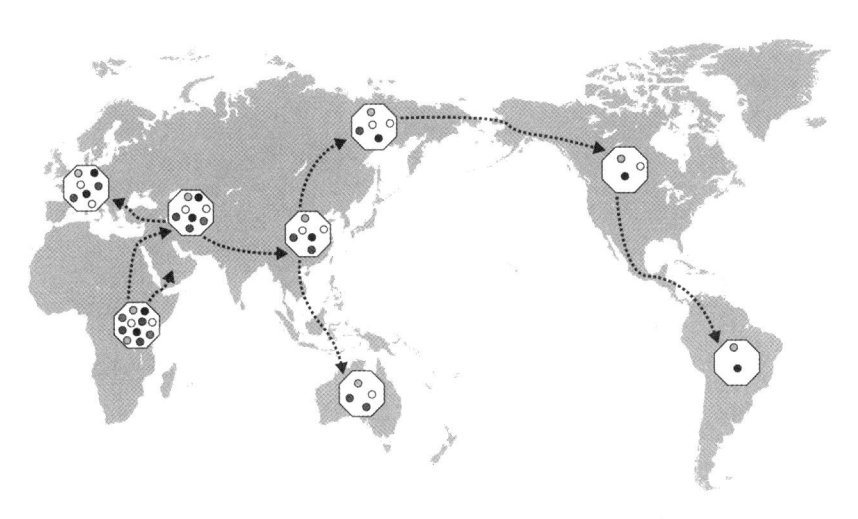

图 12.1 走出非洲的迁徙对人类多样性的影响

注：虚线箭头代表大致的迁徙路线，小圆圈代表某个假定社会特性的变体。每次向外移民事件发生后，脱离的群体只携带了父辈殖民群体的一部分多样性。

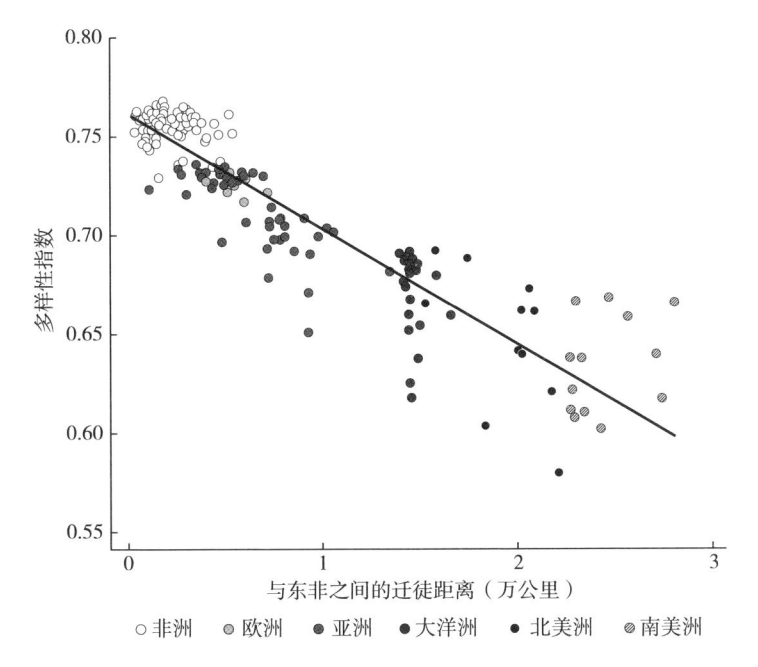

○ 非洲　◎ 欧洲　● 亚洲　● 大洋洲　● 北美洲　◎ 南美洲

图 12.2 各地区本土族裔群体与东非之间的迁徙距离和多样性[11]

体质与认知人类学领域的研究提供了更广泛的证据，表明更加远离非洲的本土人群中的多样性水平递减。对身体形态的某些特征（例如与特定牙科属性有关的骨骼结构、骨盆特征、产道形状等）和文化特征（例如不同语言中使用的基本语音单位，即语素）的研究证实，存在起源于东非的顺序奠基者效应，迁徙距离越是远离东非，这些体质和文化特征的多样性越低。[12]

当然，要想恰当分析各方面的人类多样性的总体水平对各国经济繁荣程度的影响，我们需要采用比遗传学者和人类学者目前使用的更全面得多的指标，该指标还需要独立于各个人群的经济发展水平，以评估多样性对各国财富的因果效应。这样的指标应该是什么样的？

对多样性的测算

传统的人类多样性测算指标通常只反映族裔或语言群体在人群中的比例代表（proportional representation）。[13]因此这些传统指标存在两个重大缺陷：一是某些族裔或语言群体比其他群体的联系更密切，比如由同样比例的丹麦人和瑞典人组成的社会，相比由同样比例的丹麦人和日本人组成的社会，其多样性会更低。二是族裔和语言群体的内部并非完全同质化，比如完全由日本人组成的国家，相比完全由丹麦人组成的国家，多样性未必相同。事实上，一个族裔群体内部的多样性往往比不同群体之间的多样性还高出一个数量级。[14]

所以，反映一个国家民众整体多样性的综合指标应该包含至少两个方面。首先是每个族裔群体或者国内群体的多样性，例如，美国国内的爱尔兰裔或苏格兰裔群体。其次是任何一对族裔群体或国内群体之间的差异程度，例如，美国的爱尔兰裔和苏格兰裔群体之间的文化相近程度相比爱尔兰裔和墨西哥裔群体之间的相近程度如何。

由于离开东非的迁徙距离与可观测的多样性之间存在紧密负向关联，迁徙距离可被视为全球各个地区历史上的多样性的代理指标。于是，我们便能构建出一个反映如今各国国民总体多样性的预测指标，它基于各国先祖同非洲的迁徙距离，并考虑到如下因素：（1）国内各个先祖人群的相对规模；（2）国内各个人群的多样性由其先祖所在地与东非之间的迁徙距离决定；（3）各个人群之间的两两配对差异，由其先祖人群的所在国之间的迁徙距离决定。

以上构建的多样性预测指标有两大优点。第一，离开非洲的史前迁徙距离显然独立于当前的经济繁荣程度，因此可以利用该指标分析多样性对生活水准的因果效应。第二，上文已强调，体质和认知人类学研究的大量证据显示，与非洲之间的迁徙距离对若干身体和行为上的多样性具有重要影响；由此可以确定，该指标预测的多样性程度会产生社会效果。还有，如果该指标对多样性的测算不准确（以随机方式），例如，因为没有恰当考虑各个大陆内部的迁徙情况，那么统计学理论认为，这可能导致我们拒绝（而非接受）多样性影响经济繁荣的假说。或者说，如果我们犯错误,应该是犯过于谨慎的错误。

最后有必要澄清,我们的多样性指标反映了社会特征。它测算的是社会中多种类型的人类特性的广泛性,而不管这些特性是什么,或者在不同社会之间存在多大区别。因此,该指标并不表示也不应该表示某些特性比其他特性更有利于经济发展,而只是反映一个社会内部的人类特性多样性对经济繁荣的潜在影响。实际上在考虑混杂的地理和历史因素以后,与非洲的迁徙距离本身似乎对全球各地的身高、体重等特性的平均水平并无影响,它主要影响的是人群中的个体同平均水平的差异程度。

拥有了反映各个人群总体多样性水平的这一强大指标后,我们终于可以探讨数万年前智人大规模走出非洲及其对人类多样性的影响是否对当今各国生活水准差异产生了惊人的久远效应。

多样性与繁荣程度

历史上的生活条件确实受到人类多样性水平的显著影响,因此与智人离开非洲的迁徙过程有关。[15] 每个国家或族裔群体的先祖人群走出东非人类摇篮的迁徙距离给经济发展成果造成了一种持续的驼峰状影响,反映了多样性对社会生产率的有益效应与有害效应的平衡。

多样性对经济生产率的这一驼峰状影响在各个国家之间(图12.3)与各族裔群体之间(图12.4)都显得突出而一致,无论是根据过去的人口密度或城市化率,或者如今的人均收入水平或夜间光线强度（基于卫星照片）。还有，自新石器革命以来的1.2万多年里，驼峰模式并没有质的改变。因此，如果没有政策来缓解多样性对异质性国家的消极影响，或提升同质性国家的多样性水平，那么中间水平的多样性对实现经济繁荣始终是最有利的。

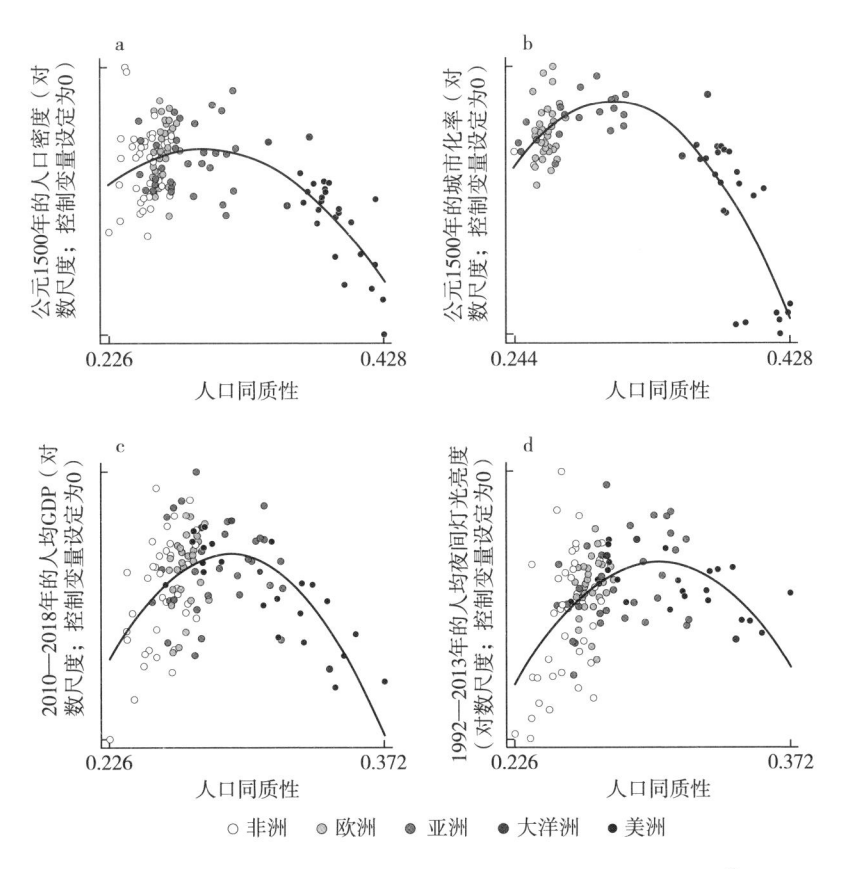

图 12.3 人类多样性对各国经济发展的影响：过去与现在[16]

注：上半部分描述了预测的人口同质性水平对公元1500年时的经济发展水平的影响，表现为人口密度（图12.3a）和城市化率（图12.3b）。下半部分描述了预测的经调整后的先祖同质性水平对当代经济发展水平的影响，表现为2010—2018年的人均收入（图12.3c）和1992—2013年的人均夜间灯光亮度（图12.3d）。

第 12 章 走出非洲

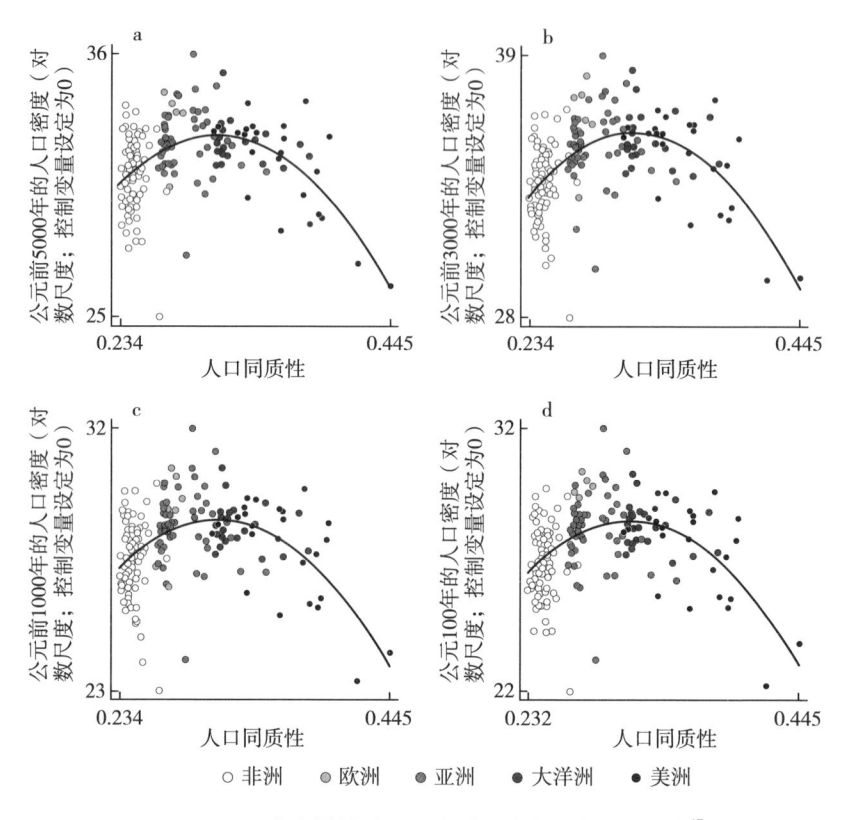

图 12.4 人类多样性对不同族群经济发展水平的影响[17]

注：本图描述了地理上的本土族群可观察到的人口同质性造成的影响，即通过与非洲之间的迁徙距离预测的同质性对长期历史经济发展水平的作用，表现为各时期的人口密度：公元前 5000 年（图 12.4a）、公元前 3000 年（图 12.4b）、公元前 1000 年（图 12.4c）、公元 100 年（图 12.4d）。

事实上，这一驼峰模式仅见于祖先离开非洲的迁徙距离的影响。与智人走出非洲和人类多样性无关的其他地理距离，都没有表现出类似的驼峰模式。尤其是与东非之间的空中距离（而非迁徙距离）就和经济繁荣程度无关，这是合理的，因为史前人类的迁徙是用脚走出非洲的，而非乘坐飞机。此外，与"安慰剂起源地"（也就是地球上没有智人起源的其他地点，如伦敦、东京、墨西哥城）之间的迁徙距离对经济繁荣程度没有任何影响。还有，与遥远历史上的技术前沿地区（如肥沃新月地带）的地理接近度也不影响经济繁荣程度。

不同类型的证据确认了这一有趣结果背后的推测机制：社会多样性确实对经济福利水平产生了方向相反的作用。一方面这些证据发现，多样性会拓展社会交往中包含的个人价值观、信仰和偏好谱系，削弱人际信任度和社会凝聚力，提高爆发国内冲突的概率，造成公共品供给的低效率，从而拖累经济表现。[18]另一方面，社会多样性增加会拓展个人特性的范围（例如解决问题的技能和方法），鼓励专业分工，激励创造性活动中的观点碰撞，便于更快适应变化的技术环境，从而促进经济发展。[19]

还有，在过去几个世纪中，最有利于经济繁荣的多样性水平区间有所提升。这一现象符合如下假说：在快速变化的技术环境下（发达阶段的特征），多样性的益处变得愈发突出。[20]多样性在发展过程中的重要性提高，有助于解释中国和欧洲命运逆转的原因。在公元1500年左右，日本、朝鲜和中国等国家拥有最适宜经济发展的多样性水平。显而易见，它们相对较高的同质性对社会凝聚力的好处超出了阻碍创新的坏处，这在公元1500年之前的时代是合适的，因为当时的技术进步较为缓慢，多样性能发挥的益处更为有限。事实上，中国确实在前工业化时代相当繁荣。但随着技术进步在之后的5个世纪里加速，中国相对较高的同质性似乎迟滞了它转向现代增长时期，导致经济主导权转移到更为多样性的欧洲及之后的北美洲。目前对于现代经济发展最有利的多样性水平应该接近于美国的现状。[21]

当然，人类多样性只是影响经济成就的因素之一，靠近理想的多样性水平并不能确保经济繁荣。但在考虑了地理、制度和文化特征的作用以后，多样性仍对各国、各地区和各族群在过去与当今的经济发展水平具有显著影响。[22]这些影响的意义不同凡响，因为从智人最早走出非洲已过去了漫长时间，而我们仍可以对此做量化分析。各国之间没有明确来源的繁荣程度差异（根据2010—2018年的人均收入水平）之中，有大约四分之一可归结为社会多样性。相比之下，利用同样的分析方法，可以把大约五分之二的差异归结为地理气候因素，大约七分之一归结为疾病环境，大约五分之一归结为族群文化因素，大约十分之一归结为政治制度。[23]

人类多样性是经济繁荣程度的有力决定因素之一，但各国的命运并非早已注定。恰恰相反，通过理解这种作用的本质，我们可以设计出合适的政策去发挥多样性的益处，并缓和其不利影响。假如最缺乏多样性的国家之一玻利维亚能够提升其文化多样性，那么人均收入有望提升5倍。反之，假如多样性最丰富的国家埃塞俄比亚能采取合适的政策来强化社会凝聚力和宽容度，目前的人均收入水平将可以翻倍。[24]

更一般地说，采用能够最好地利用现有多样性水平的教育政策，让高度多样性的社会提升对差异的宽容度和尊重度，让高度同质化的社会接受新思想、秉持怀疑精神和敢于改变现状，都有望取得丰硕成果。实际上，能够成功地促进多元主义、宽容和尊重差异的任何措施，都将帮助提升对国家生产率最有利的多样性水平。鉴于技术进步速度可能在未来数十年里加强，在能够维持凝聚力、限制有关消极影响的社会，多样性带来的好处只会日益突出。

历史的包袱

人类多样性对经济发展的影响，或许是当今各国财富水平差异源于遥远过去的复杂因素的最惊人例证。实际上，对于人类多样性在地球上各地区的分布格局会延续那么长时间，居住在有大量移民的发达国家城市中的读者也许会觉得很奇怪。各国之间的制度与文化差异在现代逐渐缩小，发展中国家往往借鉴发达国家的先进政治经济制度，人们也在尝试模仿有益的文化习俗。与之类似，某些不利的地理因素的影响因为技术进步得到缓解，例如疾病盛行或缺乏出海口等。然而，很大程度上由于人们对自己祖国和民族文化的内在依附，加上国际移民面临的法律障碍等现实因素，如今某些地区的人类多样性的改变速度依然慢得多。

因此，在缺乏合适的教育、制度和文化引导措施时，高度多样化的社会很难达到实现经济繁荣所需的信任度和社会凝聚力，而同质化社会则不容易充分利用技术和商业进步所需的知识交流。尽管各国的制度与文化特性在趋同，收入差距却依旧延续。这就是历史留下的包袱。

自第一批智人在数万年前走出非洲以来，他们的社会特征与栖息的自然环境各不相同，这种差异造成的影响随时间而延续。某些社群较为幸运，在初期有着适合经济发展的多样性水平和地理环境，其他一些社群的初始条件则不利于此后的增长过程。适宜的初始条件推动了技术进步，形成有利于增长的制度和文化特征，如包容性政治制度、社会资本和面向未来的心态等，得以继续推动技术进步和从停滞到增长的转型步伐。相反，不利的禀赋条件决定了较慢的增长轨迹，并因为不利于增长的制度和文化特征而更趋恶化。

在人类的整个历史上，制度和文化都受到地理因素与人类多样性的深刻影响，但它们也容易受突发的历史波动的冲击，会偶然地改变各国的命运。例如在朝鲜与韩国的例子中，有相似地理特征和群体多样性的两个国家之间可以形成如此强烈的生活水准反差。对于这些少见的情形，文化和制度可能是导致某些国家之间巨大差距的主要因素。

然而，人类历史的整体走势表明，地理特征以及在数万年前智人走出非洲的迁徙中部分形成的群体多样性，才是决定全球不平等的最深层的主要因素，而文化和制度的适应过程往往影响着世界各个社群发展进程的速度。在某些地区，有利于增长的地理因素和多样性使文化与制度特性快速适应周围的环境，并加速技术进步。多个世纪之后，这一过程触发了对人力资本需求的爆发式增长、生育率的突然下降，使当地较早转向现代增长时期。在另一些地区，这一相互作用则让社会停留在较慢的轨道上，延缓了逃离马尔萨斯陷阱的时机，于是便出现了现代世界极端的全球不平等格局（图12.5）。

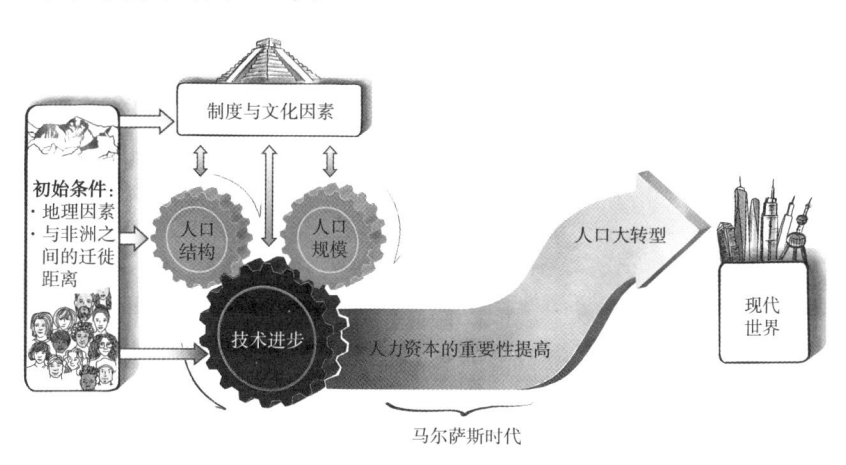

图 12.5　各国发展差异的终极因素

小结　破解不平等谜题

二战结束后的数年中，太平洋上小小的塔纳岛上修建了若干类似空军军事基地的设施。那里有飞机、跑道和瞭望塔，以及指挥部和餐厅等，但都是非常简陋的仿冒。飞机是由空的树干搭起，跑道长度不足以支持正常起降，芦苇盖的瞭望塔里是木头摆出的监控设备，照明则完全靠火炬。虽然从来没有飞机在这些假冒机场着陆，某些岛民却模仿起了航班调度员，还有些人则在操练军事队列，拿木棍代替步枪。

战争给塔纳岛和太平洋上其他美拉尼西亚群岛的土著居民留下了深刻印象，他们目睹了工业强国日本和美国的巨大威力，飞机从他们家园的上空呼啸而过，军舰在周围的海域彼此炮击，部队在他们的岛屿上建起基地。令岛民们尤其震撼的一个现象是，这些陌生人带来了大量的货物，成箱的罐头食品、药品、衣物以及塔纳岛居民很少见到的各类装备。等战争结束、部队回家以后，这一丰盛货源就此枯竭。对于现代制造工艺一窍不通却又希望弄清楚这些财富来源的岛民们，便复制出与大量货物同时出现的某些特征和行为，希望那些货物——物质财富加上精神财富、平等地位、政治自治权等——能因此再度眷顾他们的岛屿。[1]

有太多时候，西方国家给贫困国家提供的发展建议与塔纳岛民们的上述"重生祈祷仪式"并无本质区别。这些建议就是在表面上模仿与发达国家的经济繁荣有关的制度，而未深入考虑产生财富的基本条件，而那样的条件在贫困国家或许并不存在。尤其是，传统理论认为发展中国家的贫困主要是不当的经济政策和公共政策造成的，因此可以通过一整套结构性改革来根除。但这种假说建筑在一个根本的误解之上，因为它忽略了深层因素对政府政策效力的影响。所以，真正有效的策略应该盯住背后的基本因素，它们始终在阻碍增长过程，并且在国与国之间存在极大的差异。

上述错误方法的一个典型例子是"华盛顿共识"，它是给发展中国家提出的一整套政策建议，重点包括贸易自由化、国有企业私有化、加强产权保护、放松市场规制、降低边际税率等。尽管世界银行与国际货币基金组织在20世纪90年代费了很大力气推行"华盛顿共识"倡导的改革，却很少取得理想的结果。[2] 国有企业私有化、贸易自由化和保护产权，对于已发展出经济增长所需社会和文化前提条件的国家或许是促进增长的良策，但在缺乏这些基础的环境下，社会凝聚力不足且腐败盛行，此类泛泛而论的改革往往收效甚微。

无论多么高效的改革都不可能在一夜之间把贫穷国家改造成发达经济体，因为发达国家与发展中国家之间的很大差别植根于数千年以来的漫长进程。起源于遥远过去的制度、文化、地理和社会特征通过独特的历史路径驱动文明发展，导致各国财富水平走向分化。毋庸置疑，有利于经济繁荣的文化和制度可以逐渐被采纳和确立，地理因素和差异性导致的壁垒可以被削减。可是，任何干预如果忽略每个国家发展历程上出现的独有特征，则不太可能缩小财富不平等，反而容易导致挫折、动荡与长期停滞。

在不平等根源的外层，我们能看到全球化与殖民化的不对称效应。这些发展进程加快了西欧国家的工业化和发展步伐，却延迟了落后国家逃离贫困陷阱。为固化原有的经济和政治不平等而设计的攫取性殖民制度在世界某些地方得以延续，使各国财富水平的差异更趋恶化。

但无论如何，殖民时代的这些统治、剥削和不对称贸易的影响，是建立在殖民时代以前的不平衡发展之上。地区之间过去已有的政治和经济制度，以及主流文化习俗的差异，对发展速度以及从停滞向增长的转型时机有着支配性影响。

人类历史上关键节点的制度改革以及不同文化特征的出现，会偶然地把不同社群推向分化的增长轨道。然而，随机事件尽管在我们的印象中显得剧烈而重大，它们对人类的总体进步发挥的作用却较为有限，极不可能成为各国与各地区在过去几个世纪经济发展分化的决定性因素。首批伟大文明兴起于大江大河之畔的肥沃地带绝非偶然，包括幼发拉底河、底格里斯河、尼罗河、长江与恒河等。没有任何随机的历史、制度和文化发展能够促成远离水源的地方形成古代大城市，或者在西伯利亚内陆的寒冷森林或撒哈拉沙漠的中心开发出革命性的农业技术。

在不平等根源的内层，植根于地理与遥远过去的深层因素往往支持某些地区兴起有利于增长的文化特征和政治制度，其他地区则发展出了不利于增长的文化和制度。在中美洲等地，适宜建设大型种植园的土地和气候推动了攫取性政治制度的建立和延续，以剥削、奴役和不平等为特征。在撒哈拉以南非洲等地，疾病环境导致农业生产率和劳动生产率降低，延误了更先进农业技术的采用，因而制约了人口密度、政治集权和长期繁荣。相反在更幸运的地区，有利的土地和气候特征推动演化出了有利于发展的文化特性，包括更强的合作意愿、相互信任、性别平等，以及更着眼于长远的心理状态等。

为理解地理特征的长期影响，我们回到1.2万年前的农业革命黎明时分。在那个时期，生物多样性、潜在可驯化动植物品种以及大陆走向，使得某些地区的狩猎采集部落较早转型为定居农业社群，其他地区则较晚发生。确实，欧亚大陆中较早经历新石器革命的地区拥有了技术起步优势，并维持到整个前工业化时代。但关键在于，与较早农业转型有关的有益因素在工业化时代逐渐消散，最终在如今全球广泛不平等格局的形成中只能发挥有限作用。最早转型农业的社群并未命里注定成为当前最繁荣的国家，因为他们擅长的农业专业分工反而阻碍了城市化进程，削减了技术领跑优势。

最后，对当今经济繁荣的某些最深层因素的探索让我们继续回溯，来到一切开始的地方：人类在数万年前走出非洲时的最初脚印。每个社群内部的多样性程度部分取决于这一迁徙过程，并给整个人类历史中的经济繁荣留下了持久效应：处于适宜的多样性区间的社群既能通过交流促进创新，又能保持社会凝聚力，从中获益最大。

最近几十年来，发展快速普及到贫困国家，促使世界上各个地区都接纳了有利于增长的文化和制度特征，并推动了发展中国家的增长。现代交通、医疗和信息技术减轻了地理因素对经济发展的负面影响，技术进步加速则进一步提升了多样性对经济繁荣的潜在好处。如果这些趋势与恰当的政策相配合，使多元化社会实现更强的社会凝聚力，使同质性社会更多受益于不同思想的交流碰撞，那么我们将有望从根源上解决当今的财富不平等问题。

在如今的塔纳岛，你可以看到一个真正的机场。大多数儿童可以上小学，岛民拥有了移动电话，大批游客被亚速尔火山与传统文化吸引而来，给当地经济提供了重要收入来源。虽然该岛所属的瓦努阿图国家的人均收入仍相当有限，却已在过去20年里翻了一倍以上。

尽管历史留下了漫长的阴影，各国的未来却不是命中注定的。随着驱动人类发展旅程的巨型齿轮继续运转，促进未来取向、教育和创新的各种政策措施，加上性别平等、多元主义和尊重差异的价值观，将为人类的普遍繁荣发挥关键作用。

后　记

我并不清楚，自己在布朗大学开始撰写本书时，那只从窗前急速跑过的松鼠之后的命运如何。我愿意相信它熬过了新英格兰的严寒冬天，并以其物种的特有方式茁壮成长。但我能肯定，假如它重新出现，再向窗内窥探，看到某个人类在努力完成本书的最终定稿，而非搜集食物或追逐猎物，仍会令它感到不可理喻。它很难想象不只为追求生存和繁衍而度过的生活。然而对我们人类物种来说，那种基本生存状态正在成为记忆。

本书探讨了让人类发展旅程从停滞跨入增长，然后走向不平等的独特力量，这种路径是松鼠乃至地球上任何其他物种从未经历过的。我知道，对人类全部历史的综述很可能被各种迷人细节笼罩而遮蔽整体观点，因此尽力聚焦于绵延人类发展全程的基本因素。

自从人类开发出第一件石制切割工具以来，技术进步就在推动增长，帮助人类适应不断变化的环境。反过来，这些变化又在促进不同时间和空间的技术进步，发生在每个时代、每个地区和每个文明中。然而，所有人类社群在一个核心方面几乎未受影响，即他们的生活水准。技术进步并没有使人类的物质福利水平获得长期改善。与其他所有物种一样，人类被困在贫困陷阱中。技术进步总是带来更多的人口，迫使进步的收益被越来越多的成员分享。创新可以实现几代人的经济繁荣，但最终人口增长将使生活水准重新回到基本生存线上。

数千年来，变革之轮（技术进步与人口规模及人口结构之间彼此强化的相互作用）运转速度不断加快，直至达到一个临界点，释放出工业革命的迅猛技术进步。社会越来越需要能够适应快速变革的技术环境的高素质劳动者，加上性别工资差距的缩小，给父母们提供了投资现有子女的教育而非生育更多子女的强烈激励，从而使生育率下降。这一人口大转型击碎了马尔萨斯贫困陷阱。在摆脱人口膨胀的反向作用之后，生活水准得以提高，由此开启了人类物质繁荣程度的长期提升。

伴随着这一壮观的技术进步与生活水准提高，人类也经历了若干重大灾难：西班牙大流感、大萧条、政治极端主义、两次世界大战的破坏性影响等。这些浩劫固然给无数个人造成了严重伤害，但从更广的视角看，人类整体的生活水准在每次灾难之后都得到了迅速恢复。从短期看，增长进程很容易发生巨大波动，例如近期新冠疫情造成的影响。可是历史告诉我们，此类事件虽然令人震惊和恐惧，但对人类发展的宏大路径却没有多少长期效应。因此，人类的不懈征途依旧是不可阻止的。

当然，在数十亿人摆脱饥饿、疾病、天气波动的威胁之际，一种新的危险正出现在前方，那就是自工业革命以来，人类导致的环境退化与气候变化的可怕影响。几十年以后，全球变暖是否会成为使人类偏离不懈征程的历史大事件？有趣的是，工业化对创新、人力资本形成和生育率的并行效应，或许是缓解它对气候变化的不利影响、调和经济增长与环境保护这一潜在冲突的关键所在。人口增速的快速下降、人力资本形成与创新能力的提升在过去一个世纪席卷全球。这给了我们保持乐观的基础：人类有能力避免全球变暖最具破坏性的后果。

自19世纪初以来，人类的生活水准以所有常用指标测算都得到了前所未有的提升，包括教育、医疗基础设施和技术的快速普及，这些因素从根本上改变了全球数十亿人的生活状况。不过，世界各地的人们脱离停滞时代的时间各不相同。西欧与北美国家在工业革命爆发后不久就出现生活水准的快速提升，而亚洲、非洲和拉丁美洲的大多数地区直至20世纪下半叶才开始转轨，由此导致各地在财富与福利水平上存在巨大落差。当然我们对此同样有乐观的理由。应该承认，地区之间在制度、文化、地理和多样性方面的差异不会完全消失，我们知道这些因素可能延续漫长时间。但假以时日，文化和技术传播加上针对多样性采取的政策措施可以弥合部分差距，缓解这些深层因素的不利影响。让马尔萨斯陷阱从我们的集体记忆中消退，全人类共同跨入新的发展阶段，应该不会太远。

赞赏过去两个世纪不可思议的成就，并不意味着忽略如今仍在困扰很大部分人群的苦难与不公，以及承担起解决这些问题的责任的紧迫性。我希望，对不平等根源的了解将带给我们减少贫困、促进全人类共同繁荣的更好办法。找到过去的根，是为了我们更好地设计未来。看到人类历史的巨型齿轮在过去几十年里仍在急速运转，促进经济繁荣在全球的扩展，应该坚定我们把握当前机会的信念。

自人类开始反躬自省以来，历代思想家一直在探索国家的兴衰，以及财富与不平等的起源。如今，借助数十年来的研究形成的长期视野与有实证支持的统一理论框架，我们获得了理解人类整体发展历程并破解核心谜题的有力工具。我希望，对财富与全球不平等起源的探究将引导我们设计出促进全球兴旺繁荣的政策，让读者们憧憬并为之奋斗：更美好的未来还在前方，人类将继续踏足未知的领域。

致　谢

本书来自作者长达 30 年的知识构思与探索历程。

本书的不同部分来自作者和多位学者的联合研究，其中包括：Quamrul Ashraf、Gregory Casey、Raphaël Franck、Marc Klemp、Stelios Michalopoulos、Omer Moav、Andrew Mountford、Ömer Özak、Harl Ryder、Assaf Sarid、Viacheslav Savitskiy、Daniel Tsiddon、Dietrich Vollrath、David Weil 与 Joseph Zeira。还受益于作者多年来同全球各地学者的深入讨论，尤其是：Daron Acemoglu、Alberto Alesina、Sascha Becker、Roland Bénabou、Alberto Bisin、Matteo Cervellati、Carl-Johan Dalgaard、David de la Croix、Klaus Desmet、Matthias Doepke、Steven Durlauf、James Fenske、Moshe Hazan、Andreas Irmen、Ross Levine、Joel Mokyr、Nathan Nunn、Louis Putterman、Jim Robinson、Uwe Sunde、Enrico Spolaore、Holger Strulik、Joachim Voth、Romain Wacziarg 与 Fabrizio Zilibotti 等人。

  本书部分内容及其基础理论架构是作者在多个场合的讲座主题，包括：Doctor Honoris Causa Lecture（Université catholique de Louvain，2021）、Doctor Honoris Causa Lecture（Poznan University for Economics and Business，2019）、the Copernican Lecture（Torun，2019）、the Ricardo Lecture（Denmark，2019）、the Bogen Lecture（Hebrew University，2019）、the Zeuthen Lectures（Copenhagen，2016）、the Berglas Lecture（Tel Aviv University，2015）、the Maddison Lecture（Groningen，2012）、the Kuznets Lecture（Yale University，2009）、the Klein Lecture（Osaka，2008）、the Opening Lectures of the German Economic Association（Augsburg，2016）、the Israeli Economic Association（Jerusalem，2003）；以及在如下会议的主旨演讲的主题：the Meeting of the European Public Choice Society（Jerusalem，2019）、NBER，Macroeconomics Across Time and Space（Philadelphia，2018）、the Association for the Study of Religion，Economics & Culture（Copenhagen，2016）、the Long Shadow of History（Munich，2014）、9th IZA Annual Migration Meeting（Bonn，2012）、BETA-Workshop in Historical Economics（Strasbourg，2012）、Fourth International Conference on Migration and Development（Harvard University，2011）、Korean Economic Association（Seoul，2008）、Early Economic Developments（Copenhagen，2006）、DEGIT Annual Meeting（Rome，2000；Vienna，2001；Mexico City，2005）、Annual

T2M Conferences（Paris，2000）。

此外，本书的理论基础是作者在如下系列讲座中的核心内容：Kiel（2015）、St Gallen（2012—2015）、the Summer Schools of Economic Growth（Warwick，2011—2013；Naples，2012；Jerusalem，2008）、Bar-Ilan University（2012）、Ben-Gurion University（2012）、Luxembourg（2012）、Porto（2012）、Science Po（2012）、Danish Doctoral Programme（Copenhagen，2008）、the International Monetary Fund Training Programme（2006 and 2008）、the Centre for Economic Policy Research Summer Workshop（Florence，2007）、Zurich（2003），以及 the Dutch Joint Doctoral Programme（2000）。

本书一份较早的希伯来文版本于 2020 年 3 月推出，作者在撰写过程中与 Ori Katz 有密切合作。感谢 Eylon Levy 将书稿出色地翻译成英文。在过去两年中，我对早先书稿的结构、范围、风格与内容做了彻底的修改和补充，这一过程主要受益于以下人士的认真阅读与深刻建议：Guillaume Blanc、Gregory Casey、Amaury Dehoux、Raphaël Franck、Martin Fiszbein、Mariko Klasing、Marc Klemp、Julia Lynn、Maria Medellin Esguerra、Petros Milionis、Diego Ramos Toro、Balazs Zelity、Ally Zhu，尤其是 Erica Durante。

非常感谢我的作品经纪人 Jennifer Joel，她的宝贵建议和全面编辑极大地提升了本书的品质与吸引力。感谢出版人 Will Hammond（Penguin Random House，Vintage）与 John Parsley（Penguin Random House，Dutton），他们帮助调整了本书的内容范围，拓宽了受众面。尤其感谢 Will Hammond 所做的彻底而关键的编辑修订，他对若干主题及基本研究方法广泛而谦和的提议，对于技术性较强的理论和实证研究方法的介绍以及书稿品质提供了极大帮助。

注　释

引言　人类之旅的奥秘

1. Hobbes（1651）.
2. 数据来源：Maddison Project Database（2010, 2013, 2018）；Bolt and van Zanden（2014）；Bolt et al.（2018）；Roser et al.（2019）：https：//ourworldin-data.org/life-expectancy.
3. 数据来源：Bolt and van Zanden（2014）；Bolt et al.（2018）.
4. Galor（2011）.
5. 对某些重大事件的讨论，可参阅：Diamond（1997），Harari（2014）。
6. 数据来源：Bolt et al.（2018）.
7. Acemoglu and Robinson（2012）；Alesina and Giuliano（2015）.
8. Popper（1945）.
9. Pinker（2018）.

第 1 章 最初的脚步

1. Jelinek（1982）.
2. Roebroeks and Villa（2011）；Shimelmitz et al.（2021）.
3. Parker（2011）.
4. Clutton-Brock et al.（1980）；Gonzaález-Forero and Gardner（2018）.
5. Dunbar（1998）；Ofek（2001）.
6. Herrmann et al.（2007）；Henrich（2017）.
7. Miller（2011）.
8. Aiello and Wheeler（1995）；Wrangham（2003）.
9. Darlington（1975）.
10. Mellars（2006）.
11. Hershkovitz et al.（2018）；Harvati et al.（2019）.
12. Bae et al.（2017）.
13. Poznik et al.（2013）.
14. Fu et al.（2013）.
15. López et al.（2015）.
16. Westaway et al.（2017）.
17. Clarkson et al.（2017）.
18. Hublin et al.（2020）；Fewlass et al.（2020）.
19. Moreno-Mayar et al.（2018）；Walters（2019）；Becerra-Valdivia and Higham（2020）；Bennett et al.（2021）.
20. Bar-Yosef（1998）；Bar-Yosef and Valla（2013）；Grossman（2013）.
21. Diamond（1997）.
22. 同上。
23. Haidt（2012）.
24. Modelski（2003）；Morris（2010）.
25. Chandler（1987）；Morris（2010）；Modelski（2003）；Vaquero and Gallego（2001）.
26. Ségurel and Bon（2017）；Bleasdale et al.（2021）.
27. Ségurel and Bon（2017）.

28. Wiesenfeld（1967）；Gibbons（2011）。

第2章 迷失于停滞

1. Diamond（1997）；Comin，Easterly and Gong（2010）；Ashraf and Galor（2011）。
2. Ashraf and Galor（2011）；Dalgaard and Strulik（2015）；Madsen et al.（2019）。
3. Ashraf and Galor（2011）。
4. Cohen（1989）。
5. Hunt and Lipo（2006）。
6. West（2010）。
7. Diamond（2005）。
8. Weisdorf（2005）；Ashraf and Michalopoulos（2015）；Matranga（2019）。
9. Diamond（1997）。
10. Morelli et al.（2010）。
11. Jedwab et al.（2019）。
12. Photo © José Luiz Bernades Ribeiro/CC BY-SA 4.0/Source：Wikimedia Commons.
13. 1775年的工资水平设定为100。数据来源：Clark（2007）；Clark（2016）；Wrigley et al.（1997）。
14. McNeill（1949）；Fukayama（2006）。
15. Ó'Gráda（1979）。
16. Woodham-Smith（1962）。
17. Chen and Kung（2016）。
18. Ho（2013）。
19. Angrist and Pischke（2008）。
20. 同上。
21. Clark（2008）。
22. Angel（1969）。
23. Acsádi et al.（1970）；Hassan（1981）；Galor and Moav（2005）。
24. Hopkins（1966）。
25. Wrigley and Schofield（1981）。
26. Blayo（1975）。

27. Human Mortality Database, University of California, Berkeley (USA), and Max Planck Institute for Demographic Research (Germany).
28. Kannisto et al. (1999).
29. 数据来源：Bolt et al. (2018).

第3章 暗流涌动

1. Copernicus，引自 Kuhn (1957)。
2. Galor (2011).
3. 同上；Galor and Weil (2000)；Galor and Moav (2002)；Galor and Mountford (2008).
4. 数据来源：Hyde (History database of the Global Environment)；Roser et al. (2019)：https://our-worldindata.org/world-population-growth.
5. Simon (1977)；Kremer (1993).
6. Kline and Boyd (2010).
7. Richerson et al. (2011).
8. Galor and Weil (2000)；Lagerlöf (2006).
9. Galor and Moav (2002).
10. Barlow (1958).
11. Kettlewell (1955).
12. Mathieson et al. (2015).
13. Bisin and Verdier (2000, 2001)；Doepke and Zilibotti (2008)；Galor and Michalopoulos (2012).
14. MacArthur and Wilson (1970).
15. Harper et al. (1970)；Charnov and Morgan (2006)；Walker et al. (2008).
16. Galor and Klemp (2019).
17. de la Croix et al. (2019).

第4章 开足马力

1. Dickens (1868).
2. McCloskey (1981).

3. Crafts and Harley (1992).

4. Rosenberg and Trajtenberg (2004).

5. Pascali (2017).

6. *New York Herald* (1879).

7. Allen (2003).

8. Mokyr (1992).

9. Dittmar (2011).

10. Buringh and van Zanden (2009).

11. Dittmar (2011).

12. 数据来源：https://ourworldindata.org/literacy.

13. Mitch (1992).

14. Flora et al. (1983).

15. Cipolla (1969).

16. Green (1990).

17. Flora et al. (1983).

18. Cubberley (1920); Green (1990).

19. Abramovitz and David (1999); Goldin and Katz (2001).

20. Goldin (1988).

21. Franck and Galor (2022).

22. De Pleijt et al. (2020).

23. Katz (2018).

24. Atack et al. (2010).

25. Nelson and Phelps (1966).

26. Meisenzahl and Mokyr (2011).

27. Feldman and van der Beek (2016); de la Croix et al. (2018).

28. Nelson and Phelps (1966).

29. Cinnirella and Streb (2017).

30. Squicciarini and Voigtländer (2015).

31. Maloney and Valencia Caicedo (2017).

32. Benhabib and Spiegel (2005).

33. Acemoglu and Robinson (2000); Aidt and Franck (2015).

34. Galor and Moav（2006）.

35. Galor and Tsiddon（1997）；Galor and Moav（2000）.

36. Green（1990）.

37. 同上。

38. Galor and Moav（2006）.

39. Galor et al.（2009）.

40. 同上。

41. Photo by Lewis Hine. Source：Library of Congress. Wikimedia Commons.

42. Basu（1999）.

43. Hazan and Berdugo（2002）；Doepke and Zilibotti（2005）.

44. Nardinelli（1980）.

45. 数据来源：https：//our worldindata. org/child-labor.

46. Doepke and Zilibotti（2005）.

47. Pinker（2018）.

第 5 章　蜕变

1. 数据来源：https：//ourworldindata. org/fertility-rate.

2. Jones and Tertlit（2009）.

3. Galor（2005）；Cervellati and Sunde（2005）；Voigtländer and Voth（2006）.

4. 数据来源：Chesnais（1992）.

5. Grande and Stevenson（2017）.

6. Hanjal（1965）；Guinnane（2011）；Voigtländer and Voth（2013）.

7. Potts and Campbell（2002）.

8. Collier（2010）.

9. Galor and Weil（2000）；Becker and Tomes（1976）.

10. Botticini and Eckstein（2014）.

11. Galor（2012）；Vogl（2016）.

12. Becker et al.（2010）.

13. Bleakley and Lange（2009）.

14. Fernihough（2017）；Murphy（2015）；Andersen et al.（2016）；Vogl（2016）.

15. Klemp and Weisdorf（2019）.

16. Shiue（2017）.
17. Goldin（1990）.
18. Cipolla（1969）.
19. Schultz（1985）.
20. Greenwood et al.（2005）；Hazan et al.（2021）.
21. Wrigley and Schofield（1989）；Burnette（1997）.
22. Goldin（1990）.
23. Goldin（1987）.
24. Galor and Weil（1996），Lagerlöf（2003）；de la Croix et al.（2015）.
25. Crafts（1989）.
26. Brown and Guinnane（2002）.
27. Wanamaker（2012）.
28. Schultz（1985）；Heckman and Walker（1990）.

第6章 应许之地

1. Gordon（2017）.
2. 数据来源：Wrigley and Schofield（1981）；Arias（2016）；Blayo（1975）；Vallin and Meslé（2001）；United Nations（2017）；Kannisto et al.（1999）；OECD（2017）；Human Mortality Database，University of California，Berkeley（USA），and Max Planck Institute for Demographic Research（Germany）；World Health Organization（2016）.
3. Bleakley（2010）；Lucas（2010）.
4. 数据来源：United States，Bureau of the Census，and United States.
5. Wallsten（2001）.
6. 数据来源：Maddison Project Database（2020）；Bolt and van Zandan（2020）.
7. 数据来源：World Economic Outlook，2018，IMF.
8. 数据来源：Office for National Statistics（ONS），UK.
9. 数据来源：Bureau of Labor Statistics.
10. 数据来源：World Economic Outlook，IMF（2018）.
11. Franck and Galor（2020）.
12. Becker et al.（2017）.

13. Franck and Galor (2020).

14. 数据来源：WDI, World Bank.

15. 同上。

16. Keynes (1971).

17. Abram et al. (2016).

18. Jackson (2016).

19. Casey and Galor (2017).

20. Gates (2021).

第7章 荣耀与苦难

1. 数据来源：WDI, World Bank (2017); United Nations (2018).

2. 根据购买力调整后的人均GDP。数据来源：https://www.cdc.gov; https://www.census.gov.

3. 数据来源：WDI, World Bank (2017).

4. 同上。

5. Romer (1990); Aghion and Howitt (1992); Grossman and Helpman (1991); Jones (1995); Lucas (1988, 2002).

6. Easterly (2001); Hausmann et al. (2005).

7. 数据来源：Bolt et al. (2018); Durlauf and Quah (1999); Duraluf et al. (2005).

8. Estavadeordal et al. (2002).

9. Findlay and O'Rourke (2001).

10. Crafts and Thomas (1986); O'Rourke and Williamson (1999); Pomeranz (2000); Andrews (2021).

11. Mokyr (1989).

12. Kuznets (1967).

13. Galor and Mountford (2008).

14. 同上；Bignon and Garcíaa-Peñalosa (2016).

15. Bairoch (1982).

16. Chaudhuri (1983).

17. Bairoch (1974, 1982).

18. Matthews et al.（1982）.

19. Basu（1974）.

20. Morris（2010）.

第8章 制度的指纹

1. 图片发布：美国宇航局（NASA）。https：//earthobservatory. nasa. gov/images/79796/korea-and-the-yellow-sea.

2. 数据来源：Maddison Project Database（2020）；The World Factbook（2020）.

3. North（1990）.

4. Greif（1993）.

5. Acemoglu and Robinson（2012）.

6. Hill（1966）.

7. Acemoglu and Robinson（2012）.

8. 同上。

9. Mokyr（1992）.

10. Klemm（1964）.

11. Mokyr（1992）.

12. Murtin and Wacziarg（2004）.

13. Barro（1996）；Persson and Tabellini（2006）；Papaioannou and Siourounis（2008）.

14. Lipset（1959）；Barro（1999）；Fukayama（2006）.

15. Dell（2010）.

16. Acemoglu et al.（2011）.

17. McEvedy and Jones（1978）.

18. Sokoloff and Engerman（2000）.

19. La Porta et al.（1997）；Glaeser and Shleifer（2002）.

20. Galor et al.（2009）.

21. Engerman and Sokoloff（1997）.

22. Acemoglu et al.（2002）.

23. Acemoglu et al.（2001）.

24. Sachs（2012）.

25. Easterly and Levine（2016）.

26. Glaeser et al.（2004）.

27. Putterman and Weil（2010）.

28. Michalopoulos and Papaioannou（2013）.

29. Acemoglu and Robinson（2012）.

30. Fenske（2014）；Galor and Klemp（2019）.

31. 数据来源：WDI，World Bank.

第9章 文化因素

1. Mark 9：24；Timothy 6：10；Aquinas（1920）；Matthew 5：5.

2. Wesley（1872）.

3. Becker and Woessmann（2009）；Andersen et al.（2017）.

4. Becker and Woessmann（2009）.

5. Nunziata and Rocco（2016，2018）.

6. Guiso et al.（2006）；Bazzi et al.（2020）.

7. Botticini and Eckstein（2014）.

8. Blackmore（2001）.

9. Dawkins（1976）.

10. Henrich（2017）.

11. White（1959）；Steward（1972）.

12. Fanon（2007，2008）；Andrews（2021）.

13. Kant（1784）.

14. Mokyr（2016）.

15. Neel（1962）.

16. Banfield（1967）.

17. Alesina and Giuliano（2010）.

18. Arrow（1972）.

19. Putnam et al.（1994）.

20. Guiso at al.（2004）。信任度根据2002—2011年欧洲社会调查中的如下问题的回答来测算：你认为大多数人可以信任吗？或者说你在同别人打交道时必须非常谨慎吗？

21. Becker et al.（2016）.

22. Nunn and Wantchekon（2011）.

23. Giavazzi et al.（2019）.

24. Gorodnichenko and Roland（2017）.

25. Fischer（1989）.

第 10 章　地理的阴影

1. Goody（2018）.

2. Murdock（1967）.

3. Alsan（2015）.

4. Sachs（2002）.

5. Lucas（2010，2013）.

6. Dalgaard et al.（2020）.

7. Ashraf and Galor.（2013）

8. Diamond（1997）.

9. Jones（2003）.

10. Hume（1825）.

11. Cosgel et al.（2012）；Rubin（2017）.

12. Hanioğlu（2010）.

13. Quataert（2005）.

14. Mokyr（2016）.

15. Wittfogel（1956）.

16. Lang（1997）.

17. Cosandey（2007）.

18. Hoffman（2017）.

19. Ashraf et al.（2010）；Ashraf and Galor（2011）.

20. Engerman and Sokoloff（1997）.

21. Acemoglu et al.（2002）.

22. 同上。

23. Galor and Mountford（2006，2008）.

24. Kendi（2015）.

25. Nunn（2008）.

26. Nunn and Puga（2012）.

27. Hofstede et al.（2005）.

28. 同上。各国面向未来的倾向（Long-Term Orientation across countries）的数据来源：https：//hi. hofstede-insights. com/national-culture.

29. Galor and Ozak（2016）.

30. 同上。

31. 同上。

32. Talhelm et al.（2014）.

33. Ang（2019）.

34. Alesina et al.（2013）.

35. 同上。

36. Tversky and Kahneman（1991）.

37. Galor and Savitskiy（2018）.

38. 同上。

39. 同上。

40. Magga（2006）；Krupnik and Mäller-Wille（2010）.

41. Josserand et al.（2021）.

42. Pinker（2003）.

43. Roberts and Winters（2012）；Lupyan and Dale（2010）.

44. Richerson et al.（2010）.

45. Galor et al.（2018）.

46. Stahlberg et al.（2007）；Galor et al.（2020）.

47. Fenske（2014）.

48. Galor et al.（2018）.

49. Bybee and Dahl（1989）；Dahl and Velupillai（2011）.

50. Chen（2013）；Galor（2016）；Galor et al.（2019）.

第 11 章　农业革命的遗产

1. Weiss et al.（2008）；Snir et al.（2015）.

2. Diamond（1997）.

3. North and Thomas（1977）.
4. Galor and Moav（2007）; Gibbons（2021）.
5. Skoglund et al.（2014）; González-Fortes et al.（2017）.
6. Feldman et al.（2019）.
7. Lazaridis et al.（2014）.
8. Bellwood and Fox（2006）.
9. Bostoen（2018）.
10. Murdock（1967）.
11. Carneiro（1981）.
12. Taylor（1973）; Testart et al.（1982）; Allen（1997）.
13. Mayshar et al.（2017）.
14. Scott（2017）.
15. Mayshar et al.（2019）.
16. Ashraf and Galor（2011）.
17. Ashraf and Galor（2013）.
18. Galor and Mountford（2006, 2008）.
19. Acemoglu and Robinson（2012）; Mokyr（2016）; Hoffman（2017）.

第12章 走出非洲

1. Palmer（1992）.
2. Ridley（2012）.
3. Ottaviano and Peri（2006）; Lee（2015）.
4. Delis et al.（2017）.
5. Cook and Fletcher（2018）.
6. Alesina et al.（2003）; Ramos-Toro（2017）.
7. Easterly and Levine（1997）.
8. Harpending and Rogers（2000）; Ramachandran et al.（2005）; Prugnolle et al.（2005）; Manica et al.（2007）; von Cramon-Taubadel and Lycett（2008）; Hanihara（2008）; Betti et al.（2009）; Atkinson（2011）; Betti et al.（2013）; Betti and Manica（2018）.
9. 同上。

10. Pemberton et al.（2013）.
11. 数据来源：Pemberton et al.（2013）. 图片来源：Ashraf, Galor and Klemp（2021）.
12. Harpending and Rogers（2000）；Ramachandran et al.（2005）；Prugnolle et al.（2005）；Manica et al.（2007）；von Cramon-Taubadel and Lycett（2008）；Hanihara（2008）；Betti et al.（2009）；Atkinson（2011）；Betti et al.（2013）；Betti and Manica（2018）.
13. Alesina et al.（2003）.
14. Pemberton（2013）；Desmet et al.（2017）.
15. Ashraf and Galor（2013）.
16. Ashraf et al.（2021）。人口多样性与人口密度的关系在公元1500年表现出的驼峰形状（图12.3a），并不代表低估了殖民时期前美洲印第安社群的多样性，它们均位于驼峰的右侧。人口多样性对公元1500年时的生产率以及人口密度的影响，是基于每块大陆内部的多样性的变化。因此，如果低估了整个美洲人群的多样性（这很可能发生），对图中描述的形态不会有影响。事实上，这里采用的统计方法使得，即使美洲的每个族群的人口样本大100倍，图12.3a描述的多样性的影响也不会改变。
17. Arbatlı et al.（2020）；Ashraf et al.（2021）.
18. 同注16。
19. Cook and Fletcher（2018）；Depetris-Chauvin and Özak（2021）；Ashraf et al.（2021）.
20. Manica et al.（2007）；von Cramon-Taubadel et al.（2008）.
21. Ashraf and Galor（2013）.
22. Ashraf et al.（2021）.
23. 同上。
24. Ashraf and Galor（2013）.

小结　破解不平等谜题

1. Worsley（1967）；Steinbauer（1979）.
2. Rodrik（2006）；Hausmann et al.（2008）.

参考文献

Abram, Nerilie J., Helen V. McGregor, Jessica E. Tierney, Michael N. Evans, Nicholas P. McKay and Darrell S. Kaufman,"Early onset of industrial-era warming across the oceans and continents", *Nature* 536, no. 7617 (2016): 411–18.

Abramovitz, Moses, and Paul A. David, *American macroeconomic growth in the era of knowledge-based progress: The long-run perspective*, Vol. 93, 1999.

Acemoglu, Daron, Davide Cantoni, Simon Johnson and James A. Robinson,"The Consequences of Radical Reform: The French Revolution", *American Economic Review* 101, no. 7 (2011): 3286–307.

Acemoglu, Daron, Simon Johnson and James A. Robinson,"Reversal of Fortune: Geography and institutions in the making of the modern world income distribution", *The Quarterly Journal of Economics* 117, no. 4 (2002): 1231–94.

Acemoglu, Daron, Simon Johnson and James A. Robinson,"The Colonial Origins of Comparative Development: An empirical investigation", *American Economic Review* 91, no. 5 (2001): 1369–1401.

Acemoglu, Daron, and James A. Robinson, "Why did the West extend the franchise? Democracy, inequality, and growth in historical perspective", *The Quarterly Journal of Economics* 115, no. 4 (2000): 1167 – 99.

Acemoglu, Daron, and James A. Robinson, *Why Nations Fail: The origins of power, prosperity, and poverty*, Crown Books, 2012.

Acsádi, György, János Nemeskéri and Kornél Balás, *History of human life span and mortality*, Budapest: Akadémiai Kiadó, 1970.

Aghion, Philippe, and Peter Howitt, "A Model of Growth Through Creative Destruction", *Econometrica* 60, no. 2 (1992): 323 – 51.

Aidt, Toke S., and Raphaël Franck, "Democratization under the Threat of Revolution: Evidence from the Great Reform Act of 1832", *Econometrica* 83, no. 2 (2015): 505 – 47.

Aiello, Leslie C., and Peter Wheeler, "The expensive-tissue hypothesis: the brain and the digestive system in human and primate evolution", *Current Anthropology* 36, no. 2 (1995): 199 – 221.

Alesina, Alberto, Arnaud Devleeschauwer, William Easterly, Sergio Kurlat and Romain Wacziarg, "Fractionalization", *Journal of Economic Growth* 8, no. 2 (2003): 155 – 94.

Alesina, Alberto, and Paola Giuliano, "Culture and Institutions", *Journal of Economic Literature* 53, no. 4 (2015): 898 – 944.

Alesina, Alberto, and Paola Giuliano, "The Power of the Family", *Journal of Economic Growth* 15, no. 2 (2010): 93 – 125.

Alesina, Alberto, Paola Giuliano and Nathan Nunn, "On the Origins of Gender Roles: Women and the plough", *The Quarterly Journal of Economics* 128, no. 2 (2013): 469 – 530.

Alesina, Alberto, and Nicola Fuchs-Schündeln, "Goodbye Lenin (or not?): The Effect of Communism on People's Preferences", *American Economic Review* 97, no. 4 (2007): 1507 – 28.

Allen, Robert C., "Progress and Poverty in Early Modern Europe", *The Economic History Review* 56, no. 3 (2003): 403 – 43.

Allen, Robert C., "Agriculture and the Origins of the State in Ancient Egypt", *Explorations in Economic History* 34, no. 2 (1997): 135 – 54.

Alsan, Marcella, "The effect of the tsetse fly on African development", *American Economic Review* 105, no. 1 (2015): 382 – 410.

Andersen, Thomas Barnebeck, Jeanet Bentzen, Carl-Johan Dalgaard and Paul Sharp, "Pre-reformation roots of the Protestant Ethic", *The Economic Journal* 127, no. 604 (2017): 1756 – 93.

Andersen, Thomas Barnebeck, Carl-Johan Dalgaard and Pablo Selaya, "Climate and the Emergence of Global Income Differences", *The Review of Economic Studies* 83, no. 4 (2016): 1334 – 63.

Andrews, Kehinde, *The New Age of Empire: How Racism and Colonialism Still Rule the World*, Penguin UK, 2021.

Ang, James B., "Agricultural legacy and individualistic culture", *Journal of Economic Growth* 24, no. 4 (2019): 397 – 425.

Angel, J. Lawrence, "The Bases of Paleodemography", *American Journal of Physical Anthropology* 30, no. 3 (1969): 427 – 37.

Angrist, Joshua D., and Jörn-Steffen Pischke, *Mostly Harmless Econometrics*, Princeton University Press, 2008.

Aquinas, Thomas, *Summa Theologica*, Authentic Media Inc. 2012.

Arbatlı, Cemal Eren, Quamrul H. Ashraf, Oded Galor and Marc Klemp, "Diversity and Conflict", *Econometrica* 88, no. 2 (2020): 727 – 97.

Arias, Elizabeth, "United States Life Tables, 2012" (2016).

Arrow, Kenneth J., "Gifts and Exchanges", *Philosophy & Public Affairs* (1972): 343 – 62.

Ashraf, Quamrul, and Oded Galor, "Genetic diversity and the origins of cultural fragmentation", *American Economic Review* 103, no. 3 (2013): 528 – 33.

Ashraf, Quamrul, and Oded Galor, "The 'Out of Africa' hypothesis, human genetic diversity, and comparative economic development", *American Economic Review* 103, no. 1 (2013): 1 – 46.

Ashraf, Quamrul, and Oded Galor, "Dynamics and stagnation in the Malthusian Epoch", *American Economic Review* 101, no. 5 (2011): 2003 – 41.

Ashraf, Quamrul, Oded Galor and Marc Klemp, "Population Diversity and

Differential Paths of Long-Run Development since the Neolithic Revolution" (2020).

Ashraf, Quamrul, Oded Galor and Marc Klemp, "Ancient Origins of the Wealth of Nations", in *Handbook of Historical Economics*, Elsevier, 2021.

Ashraf, Quamrul, Oded Galor and Ömer Özak, "Isolation and development", *Journal of the European Economic Association* 8, no. 2 – 3 (2010): 401 – 12.

Ashraf, Quamrul, and Stelios Michalopoulos, "Climatic fluctuations and the diffusion of agriculture", *Review of Economics and Statistics* 97, no. 3 (2015): 589 – 609.

Atack, Jeremy, Fred Bateman, Michael Haines and Robert A. Margo, "Did railroads induce or follow economic growth? Urbanization and population growth in the American Midwest, 1850 – 1860", *Social Science History* 34, no. 2 (2010): 171 – 97.

Atkinson, Quentin D., "Phonemic diversity supports a serial founder effect model of language expansion from Africa", *Science* 332, no. 6027 (2011): 346 – 9.

Bae, Christopher J., Katerina Douka and Michael D. Petraglia, "On the origin of modern humans: Asian perspectives", *Science* 358, no. 6368 (2017).

Bairoch, Paul, "International industrialization levels from 1750 to 1980", *Journal of European Economic History* 11, no. 2 (1982): 269 – 333.

Bairoch, Paul, "Geographical structure and trade balance of European foreign trade from 1800 to 1970", *Journal of European Economic History* 3, no. 3 (1974): 557 – 608.

Banfield, Edward C., *The Moral Basis of a Backward Society*, Free Press, 1967.

Bar-Yosef, Ofer, "The Natufian culture in the Levant, threshold to the origins of agriculture", *Evolutionary Anthropology: Issues, News, and Reviews* 6, no. 5 (1998): 159 – 77.

Bar-Yosef, Ofer, and François R. Valla, *Natufian foragers in the Levant: Terminal Pleistocene social changes in Western Asia*, Vol. 19, Berghahn Books, 2013.

Barlow, Nora (ed.), *The Autobiography of Charles Darwin 1809 – 1882*, Collins, 1958.

Barro, Robert J., "Determinants of Democracy", *Journal of Political Econo-

my 107, no. S6 (1999): S158–83.

Barro, Robert J., "Democracy and growth", *Journal of Economic Growth* 1, no. 1 (1996): 1–27.

Basu, Aparna, *The Growth of Education and Political Development in India, 1898–1920*, Oxford University Press, 1974.

Basu, Kaushik, "Child labor: cause, consequence, and cure, with remarks on international labor standards", *Journal of Economic Literature* 37 (3) (1999), 1083–119.

Baudin, Thomas, David De La Croix and Paula E. Gobbi, "Fertility and Childlessness in the United States" *American Economic Review* 105, no. 6 (2015): 1852–82.

Bazzi, Samuel, Martin Fiszbein and Mesay Gebresilasse, "Frontier culture: The roots and persistence of 'rugged individualism' in the United States", *Econometrica* 88, no. 6 (2020): 2329–68.

Becerra-Valdivia, Lorena, and Thomas Higham, "The timing and effect of the earliest human arrivals in North America", *Nature* 584, no. 7819 (2020): 93–97.

Becker, Gary S., and Nigel Tomes, "Child Endowments and the Quantity and Quality of Children", *Journal of Political Economy* 84, no. 4, Part 2 (1976): S143–62.

Becker, Sascha O., Thiemo Fetzer and Dennis Novy, "Who Voted for Brexit? A Comprehensive District-Level Analysis", *Economic Policy* 32, no. 92 (2017): 601–50.

Becker, Sascha O., Katrin Boeckh, Christa Hainz and Ludger Woessmann, "The Empire is Dead, Long Live the Empire! Long-Run Persistence of Trust and Corruption in the Bureaucracy", *The Economic Journal* 126, no. 590 (2016): 40–74.

Becker, Sascha O., Francesco Cinnirella and Ludger Woessmann, "The Trade-Off Between Fertility and Education: Evidence from Before the Demographic Transition", *Journal of Economic Growth* 15, no. 3 (2010): 177–204.

Becker, Sascha O., and Ludger Woessmann, "Was Weber Wrong? A Human Capital Theory of Protestant Economic History", *The Quarterly Journal of Economics* 124, no. 2 (2009): 531–96.

Bellwood, Peter, James J. Fox and Darrell Tyron, *The Austronesians: historical and comparative perspectives*, ANU Press, 2006.

Benhabib, Jess, and Mark M. Spiegel, "Human Capital and Technology Diffusion", *Handbook of Economic Growth* 1 (2005): 935 – 66.

Bennett, Matthew R. et al., "Evidence of humans in North America during the Last Glacial Maximum", *Science* 373, no. 6562 (2021): 1528 – 31.

Bentzen, Jeanet Sinding, Nicolai Kaarsen and Asger Moll Wingender, "Irrigation and autocracy", *Journal of the European Economic Association* 15, no. 1 (2017): 1 – 53.

Betti, Lia, and Andrea Manica, "Human variation in the shape of the birth canal is significant and geographically structured", *Proceedings of the Royal Society B* 285, no. 1889 (2018): 20181807.

Betti, Lia, Noreen von Cramon-Taubadel, Andrea Manica and Stephen J. Lycett, "Global geometric morphometric analyses of the human pelvis reveal substantial neutral population history effects, even across sexes", *PloS One* 8, no. 2 (2013): e55909.

Betti, Lia, François Balloux, William Amos, Tsunehiko Hanihara and Andrea Manica, "Distance from Africa, not climate, explains within-population phenotypic diversity in humans", *Proceedings of the Royal Society B: Biological Sciences* 276, no. 1658 (2009): 809 – 14.

Bignon, Vincent, and Cecilia García-Peñalosa, "Protectionism and the education-fertility trade-off in late 19th century France" (2016).

Bisin, Alberto, and Thierry Verdier, "The economics of cultural transmission and the dynamics of preferences", *Journal of Economic Theory* 97, no. 2 (2001): 298 – 319.

Bisin, Alberto, and Thierry Verdier, " 'Beyond the melting pot': cultural transmission, marriage, and the evolution of ethnic and religious traits", *The Quarterly Journal of Economics* 115, no. 3 (2000): 955 – 88.

Blackmore, Susan, "Evolution and Memes: The Human Brain as a Selective Imitation Device", *Cybernetics & Systems* 32, no. 1 – 2 (2001): 225 – 55.

Blayo, Yves, "Mortality in France from 1740 to 1829", *Population* 30

(1975): 123 – 43.

Bleakley, Hoyt, "Malaria eradication in the Americas: A retrospective analysis of childhood exposure", *American Economic Journal: Applied Economics* 2, no. 2 (2010): 1 – 45.

Bleakley, Hoyt, "Disease and Development: Evidence from hookworm eradication in the American South", *The Quarterly Journal of Economics* 122, no. 1 (2007): 73 – 117.

Bleakley, Hoyt, and Fabian Lange, "Chronic Disease Burden and the Interaction of Education, Fertility, and Growth", *Review of Economics and Statistics* 91, no. 1 (2009): 52 – 65.

Bleasdale, Madeleine, Kristine K. Richter, Anneke Janzen et al., "Ancient proteins provide evidence of dairy consumption in eastern Africa", *Nature Communication* 12, 632 (2021).

Bockstette, Valerie, Areendam Chanda, and Louis Putterman, "States and markets: The advantage of an early start", *Journal of Economic Growth* 7, no. 4 (2002): 347 – 69.

Bolt, Jutta, Robert Inklaar, Herman de Jong and Jan Luiten van Zanden, "Rebasing 'Maddison': new income comparisons and the shape of long-run economic development", Maddison Project Database (2018).

Bolt, Jutta, and Jan Luiten van Zanden, "The Maddison Project: collaborative research on historical national accounts", *The Economic History Review* 67, no. 3 (2014): 627 – 51, Maddison Project Database (2013).

Boserup, Ester, *Woman's Role in Economic Development*, St. Martin's Press, 1970.

Boserup, Ester, *The Conditions of Agricultural Growth: The economics of agrarian change under population pressure*, Aldine Publishing, 1965.

Bostoen, Koen, *The Bantu Expansion*, Oxford University Press, 2018.

Boyd, Robert, Peter J. Richerson and Joseph Henrich, "The cultural niche: Why social learning is essential for human adaptation", *Proceedings of the National Academy of Sciences* 108, no. Supplement 2 (2011): 10918 – 25.

Botticini, Maristella, and Zvi Eckstein, *The Chosen Few: How Education*

Shaped Jewish History, Vol. 42, Princeton University Press, 2014, pp. 70 –1492.

Brown, John C., and Timothy W. Guinnane, "Fertility Transition in a Rural, Catholic Population: Bavaria, 1880 – 1910", Population Studies 56, no. 1 (2002): 35 –49.

Buggle, Johannes C., and Ruben Durante, "Climate Risk, Cooperation and the Co-Evolution of Culture and Institutions", The Economic Journal 131, no. 637 (2021): 1947 –87.

Buringh, Eltjo, and Jan Luiten van Zanden, "Charting the 'Rise of the West': Manuscripts and Printed Books in Europe, a long-term Perspective from the Sixth through Eighteenth Centuries", The Journal of Economic History 69, no. 2 (2009): 409 –45.

Burnette, Joyce, "An Investigation of the Female-Male Wage Gap During the Industrial Revolution in Britain", The Economic History Review 50, no. 2 (1997): 257 –81.

Bybee, Joan L., and Östen Dahl, The Creation of Tense and Aspect Systems in the Languages of the World, John Benjamins, 1989.

Carneiro, Robert L., "The Chiefdom: precursor of the state", The Transition to Statehood in the New World (1981): 37 –79.

Casey, Gregory, and Oded Galor, "Is faster economic growth compatible with reductions in carbon emissions? The role of diminished population growth", Environmental Research Letters 12, no. 1 (2017): 014003.

Cervellati, Matteo, and Uwe Sunde, "Human capital formation, life expectancy, and the process of development", American Economic Review 95, no. 5 (2005): 1653 –72.

Chandler, Tertius, Four Thousand Years of Urban Growth: An Historical Census, Mellen, 1987.

Charnov, Eric L., and S. K. Morgan Ernest, "The offspring-size/clutch-size trade-off in mammals", The American Naturalist 167, no. 4 (2006): 578 –82.

Chaudhuri, Kurti N., "Foreign trade and balance of payments (1757 – 1947)", The Cambridge Economic History of India 2 (1983): 804 –77.

Chen, M. Keith, "The Effect of Language on Economic Behavior: Evidence from Savings Rates, Health Behaviors, and Retirement Assets", *American Economic Review* 103, no. 2 (2013): 690 – 731.

Chen, Shuo, and James Kai-sing Kung, "Of Maize and Men: The Effect of a New World Crop on Population and Economic Growth in China", *Journal of Economic Growth* 21, no. 1 (2016): 71 – 99.

Chesnais, Jean-Claude, *The Demographic Transition: Stages, Patterns and Economic Implications*, Oxford University Press, 1992.

Cinnirella, Francesco, and Jochen Streb, "The Role of Human Capital and Innovation in Prussian Economic Development", *Journal of Economic Growth* 22, no. 2 (2017): 193 – 227.

Cipolla, Carlo M., *Literacy and Development in the West*, Vol. 1027, Penguin, 1969.

Clark, Gregory, "Microbes and Markets: Was the Black Death an Economic Revolution?", *The Journal of Economic History* 82, no. 2 (2016): 139 – 65.

Clark, Gregory, *A Farewell to Alms: A Brief Economic History of the World*, Vol. 25, Princeton University Press, 2008.

Clark, Gregory, and David Jacks, "Coal and the Industrial Revolution, 1700 – 1869", *European Review of Economic History* 11, no. 1 (2007): 39 – 72.

Clark, Gregory, "The Long March of History: Farm Wages, Population, and Economic Growth, England 1209 – 1869", *The Economic History Review* 60, no. 1 (2007): 97 – 135.

Clarkson, Chris, Zenobia Jacobs, Ben Marwick, Richard Fullagar, Lynley Wallis, Mike Smith, Richard G. Roberts et al., "Human occupation of northern Australia by 65,000 years ago", *Nature* 547, no. 7663 (2017): 306 – 10.

Clutton-Brock, Tim H., and Paul H. Harvey, "Primates, Brains and Ecology", *Journal of Zoology* 190, no. 3 (1980): 309 – 23.

Cohen, Mark Nathan, *Health and the Rise of Civilization*, Yale University Press, 1989.

Comin, Diego, William Easterly and Erick Gong, "Was the Wealth of Nations Determined in 1000 BC?", *American Economic Journal: Macroeconomics* 2, no. 3 (2010): 65 – 97.

Cook, C. Justin, and Jason M. Fletcher, "High-School Genetic Diversity and Later-Life Student Outcomes: Micro-Level Evidence from the Wisconsin Longitudinal Study", *Journal of Economic Growth* 23, no. 3 (2018): 307–39.

Cook, C. Justin., "The Role of Lactase Persistence in Precolonial Development", *Journal of Economic Growth* 19, no. 4 (2014): 369–406.

Cosandey, David, *Le Secret de l'Occident*, Champs-Flammarion, 2007.

Crafts, Nicholas F. R., "Duration of Marriage, Fertility and Women's Employment Opportunities in England and Wales in 1911", *Population Studies* 43, no. 2 (1989): 325–35.

Crafts, Nicholas F. R., and C. Knick Harley, "Output Growth and the British Industrial Revolution: A Restatement of the Crafts–Harley view", *The Economic History Review* 45, no. 4 (1992): 703–30.

Crafts, Nicholas F. R., and Mark Thomas, "Comparative advantage in UK manufacturing trade, 1910–1935", *The Economic Journal* 96, no. 383 (1986): 629–45.

Cubberley, Ellwood Patterson, *The History of Education: Educational Practice and Progress Considered as a Phase of the Development and Spread of Western Civilization*, Houghton Mifflin Company, 1920.

Dahl, Östen, and Viveka Velupillai, "The Future Tense", from *The World Atlas of Language Structures Online*, edited by Matthew Dryer and Martin Haspelmath, Max Planck Institute for Evolutionary Anthropology, 2011.

Dalgaard, Carl Johan, Anne Sofie Knudsen and Pablo Selaya, "The bounty of the sea and long-run development", *Journal of Economic Growth* 25, no. 3 (2020): 259–95.

Dalgaard, Carl-Johan, Jakob B. Madsen, and Holger Strulik, "Physiological Constraints and the Transition to Growth: Implications for Comparative Development", *Journal of Economic Growth* 26, no. 3 (2021): 241–89.

Dalgaard, Carl-Johan, and Holger Strulik, "The Physiological Foundations of the Wealth of Nations", *Journal of Economic Growth* 20, no. 1 (2015): 37–73.

Darlington, Philip J., "Group Selection, Altruism, Reinforcement, and Throwing in Human Evolution", *Proceedings of the National Academy of Sciences*

72, no. 9 (1975): 3748 – 52.

Dawkins, Richard, *The Selfish Gene*, Oxford University Press, 1976.

de la Croix, David, Eric B. Schneider and Jacob Weisdorf, "Childlessness, celibacy and net fertility in pre-industrial England: the middle-class evolutionary advantage", *Journal of Economic Growth* 24, no. 3 (2019): 223 – 56.

de la Croix, David, Matthias Doepke and Joel Mokyr, "Clans, guilds, and markets: Apprenticeship institutions and growth in the preindustrial economy", *The Quarterly Journal of Economics* 133, no. 1 (2018): 1 – 70.

De Pleijt, Alexandra, Alessandro Nuvolari and Jacob Weisdorf, "Human capital formation during the first industrial revolution: Evidence from the use of steam engines", *Journal of the European Economic Association* 18, no. 2 (2020): 829 – 89.

De Pleijt, Alexandra, and Jan Luiten van Zanden, "Two worlds of female labour: gender wage inequality in western Europe, 1300 – 1800", *The Economic History Review* (2018).

Delis, Manthos D., Chrysovalantis Gaganis, Iftekhar Hasan and Fotios Pasiouras, "The effect of board directors from countries with different genetic diversity levels on corporate performance", *Management Science* 63, no. 1 (2017): 231 – 49.

Dell, Melissa, "The Persistent Effects of Peru's Mining *Mita*", *Econometrica* 78, no. 6 (2010): 1863 – 1903.

Depetris-Chauvin, Emilio, and Ömer Özak, "The origins of the division of labor in pre-modern times", *Journal of Economic Growth* (2021).

Desmet, Klaus, Ignacio Ortuño-Ortín and Romain Wacziarg, "Culture, ethnicity, and diversity", *American Economic Review* 107, no. 9 (2017): 2479 – 2513.

Diamond, Jared, *Collapse: How Societies Choose to Succeed or Fail*, Viking Penguin, 2005.

Diamond, Jared M., "Taiwan's gift to the world", *Nature* 403, no. 6771 (2000): 709 – 10.

Diamond, Jared, *Guns, Germs and Steel: The Fates of Human Societies*, Vintage, 1997.

Dickens, Charles, *The Adventures of Oliver Twist*, Ticknor and Fields, 1868.

Dittmar, Jeremiah E., "Information Technology and Economic Change: The Impact of the Printing Press", *The Quarterly Journal of Economics* 126, no. 3 (2011): 1133–72.

Doepke, Matthias, and Fabrizio Zilibotti, "Occupational choice and the spirit of capitalism", *The Quarterly Journal of Economics* 123, no. 2 (2008): 747–93.

Doepke, Matthias, and Fabrizio Zilibotti, "The Macroeconomics of Child Labor Regulation", *American Economic Review* 95, no. 5 (2005): 1492–1524.

Dunbar, Robin I. M., "The Social Brain Hypothesis", *Evolutionary Anthropology: Issues, News, and Reviews* 6, no. 5 (1998): 178–90.

Durlauf, Steven N., Paul A. Johnson and Jonathan R. W. Temple, "Growth Econometrics", *Handbook of Economic Growth* 1 (2005): 555–677.

Durlauf, Steven N., and Danny T. Quah, "The New Empirics of Economic Growth", *Handbook of Macroeconomics* 1 (1999): 235–308.

Easterly, William, *The Elusive Quest for Growth: Economists' Adventures and Misadventures in the Tropics*, MIT Press, 2001.

Easterly, William, and Ross Levine, "The European Origins of Economic Development", *Journal of Economic Growth* 21, no. 3 (2016): 225–57.

Easterly, William, and Ross Levine, "Africa's Growth Tragedy: Policies and Ethnic Divisions", *The Quarterly Journal of Economics* 112, no. 4 (1997): 1203–50.

Engerman, Stanley, and Kenneth Sokoloff, "Factor Endowments, Institutions, and Differential Paths of Growth Among New World Economies: A View from Economic Historians of the United States", in *How Latin America Fell Behind: Essays on the Economic Histories of Brazil and Mexico, 1800–1914*, edited by Stephen Haber, 260–304, Stanford University Press, 1997.

Estevadeordal, Antoni, Brian Frantz and Alan M. Taylor, "The rise and fall of world trade, 1870–1939", *The Quarterly Journal of Economics* 118, no. 2 (2003): 359–407.

Fanon, Frantz, *Black Skin, White Masks*, Grove Press, 2008.

Fanon, Frantz, *The Wretched of the Earth*, Grove/Atlantic, Inc., 2007.

Feldman, Michal, Eva Fernández-Domínguez, Luke Reynolds, Douglas

Baird, Jessica Pearson, Israel Hershkovitz, Hila May et al. , "Late Pleistocene human genome suggests a local origin for the first farmers of central Anatolia", *Nature Communications* 10, no. 1 (2019): 1 – 10.

Feldman, Naomi E. , and Karine Van der Beek, "Skill Choice and Skill Complementarity in Eighteenth Century England", *Explorations in Economic History* 59 (2016): 94 – 113.

Fenske, James, "Ecology, Trade, and States in Pre-Colonial Africa", *Journal of the European Economic Association* 12, no. 3 (2014): 612 – 40.

Fernihough, A. , "Human Capital and the Quantity – Quality Trade-Off During the Demographic Transition", *Journal of Economic Growth* 22, no. 1 (2017): 35 – 65.

Fewlass, Helen, Sahra Talamo, Lukas Wacker, Bernd Kromer, Thibaut Tuna, Yoann Fagault, Edouard Bard et al. , "A 14 C chronology for the Middle to Upper Paleolithic transition at Bacho Kiro Cave, Bulgaria", *Nature Ecology & Evolution* (2020): 1 – 8.

Findlay, Ronald, and Kevin H. O'Rourke, *Commodity Market Integration, 1500 – 2000*, University of Chicago Press, 2007.

Fischer, David Hackett, *Albion's Seed: Four British Folkways in America*, Oxford University Press, 1989.

Flora, Peter, Franz Kraus and Winfried Pfenning, *State, Economy, and Society in Western Europe 1815 – 1975: The growth of industrial societies and capitalist economies*, Vol. 2. St James Press, 1983.

Franck, Raphaël, and Oded Galor, "Flowers of Evil or Evil of Flowers? Industrialization and Long-Run Development", *Journal of Monetary Economics* (2021) .

Franck, Raphaël, and Oded Galor, "Technology-skill Complementarity in Early Phases of Industrialization", *The Economic Journal* (2022) .

Franck, Raphaël, and Ilia Rainer, "Does the leader's ethnicity matter? Ethnic favoritism, education, and health in sub-Saharan Africa", *American Political Science Review* 106, no. 2 (2012): 294 – 325.

Fu, Qiaomei, Alissa Mittnik, Philip L. F. Johnson, Kirsten Bos, Martina

Lari, Ruth Bollongino, Chengkai Sun et al. , "A revised timescale for human evolution based on ancient mitochondrial genomes", *Current Biology* 23, no. 7 (2013): 553 – 9.

Fukuyama, Francis, *The End of History and The Last Man*, Simon and Schuster, 2006.

Gallup, John Luke, Jeffrey D. Sachs and Andrew D. Mellinger, "Geography and economic development", *International Regional Science Review* 22, no. 2 (1999): 179 – 232.

Galor, Oded, "The Demographic Transition: causes and consequences", *Cliometrica* 6, no. 1 (2012): 1 – 28.

Galor, Oded, *Unified Growth Theory*, Princeton University Press, 2011.

Galor, Oded, *Discrete Dynamical Systems*, Springer, 2010.

Galor, Oded, "The Lawrence R. Klein lecture – Comparative economic development: Insights from unified growth theory", *International Economic Review* 51, no. 1 (2010): 1 – 44.

Galor, Oded, "From Stagnation to Growth: Unified Growth Theory", *Handbook of Economic Growth* 1 (2005): 171 – 293.

Galor, Oded, "Convergence? Inferences from theoretical models", *The Economic Journal* 106, no. 437 (1996): 1056 – 69.

Galor, Oded, "A two-sector overlapping-generations model: A global characterization of the dynamical system", *Econometrica* 60, no. 6 (1992): 1351 – 86.

Galor, Oded, and Marc Klemp, "Human Genealogy Reveals a Selective Advantage to Moderate Fecundity", *Nature Ecology & Evolution* 3, no. 5 (2019): 853 – 7.

Galor, Oded, and Marc Klemp, "Roots of Autocracy", Working paper No. w23301, National Bureau of Economic Research, 2018.

Galor, Oded, and Andrew Mountford, "Trading Population for Productivity: Theory and evidence", *The Review of Economic Studies* 75, no. 4 (2008): 1143 – 79.

Galor, Oded, and Andrew Mountford, "Trade and the great divergence: the family connection", *American Economic Review* 96, no. 2 (2006): 299 – 303.

Galor, Oded, and Omer Moav, "The neolithic origins of contemporary variations in life expectancy", SSRN 1012650 (2007).

Galor, Oded, and Omer Moav, "Das Human-Kapital: A theory of the demise of the class structure", *The Review of Economic Studies* 73, no. 1 (2006): 85 – 117.

Galor, Oded, and Omer Moav, "Natural selection and the evolution of life expectancy" (2005).

Galor, Oded, and Omer Moav, "From Physical to Human Capital Accumulation: Inequality and the Process of Development", *The Review of Economic Studies* 71, no. 4 (2004): 1001 – 26.

Galor, Oded, and Omer Moav, "Natural Selection and the Origin of Economic Growth", *The Quarterly Journal of Economics* 117, no. 4 (2002): 1133 – 91.

Galor, Oded, and Omer Moav, "Ability-biased technological transition, wage inequality, and economic growth", *The Quarterly Journal of Economics* 115, no. 2 (2000): 469 – 97.

Galor, Oded, Omer Moav and Dietrich Vollrath, "Inequality in Landownership, the Emergence of Human-Capital Promoting Institutions, and the Great Divergence", *The Review of Economic Studies* 76, no. 1 (2009): 143 – 79.

Galor, Oded, and Stelios Michalopoulos, "Evolution and the Growth Process: Natural selection of entrepreneurial traits", *Journal of Economic Theory* 147, no. 2 (2012): 759 – 80.

Galor, Oded, and Ömer Özak, "The Agricultural Origins of Time Preference", *American Economic Review* 106, no. 10 (2016): 3064 – 103.

Galor, Oded, Ömer Özak and Assaf Sarid, "Geographical Roots of the Coevolution of Cultural and Linguistic Traits", SSRN 3284239 (2018).

Galor, Oded, Ömer Özak and Assaf Sarid, "Linguistic Traits and Human Capital Formation", *AEA Papers and Proceedings*, Vol. 110 (2020), 309 – 13.

Galor, Oded, and Harl E. Ryder, "Existence, uniqueness, and stability of equilibrium in an overlapping-generations model with productive capital", *Journal of Economic Theory* 49, no. 2 (1989): 360 – 75.

Galor, Oded and Viacheslav Savitskiy, "Climatic Roots of Loss Aversion", Working Papers 2018-1, Brown University, Department of Economics, 2018.

Galor, Oded, and Daniel Tsiddon, "Technological progress, mobility, and economic growth", *American Economic Review* (1997): 363 – 82.

Galor, Oded, and Daniel Tsiddon, "The distribution of human capital and economic growth", *Journal of Economic Growth* 2, no. 1 (1997): 93 – 124.

Galor, Oded, and David N. Weil, "Population, Technology, and Growth: From Malthusian Stagnation to the Demographic Transition and Beyond", *American Economic Review* 90, no. 4 (2000): 806 – 28.

Galor Oded, and David N. Weil, "The Gender Gap, Fertility, and Growth," *American Economic Review* 86, no. 3 (1996): 374 – 87.

Galor, Oded, and Joseph Zeira, "Income Distribution and Macroeconomics", *The Review of Economic Studies* 60, no. 1 (1993): 35 – 52.

Gates, Bill, *How to Avoid a Climate Disaster: The Solutions We Have and the Breakthroughs We Need*, Knopf, 2021.

Giavazzi, Francesco, Ivan Petkov and Fabio Schiantarelli, "Culture: Persistence and Evolution", *Journal of Economic Growth* 24, no. 2 (2019): 117 – 54.

Gibbons, Ann, "How farming shaped Europeans' immunity", *Science* 373, no. 6560 (2021): 1186.

Glaeser, Edward L., Rafael La Porta, Florencio Lopez-de-Silanes and Andrei Shleifer, "Do Institutions Cause Growth?", *Journal of Economic Growth* 9, no. 3 (2004): 271 – 303.

Glaeser, Edward L., and Andrei Shleifer, "Legal origins", *The Quarterly Journal of Economics* 117, no. 4 (2002): 1193 – 229.

Goldin, Claudia, "America's graduation from high school: The evolution and spread of secondary schooling in the twentieth century", *The Journal of Economic History* 58, no. 2 (1998): 345 – 74.

Goldin, Claudia, "Understanding the gender gap: An economic history of American women", No. gold 90-1, National Bureau of Economic Research, 1990.

Goldin, C., "Women's Employment and Technological Change: A Historical Perspective", *Computer Chips and Paper Clips: Technology and Women's Employment* 2 (1987): 185 – 222.

Goldin, Claudia, and Lawrence F. Katz, "The legacy of US educational leadership: Notes on distribution and economic growth in the 20th century", *American Economic Review* 91, no. 2 (2001): 18 – 23.

González-Forero, Mauricio, and Andy Gardner, "Inference of ecological and social drivers of human brain-size evolution", *Nature* 557, no. 7706 (2018): 554 – 7.

González-Fortes, Gloria, Eppie R. Jones, Emma Lightfoot, Clive Bonsall, Catalin Lazar, Aurora Grandal-d'Anglade, María Dolores Garralda et al., "Paleogenomic evidence for multi-generational mixing between Neolithic farmers and Mesolithic hunter-gatherers in the lower Danube basin", *Current Biology* 27, no. 12 (2017): 1801 – 10.

Goody, Jack, *Technology, Tradition and the State in Africa*, Oxford University Press, 1971. Reprint, Routledge, 2018.

Gordon, Robert J., *The Rise and Fall of American Growth: The US standard of living since the civil war*, Vol. 70, Princeton University Press, 2017.

Gorodnichenko, Yuriy, and Gerard Roland, "Culture, Institutions, and the Wealth of Nations", *Review of Economics and Statistics* 99, no. 3 (2017): 402 – 16.

Grande, James, and John Stevenson, *The Opinions of William Cobbett*, Routledge, 2017.

Green, Andy, *Education and State Formation: The Rise of Education Systems in England, France, and the USA*, St. Martin's Press, 1990, p. 295.

Greenwood, Jeremy, Ananth Seshadri and Mehmet Yorukoglu, "Engines of liberation", *The Review of Economic Studies* 72, no. 1 (2005): 109 – 33.

Greif, Avner, "Contract enforceability and economic institutions in early trade: The Maghribi Traders' Coalition", *American Economic Review* (1993): 525 – 48.

Grosman, Leore, "The Natufian chronological scheme-New insights and their implications", *Natufian Foragers in the Levant: Terminal Pleistocene social changes in Western Asia*, Archaeological Series 19 (2013): 622 – 37.

Grossman, Gene M., and Elhanan Helpman, *Innovation and Growth in the Global Economy*, MIT Press, 1991.

Guinnane, Timothy W., "The Historical Fertility Transition: A Guide for Economists", *Journal of Economic Literature* 49, no. 3 (2011): 589 – 614.

Guiso, Luigi, Paola Sapienza and Luigi Zingales, "Does Culture Affect Economic Outcomes?", *Journal of Economic Perspectives* 20, no. 2 (2006): 23–48.

Guiso, Luigi, Paola Sapienza and Luigi Zingales, "The Role of Social Capital in Financial Development", *American Economic Review* 94, no. 3 (2004): 526–56.

Gurven, Michael, and Hillard Kaplan, "Longevity Among Hunter-Gatherers: A Cross-Cultural Examination", *Population and Development Review* 33, no. 2 (2007): 321–65.

Haidt, Jonathan, *The Righteous Mind: Why Good People are Divided by Politics and Religion*, Vintage, 2012.

Hajnal, John, "European marriage patterns in perspective", in D. V. Glass and D. E. C. Eversley (eds), *Population in History*, Arnold, 1965.

Hanihara, Tsunehiko, "Morphological variation of major human populations based on nonmetric dental traits", *American Journal of Physical Anthropology* 136, no. 2 (2008): 169–82.

Hanioğlu, M. Şükrü, *A Brief History of the Late Ottoman Empire*, Princeton University Press, 2010.

Harari, Yuval Noah, *Sapiens: A Brief History of Humankind*, Random House, 2014.

Harpending, Henry, and Alan Rogers, "Genetic perspectives on human origins and differentiation", *Annual Review of Genomics and Human Genetics* 1, no. 1 (2000): 361–85.

Harper, John L., P. H. Lovell and K. G. Moore, "The shapes and sizes of seeds", *Annual Review of Ecology and Systematics* 1, no. 1 (1970): 327–56.

Harvati, Katerina, Carolin Röding, Abel M. Bosman, Fotios A. Karakostis, Rainer Grün, Chris Stringer, Panagiotis Karkanas et al., "Apidima Cave fossils provide earliest evidence of *Homo sapiens* in Eurasia", *Nature* 571, no. 7766 (2019): 500–4.

Hassan, Fekri A., "Demographic archaeology", in *Advances in Archaeological Method and Theory*, Academic Press, 1981, pp. 225–79.

Hausmann, Ricardo, Dani Rodrik and Andrés Velasco, "Growth Diagnostics", *The Washington Consensus Reconsidered: Towards a New Global Governance* (2008): 324–55.

Hausmann, Ricardo, Lant Pritchett and Dani Rodrik, "Growth Accelerations", *Journal of Economic Growth* 10, no. 4 (2005): 303–29.

Hazan, Moshe, and Binyamin Berdugo, "Child Labour, fertility, and Economic Growth", *The Economic Journal* 112, no. 482 (2002): 810–28.

Hazan, Moshe, David Weiss and Hosny Zoabi, "Women's Liberation, Household Revolution, (2021).

Heckman, J. J., and J. R. Walker, "The Relationship Between Wages and Income and the Timing and Spacing of Births: Evidence from Swedish Longitudinal Data", *Econometrica* (1990): 1411–41.

Henrich, Joseph, *The Secret of Our Success: How Culture is Driving Human Evolution, Domesticating our Species, and Making us Smarter*, Princeton University Press, 2017.

Herrmann, Esther, Josep Call, María Victoria Hernández-Lloreda, Brian Hare and Michael Tomasello, "Humans have Evolved Specialized Skills of Social Cognition: The Cultural Intelligence Hypothesis", *Science* 317, no. 5843 (2007): 1360–6.

Hershkovitz, Israel, Gerhard W. Weber, Rolf Quam, Mathieu Duval, Rainer Grün, Leslie Kinsley, Avner Ayalon et al., "The earliest modern humans outside Africa", *Science* 359, no. 6374 (2018): 456–9.

Hill, Christopher, *The Century of Revolution, 1603–1714*, W. W. Norton, 1966, p. 32.

Ho, Ping-ti, *Studies on the Population of China, 1368–1953*, Harvard University Press, 2013.

Hobbes, Thomas, *Leviathan, or, The Matter, Form, and Power of a Common-Wealth Ecclesiastical and Civil*, printed for Andrew Crooke, 1651.

Hoffman, Philip T., *Why Did Europe Conquer the World?*, Vol. 54, Princeton University Press, 2017.

Hofstede, Geert, Gert Jan Hofstede and Michael Minkov, *Cultures and Organizations: Software of the mind*, Vol. 2, McGraw Hill, 2005.

Hopkins, Keith, "On the Probable Age Structure of the Roman Population", *Population Studies* 20, no. 2 (1966): 245 – 64.

Hublin, Jean-Jacques, Nikolay Sirakov, Vera Aldeias, Shara Bailey, Edouard Bard, Vincent Delvigne, Elena Endarova et al., "Initial Upper Palaeolithic *Homo sapiens* from Bacho Kiro Cave, Bulgaria", *Nature* (2020): 1 – 4.

Hume, David, "Essays, Moral, Political, and Literary", from *Essays and Treatises on Several Subjects*, Vol. 1, Bell & Bradfute, 1825, p. 112.

Hunt, Terry L., and Carl P. Lipo, "Late Colonization of Easter Island", *Science* 311, no. 5767 (2006): 1603 – 6.

Jackson, Tim, *Prosperity Without Growth: Foundations for the economy of tomorrow*, Taylor & Francis, 2016.

Jacobs, Jane, *The Death and Life of Great American Cities*, Vintage, 2016.

Jedwab, Remi, Noel D. Johnson and Mark Koyama, "Pandemics, Places, and Populations: Evidence from the Black Death", *CEPR Discussion Papers* DP13523 (2019).

Jelinek, Arthur J., "The Tabun cave and Paleolithic man in the Levant", *Science* 216, no. 4553 (1982): 1369 – 75.

Jones, Charles I., "R & D-based models of economic growth", *Journal of Political Economy* 103, no. 4 (1995): 759 – 84.

Jones, Eric, *The European Miracle: Environments, Economies and Geopolitics in the History of Europe and Asia*, Cambridge University Press, 2003.

Josserand, Mathilde, Emma Meeussen, Asifa Majid, and Dan Dediu, "Environment and culture shape both the colour lexicon and the genetics of colour perception", *Scientific Reports* 11, no. 1 (2021): 1 – 11.

Kannisto, Väinö, Oiva Turpeinen and Mauri Nieminen, "Finnish Life Tables since 1751", *Demographic Research* 1 (1999).

Kant, Immanuel, *Answering the Question: What is Enlightenment?*, 1784.

Katz, Ori, "Railroads, Economic Development, and the Demographic Transition in the United States", University Library of Munich (2018).

Kendi, Ibram X., *Stamped from the Beginning: The definitive history of racist ideas in America*, Nation Books, 2016.

Kettlewell, H. Bernard D., "Selection Experiments on Industrial Melanism in the Lepidoptera", *Heredity* 9, no. 3 (1955): 323–42.

Keynes, J. M., "A Tract on Monetary Reform", in *The Collected Writings of John Maynard Keynes*, Macmillan Press, 1971.

Klasing, Mariko J., and Petros Milionis, "The International Epidemiological Transition and the Education Gender Gap", *Journal of Economic Growth* 25, no. 1 (2020): 1–50.

Klemp, Marc P., "Prices, Wages and Fertility in Pre-Industrial England", *Cliometrica* 6, no. 1 (2012): 63–77.

Klemp, Marc, and Jacob L. Weisdorf, "Fecundity, Fertility and the Formation of Human Capital", *The Economic Journal* 129, no. 618 (2019): 925–60.

Kline, Michelle A., and Robert Boyd, "Population Size Predicts Technological Complexity in Oceania", *Proceedings of the Royal Society B: Biological Sciences* 277, no. 1693 (2010): 2559–64.

Kremer, Michael, "Population growth and technological change: One million BC to 1990", *The Quarterly Journal of Economics* 108, no. 3 (1993): 681–716.

Krupnik, Igor, and Ludger Müller-Wille, "Franz Boas and Inuktitut terminology for ice and snow: From the emergence of the field to the 'Great Eskimo Vocabulary Hoax'", in *SIKU: Knowing our ice*, Springer, Dordrecht, 2010, pp. 377–400.

Kuhn, Thomas S., *The Copernican Revolution: Planetary Astronomy in the Development of Western Thought*, Vol. 16, Harvard University Press, 1957.

Kuznets, Simon, "Quantitative Aspects of the Economic Growth of Nations: X. Level and Structure of Foreign Trade: Long-Term Trends", *Economic Development and Cultural Change* 15, no. 2, Part 2 (1967): 1–140.

La Porta, Rafael, Florencio Lopez-de-Silanes, Andrei Shleifer and Robert W. Vishny, "Legal Determinants of External Finance", *The Journal of Finance* 52, no. 3 (1997): 1131–50.

Lagerlöf, Nils-Petter, "Gender Equality and Long-run Growth", *Journal of Economic Growth* 8, no. 4 (2003): 403–26.

Lagerlöf, Nils-Petter, "The Galor–Weil model revisited: A quantitative exercise", *Review of Economic Dynamics* 9, no. 1 (2006): 116–42.

Lang, Graeme, "State Systems and the Origins of Modern Science: A Comparison of Europe and China", *East-West Dialog* 2 (1997): 16–30.

Lazaridis, Iosif, Nick Patterson, Alissa Mittnik, Gabriel Renaud, Swapan Mallick, Karola Kirsanow, Peter H. Sudmant et al., "Ancient human genomes suggest three ancestral populations for present-day Europeans", *Nature* 513, no. 7518 (2014): 409–13.

Lee, Neil, "Migrant and Ethnic Diversity, Cities and Innovation: Firm Effects or City Effects?", *Journal of Economic Geography* 15, no. 4 (2015): 769–96.

Lipset, Seymour Martin, "Some social requisites of democracy: Economic development and political legitimacy", *American Political Science Review* 53, no. 1 (1959): 69–105.

Litina, Anastasia, "Natural land productivity, cooperation and comparative development", *Journal of Economic Growth* 21, no. 4 (2016): 351–408.

López, Saioa, Lucy Van Dorp and Garrett Hellenthal, "Human dispersal out of Africa: A lasting debate", *Evolutionary Bioinformatics* 11 (2015): EBO-S33489.

Lucas, Adrienne M., "The impact of malaria eradication on fertility", *Economic Development and Cultural Change* 61, no. 3 (2013): 607–31.

Lucas, Adrienne M., "Malaria eradication and educational attainment: evidence from Paraguay and Sri Lanka", *American Economic Journal: Applied Economics* 2, no. 2 (2010): 46–71.

Lupyan, Gary, and Rick Dale, "Language Structure is Partly Determined by Social Structure", *PLoS One* 5, no. 1 (2010).

Lucas, Robert E., *Lectures on Economic Growth*, Harvard University Press, 2002.

Lucas Jr, Robert E., "On the Mechanics of Economic Development", *Journal of Monetary Economics* 22, no. 1 (1988): 3–42.

MacArthur, Robert H., and Edward O. Wilson, *The Theory of Island Biogeography*, Vol. 1, Princeton University Press, 1970.

Madsen, Jakob B., Md. Rabiul Islam and Xueli Tang, "Was the post-1870

Fertility Transition a Key Contributor to Growth in the West in the Twentieth Century?", *Journal of Economic Growth* 25, no. 4 (2020): 431 – 54.

Madsen, Jakob, and Holger Strulik, "Testing Unified Growth Theory: Technological Progress and the Child Quantity – Quality Trade-off" (2020).

Madsen, Jakob B., Peter E. Robertson and Longfeng Ye, "Malthus Was Right: Explaining a Millennium of Stagnation", *European Economic Review* 118 (2019): 51 –68.

Magga, Ole Henrik, "Diversity in Saami terminology for reindeer, snow, and ice", *International Social Science Journal* 58, no. 187 (2006): 25 – 34.

Maloney, William, and Felipe Valencia Caicedo, "Engineering Growth: Innovative Capacity and Development in the Americas", no. 6339, CESifo Group Munich (2017).

Manica, Andrea, William Amos, François Balloux and Tsunehiko Hanihara, "The Effect of Ancient Population Bottlenecks on Human Phenotypic Variation", *Nature* 448, no. 7151 (2007): 346 – 8.

Murtin, Fabrice, and Romain Wacziarg, "The democratic transition", *Journal of Economic Growth* 19, no. 2 (2014): 141 – 81.

Mathieson, Iain, Iosif Lazaridis, Nadin Rohland, Swapan Mallick, Nick Patterson, Songül Alpaslan Roodenberg, Eadaoin Harney et al., "Genome-Wide Patterns of Selection in 230 Ancient Eurasians", *Nature* 528, no. 7583 (2015): 499 – 503.

Matranga, Andrea, "The Ant and the Grasshopper: Seasonality and the Invention of Agriculture" (2017).

Matthews, Robert Charles Oliver, Charles Hilliard Feinstein and John C. Odling-Smee, *British Economic Growth 1856 – 1973: The post-war period in historical perspective*, Oxford University Press, 1982.

Mayshar, Joram, Omer Moav and Zvika Neeman, "Geography, Transparency, and Institutions", *American Political Science Review* 111, no. 3 (2017): 622 – 36.

Mayshar, Joram, Omer Moav and Luigi Pascali, "Cereals, Appropriability and Hierarchy", *Journal of Political Economy* (2022).

McCloskey, Deirdre Nansen, "The Industrial Revolution: A Survey", in

The Economic History of Britain Since 1700, Vol. 1, edited by Roderick C. Floud and D. N. McCloskey, Cambridge University Press, 1981, pp. 103 – 27.

McEvedy, Colin, and Richard Jones, *Atlas of World Population History*, Penguin, 1978.

McNeill, W. H. , "The Introduction of the Potato into Ireland", *The Journal of Modern History* 21, no. 3 (1949): 218 – 22.

Meisenzahl, Ralf R. , and Joel Mokyr, "The Rate and Direction of Invention in the British Industrial Revolution: Incentives and Institutions", in *The Rate and Direction of Inventive Activity Revisited*, University of Chicago Press, 2011, pp. 443 – 79.

Mellars, Paul, "Why did modern human populations disperse from Africa ca. 60,000 years ago? A new model", *Proceedings of the National Academy of Sciences* 103, no. 25 (2006): 9381 – 6.

Michalopoulos, Stelios, and Elias Papaioannou, "Pre-colonial Ethnic Institutions and Contemporary African Development", *Econometrica* 81, no. 1 (2013): 113 – 52.

Miller, Geoffrey, *The Mating Mind: How sexual choice shaped the evolution of human nature*, Anchor, 2011.

Mischel, Walter, Ozlem Ayduk, Marc G. Berman, B. J. Casey, Ian H. Gotlib, John Jonides, Ethan Kross et al. , " "Willpower" Over the Life Span: Decomposing Self-Regulation", *Social Cognitive and Affective Neuroscience* 6, no. 2 (2011): 252 – 6.

Mitch, David, *The Rise of Popular Literacy in Victorian England: The influence of private choice and public policy*, University of Pennsylvania Press, 1992.

Modelski, George, *World Cities: – 3000 to 2000*, Faros 2000, 2003.

Mokyr, Joel, "The intellectual origins of modern economic growth", *The Journal of Economic History* 65, no. 2 (2005): 285 – 351.

Mokyr, Joel, *A Culture of Growth: The origins of the modern economy*, Princeton University Press, 2016.

Mokyr, Joel, "The New Economic History and the Industrial Revolution", in J. Mokyr (ed.), *The British Industrial Revolution: An Economic Perspective*, Westview Press, 1999, pp. 1 – 127.

Mokyr, Joel, *The Lever of Riches: Technological creativity and economic progress*, Oxford University Press, 1992.

Møller, Niels Framroze, and Paul Sharp, "Malthus in cointegration space: evidence of a post-Malthusian pre-industrial England", *Journal of Economic Growth* 19, no. 1 (2014): 105 – 40.

Morelli, Giovanna, Yajun Song, Camila J. Mazzoni, Mark Eppinger, Philippe Roumagnac, David M. Wagner, Mirjam Feldkamp et al., "Yersinia pestis genome sequencing identifies patterns of global phylogenetic diversity", *Nature Genetics* 42, no. 12 (2010): 1140 – 3.

Moreno-Mayar, J. Víctor, Ben A. Potter, Lasse Vinner, Matthias Steinrücken, Simon Rasmussen, Jonathan Terhorst, John A. Kamm et al., "Terminal Pleistocene Alaskan genome reveals first founding population of Native Americans", *Nature* 553, no. 7687 (2018): 203 – 7.

Morris, Ian, *Social Development*, Stanford University, 2010.

Morris, Ian, *Why the West Rules-For Now: The Patterns of History and What They Reveal About The Future*, Profile, 2010.

Murdock, George Peter, "Ethnographic atlas: a summary", *Ethnology* 6, no. 2 (1967): 109 – 236.

Murphy, T. E., "Old Habits Die Hard (Sometimes)", *Journal of Economic Growth* 20, no. 2 (2015): 177 – 222.

Nardinelli, Clark, "Child Labor and the Factory Acts", *The Journal of Economic History* 40, no. 4 (1980): 739 – 55.

Neel, James V., "Diabetes Mellitus: a 'Thrifty' Genotype Rendered Detrimental by 'Progress'?", *American Journal of Human Genetics* 14, no. 4 (1962): 353.

Nelson, Richard R., and Edmund S. Phelps, "Investment in Humans, Technological Diffusion, and Economic Growth", *American Economic Review* 56, no. 1/2 (1966): 69 – 75.

North, Douglass C., and Robert Paul Thomas, "The First Economic Revolution", *The Economic History Review* 30, no. 2 (1977): 229 – 41.

North, Douglass, *Institutions, Institutional Change, and Economic Performance*,

Cambridge University Press, 1990.

Nunn, Nathan, "The long-term effects of Africa's slave trades", *The Quarterly Journal of Economics* 123, no. 1 (2008): 139 – 76.

Nunn, Nathan, and Diego Puga, "Ruggedness: The Blessing of Bad Geography in Africa", *Review of Economics and Statistics* 94, no. 1 (2012): 20 – 36.

Nunn, Nathan, and Leonard Wantchekon, "The Slave Trade and the Origins of Mistrust in Africa", *American Economic Review* 101, no. 7 (2011): 3221 – 52.

Nunziata, Luca, and Lorenzo Rocco, "The Protestant ethic and entrepreneurship: Evidence from religious minorities in the former Holy Roman Empire", *European Journal of Political Economy* 51 (2018): 27 – 43.

Nunziata, Luca, and Lorenzo Rocco, "A tale of minorities: evidence on religious ethics and entrepreneurship", *Journal of Economic Growth* 21, no. 2 (2016): 189 – 224.

OECD (2017), Life expectancy at birth (indicator).

Ofek, Haim, *Second Nature: Economic Origins of Human Evolution*, Cambridge University Press, 2001.

Ó'Gráda, Cormac, *The Great Irish Famine*, no. 7, Cambridge University Press, 1995.

Ó'Gráda, Cormac, "The population of Ireland 1700 – 1900: a survey", in *Annales de démographie historique*, Société de Demographie Historique, 1979, pp. 281 – 99.

Olsson, Ola, and Douglas A. Hibbs Jr, "Biogeography and long-run economic development", *European Economic Review* 49, no. 4 (2005): 909 – 38.

O'Rourke, Kevin H., and Jeffrey G. Williamson, *Globalization and History: The evolution of a nineteenth-century Atlantic economy*, MIT Press, 1999.

Ottaviano, Gianmarco I. P., and Giovanni Peri, "The Economic Value of Cultural Diversity: Evidence from US Cities", *Journal of Economic Geography* 6, no. 1 (2006): 9 – 44.

Palmer, Robert, "Church of the Sonic Guitar", in *Present Tense: Rock & Roll and Culture*, edited by Anthony DeCurtis, Duke University Press, 1992, pp. 13 – 38.

Papaioannou, Elias, and Gregorios Siourounis, "Democratisation and growth", *The Economic Journal* 118, no. 532 (2008): 1520 – 51.

Parker, Andrew R., "On the Origin of Optics", *Optics & Laser Technology* 43, no. 2 (2011): 323 – 9.

Pascali, Luigi, "The Wind of Change: Maritime Technology, Trade, and Economic Development", *American Economic Review* 107, no. 9 (2017): 2821 – 54.

Pemberton, Trevor J., Michael DeGiorgio and Noah A. Rosenberg, "Population Structure in a Comprehensive Genomic Data Set on Human Microsatellite Variation", *G3: Genes, Genomes, Genetics* 3, no. 5 (2013): 891 – 907.

Persson, Torsten, and Guido Tabellini, "Democracy and development: The devil in the details", *American Economic Review* 96, no. 2 (2006): 319 – 24.

Persson, Torsten, and Guido Tabellini, *Political Economics: Explaining economic policy*, MIT Press, 2002.

Piketty, Thomas, *Capital in the Twenty-First Century*, Harvard University Press, 2014.

Pinker, Steven, "Language as an Adaptation to the Cognitive Niche", *Studies in the Evolution of Language* 3 (2003): 16 – 37.

Pinker, Steven, *Enlightenment Now: The Case for Reason, Science, Humanism, and Progress,* Penguin, 2018.

Pomeranz, Kenneth, *The Great Divergence: China, Europe, and the Making of the Modern World Economy*, Vol. 28, Princeton University Press, 2009.

Popper, Karl, *The Open Society and Its Enemies*, Routledge, 1945.

Poznik, G. David, Brenna M. Henn, Muh-Ching Yee, Elzbieta Sliwerska, Ghia M. Euskirchen, Alice A. Lin, Michael Snyder et al., "Sequencing Y Chromosomes Resolves Discrepancy in Time to Common Ancestor of Males Versus Females", *Science* 341, no. 6145 (2013): 562 – 5.

Prugnolle, Franck, Andrea Manica and François Balloux, "Geography predicts neutral genetic diversity of human populations", *Current Biology* 15, no. 5 (2005): R159 – 60.

Putnam, Robert D., Robert Leonardi and Raffaella Y. Nanetti, *Making De-*

mocracy Work: Civic traditions in modern Italy, Princeton University Press, 1994.

Putterman, Louis, and David N. Weil, "Post-1500 Population Flows and the Long-Run Determinants of Economic Growth and Inequality", *The Quarterly Journal of Economics* 125, no. 4 (2010): 1627–82.

Putterman, Louis, "Agriculture, Diffusion and Development: Ripple Effects of the Neolithic Revolution", *Economica* 75, no. 300 (2008): 729–48.

Quataert, Donald, *The Ottoman Empire, 1700–1922*, Cambridge University Press, 2005.

Ramachandran, Sohini, Omkar Deshpande, Charles C. Roseman, Noah A. Rosenberg, Marcus W. Feldman and L. Luca Cavalli-Sforza, "Support from the relationship of genetic and geographic distance in human populations for a serial founder effect originating in Africa", *Proceedings of the National Academy of Sciences* 102, no. 44 (2005): 15942–7.

Ramos-Toro, Diego, "Social Cohesion and Carbon Emissions" (2017).

Richerson, Peter J., Robert Boyd and Joseph Henrich, "Gene-Culture Coevolution in the Age of Genomics", *Proceedings of the National Academy of Sciences* 107, Supplement 2 (2010): 8985–92.

Ridley, Matt, "The Rational Optimist: How Prosperity Evolves", *Brock Education: A Journal of Educational Research and Practice* 21, no. 2 (2012).

Roberts, Seán, and James Winters, "Social Structure and Language Structure: The New Nomothetic Approach", *Psychology of Language and Communication* 16, no. 2 (2012): 89–112.

Rodrik, Dani, "Goodbye Washington Consensus, Hello Washington Confusion? A Review of the World Bank's Economic Growth in the 1990s: Learning from a Decade of Reform", *Journal of Economic Literature* 44, no. 4 (2006): 973–87.

Roebroeks, Wil, and Paola Villa, "On the earliest evidence for habitual use of fire in Europe", *Proceedings of the National Academy of Sciences* 108, no. 13 (2011): 5209–14.

Romer, Paul M., "Endogenous Technological Change", *Journal of Political Economy* 98, no. 5, Part 2 (1990): S71–102.

Rosenberg, N., and M. Trajtenberg, "A General-Purpose Technology at

Work: The Corliss Steam Engine in the Late-Nineteenth-Century United States", *The Journal of Economic History* 64, no. 1 (2004): 61–99.

Roser, Max, Hannah Ritchie and Esteban Ortiz-Ospina, "Life Expectancy", Our World in Data (2019).

Roser, Max, Hannah Ritchie and Esteban Ortiz-Ospina, "World Population Growth", Our World in Data (2019).

Rubin, Jared, *Rulers, Religion, and Riches: Why the West Got Rich and the Middle East Did Not*, Cambridge University Press, 2017.

Sachs, Jeffrey D., "Government, geography, and growth: The true drivers of economic development", *Foreign Affairs* 91, no. 5 (2012): 142–50.

Sachs, Jeffrey, and Pia Malaney, "The Economic and Social Burden of Malaria", *Nature* 415, no. 6872 (2002): 680–5.

Schultz, T. P., "Changing World Prices, Women's Wages, and the Fertility Transition: Sweden, 1860–1910", *Journal of Political Economy* 93, no. 6 (1985): 1126–54.

Scott, James C., *Against the Grain: A Deep History of the Earliest States*, Yale University Press, 2017.

Ségurel, Laure, and Céline Bon, "On the evolution of lactase persistence in humans", *Annual Review of Genomics and Human Genetics* 18 (2017).

Shimelmitz, Ron, Iris Groman-Yaroslavski, Mina Weinstein-Evron and Danny Rosenberg, "A Middle Pleistocene abrading tool from Tabun Cave, Israel: A search for the roots of abrading technology in human evolution", *Journal of Human Evolution* 150 (2020): 102909.

Shiue, Carol H., "Human Capital and Fertility in Chinese Clans Before Modern Growth", *Journal of Economic Growth* 22, no. 4 (2017): 351–96.

Shoda, Yuichi, Walter Mischel and Philip K. Peake, "Predicting Adolescent Cognitive and Self-Regulatory Competencies from Preschool Delay of Gratification: Identifying Diagnostic Conditions", *Developmental Psychology* 26, no. 6 (1990): 978.

Simon, Julian Lincoln, *The Economics of Population Growth*, Princeton University Press, 1977.

Skoglund, Pontus, Helena Malmström, Ayça Omrak, Maanasa Raghavan, Cristina Valdiosera, Torsten Günther, Per Hall et al., "Genomic diversity and admixture differs for Stone-Age Scandinavian foragers and farmers", *Science* 344, no. 6185 (2014): 747–50.

Snir, Ainit, Dani Nadel, Iris Groman-Yaroslavski, Yoel Melamed, Marcelo Sternberg, Ofer Bar-Yosef and Ehud Weiss, "The Origin of Cultivation and Proto-Weeds, Long before Neolithic Farming", *PLoS One* 10, no. 7 (2015).

Snyder, Timothy, *Black Earth: The Holocaust as History and Warning*, Tim Duggan Books, 2015.

Sokoloff, Kenneth L., and Stanley L. Engerman, "Institutions, Factor Endowments, and Paths of Development in the New world", *Journal of Economic Perspectives* 14, no. 3 (2000): 217–32.

Spolaore, Enrico, and Romain Wacziarg, "How Deep are the Roots of Economic Development?", *Journal of Economic Literature* 51, no. 2 (2013): 325–69.

Spolaore, Enrico, and Romain Wacziarg, "The Diffusion of Development", *The Quarterly Journal of Economics* 124, no. 2 (2009): 469–529.

Squicciarini, Mara P., and Nico Voigtländer, "Human Capital and Industrialization: Evidence from the Age of Enlightenment", *The Quarterly Journal of Economics* 130, no. 4 (2015): 1825–83.

Stahlberg, Dagmar, Friederike Braun, Lisa Irmen and Sabine Sczesny, "Representation of the Sexes in Language", *Social Communication* (2007): 163–87.

Steinbauer, Friedrich, *Melanesian Cargo Cults: New salvation movements in the South Pacific*, University of Queensland Press, 1979.

Steward, Julian Haynes, *Theory of Culture Change: The methodology of multilinear evolution*, University of Illinois Press, 1972.

Talhelm, Thomas, Xiao Zhang, Shige Oishi, Chen Shimin, Dechao Duan, Xiaoli Lan and Shinobu Kitayama, "Large-scale psychological differences within China explained by rice versus wheat agriculture", *Science* 344, no. 6184 (2014): 603–8.

Taylor, Walter W., "Storage and the Neolithic Revolution", in *Estudios Dedicados al Professor Dr. Luis Pericot*, edited by Edwardo Ropillo, Universidad de

Barcelona, Instituto de Arqueología y Prehistoria, 1973, pp. 193 – 7.

Testart, Alain, Richard G. Forbis, Brian Hayden, Tim Ingold, Stephen M. Perlman, David L. Pokotylo, Peter Rowley-Conwy and David E. Stuart, "The Significance of Food Storage among Hunter-Gatherers: Residence Patterns, Population Densities, and Social Inequalities", *Current Anthropology* 23, no. 5 (1982): 523 – 37.

Tversky, Amos, and Daniel Kahneman, "Loss Aversion in Riskless Choice: A Reference-Dependent Model", *The Quarterly Journal of Economics* 106, no. 4 (1991): 1039 – 61.

United Nations, World Population Prospects, 2017.

United Nations, Human Development Report, 2018.

United States Bureau of the Census, and United States, Congress House, *Historical Statistics of the United States, Colonial Times to 1970*, no. 93, US Department of Commerce, Bureau of the Census, 1975.

Vallin, Jacques, and France Meslé, *French Mortality Tables for XIXe and XXe Centuries and Projections for the Twenty First Century*, Données statistiques, no. 4, French Institute for Demographic Studies, 2001.

Vaquero, J. M. and Gallego, M. C., "Two Early Observations of Aurora at Low Latitudes", *Annales Geophysicae* 19, no. 7 (2001): 809 – 11.

Vogl, Tom S., "Differential fertility, human capital, and development", *The Review of Economic Studies* 83, no. 1 (2016): 365 – 401.

Voigtländer, Nico, and Hans-Joachim Voth, "How the West 'Invented' Fertility Restriction", *American Economic Review* 103, no. 6 (2013): 2227 – 64.

Voigtländer, Nico, and Hans-Joachim Voth, "Why England? Demographic Factors, Structural Change and Physical Capital Accumulation During the Industrial Revolution", *Journal of Economic Growth* 11, no. 4 (2006): 319 – 61.

von Cramon-Taubadel, Noreen, and Stephen J. Lycett, "Brief Communication: Human Cranial Variation Fits Iterative Founder Effect Model with African Origin", *American Journal of Physical Anthropology* 136, no. 1 (2008): 108 – 13.

Walker, Robert S., Michael Gurven, Oskar Burger and Marcus J. Hamilton, "The trade-off between number and size of offspring in humans and other primates",

Proceedings of the Royal Society B: Biological Sciences 275, no. 1636 (2008): 827–34.

Wallsten, Scott, "Ringing in the 20th Century: The Effects of State Monopolies, Private Ownership, and Operating Licenses On Telecommunications in Europe, 1892–1914", SSRN, 2001.

Waters, Michael R., "Late Pleistocene exploration and settlement of the Americas by modern humans", *Science* 365, no. 6449 (2019).

Wanamaker, M. H., "Industrialization and Fertility in the Nineteenth Century: Evidence from South Carolina", *The Journal of Economic History* 72, no. 1 (2012): 168–96.

Weisdorf, Jacob L., "From Foraging to Farming: Explaining the Neolithic Revolution", *Journal of Economic Surveys* 19, no. 4 (2005): 561–86.

Weiss, Ehud, Mordechai E. Kislev, Orit Simchoni, Dani Nadel and Hartmut Tschauner, "Plant-Food Preparation Area on an Upper Paleolithic Brush Hut floor at Ohalo II, Israel", *Journal of Archaeological Science* 35, no. 8 (2008): 2400–14.

Wesley, John, "Sermon 50: The Use of Money", in *The Sermons of John Wesley*, edited by Thomas Jackson, 1872.

West, Barbara A., *Encyclopedia of the Peoples of Asia and Oceania*, Infobase Publishing, 2010.

Westaway, Kira E., J. Louys, R. Due Awe, Michael J. Morwood, Gilbert J. Price, J-X. Zhao, Maxime Aubert et al., "An Early Modern Human Presence in Sumatra 73,000–63,000 years ago", *Nature* 548, no. 7667 (2017): 322–5.

White, Leslie A., *The Evolution of Culture: The development of civilization to the fall of Rome*, McGraw-Hill, 1959.

Wiesenfeld, Stephen L., "Sickle-cell Trait in Human Biological and Cultural Evolution: Development of Agriculture Causing Increased Malaria Is Bound to Gene-pool Changes Causing Malaria Reduction", *Science* 157, no. 3793 (1967): 1134–40.

Wittfogel, K. A., *The Hydraulic Civilizations*, University of Chicago Press, 1956.

Woodham-Smith, Cecil, *The Great Hunger: Ireland 1845–9*, Penguin, 1962.

World Bank, World Development Indicators (WDI), 2017.

World Health Organization, *Life Expectancy Data by WHO Region*, 2016.

Worsley, Peter, "The trumpet shall sound: a study of 'cargo' cults in Melanesia" (1957).

Wrangham, Richard, and NancyLou Conklin-Brittain, "Cooking as a biological trait", *Comparative Biochemistry and Physiology Part A: Molecular & Integrative Physiology* 136, no. 1 (2003): 35–46.

Wrigley, Edward Anthony, Ros S. Davies, James E. Oeppen and Roger S. Schofield, *English Population History from Family Reconstitution 1580–1837*, Cambridge University Press, 1997.

Wrigley, Edward Anthony, and Roger Schofield, *The Population History of England 1541–1871*, Cambridge University Press, 1981.